RITUALE PARVUM

Kleines Rituale nach der außerordentlichen Form des römischen Ritus

Priesterbruderschaft St. Petrus

2. (erweiterte) Auflage
Thalwil 2016

IMPRIMATUR
Ordinarius Episcopalis Curiensis
Curiæ R., die 15 Augusti 2016

Dieses Büchlein geben wir grundsätzlich kostenlos ab.

Für jede Spende zur Deckung der Druck- und Versandkosten sowie zur Förderung unseres Apostolates sind wir sehr dankbar und sagen ein herzliches Vergelt's Gott!

BESTELLMÖGLICHKEITEN

- Internet: www.introibo.net / www.petrusbruderschaft.de
- E-Mail: p.ramm@fssp.ch / post@fssp.eu
- Post: Priesterbruderschaft St. Petrus
Ludretikonerstrasse 3, CH-8800 Thalwil
- telefonisch: CH 0041-(0)44-772 39 33
D 0049-(0)8385-92210
A 0043-(0)1-5058341

SPENDENKONTEN

- *für die Schweiz:*

Bank Zürcher Kantonalbank, 8010 Zürich
Kto. Nr. 1149-0039.823 Postkonto: 80-151-4
IBAN CH53 0070 0114 9000 3982 3
BIC ZKBCHZZ80A
Zugunsten: Priesterbruderschaft St. Petrus, 8800 Thalwil

- *für Deutschland:*

IBAN DE24 6509 2010 0043 2050 03
BIC GENODES1WAN
Zugunsten: Priesterbruderschaft St. Petrus e.V.

- *für Österreich:*

IBAN AT87 3200 0000 0703 7419
BIC RLNWATWW (Raiffeisen Niederösterreich-Wien)
Zugunsten: Förderverein St. Petrus

Inhalt

Einleitung

Die Erfahrung aus vieljähriger seelsorglicher Praxis hat es immer wieder bestätigt, dass die Sakramente und Sakramentalien um so fruchtbarer empfangen werden, je besser und bewusster die Gläubigen darauf vorbereitet sind. Je besser man die sakramentalen Riten kennt und mit ihnen vertraut ist, desto deutlicher nimmt man ihre zeitlose Schönheit wahr.

Man kann es als gute Frucht eines in den letzten Jahren neu erwachten liturgischen Interesses betrachten, dass Gläubige, die in der überlieferten Liturgie eine geistliche Heimat gefunden haben, gewöhnlich mit der Messliturgie recht gut vertraut sind. Wie selbstverständlich vermögen sie die liturgischen Antworten in der Kirchensprache zu geben. Auch der Gregorianische Choral wird vielerorts geschätzt und praktiziert. Dazu haben nicht wenig die beliebten zweisprachigen Ausgaben des Messbuches von Anselm Schott oder Urbanus Bomm beigetragen, und wo heute die überlieferte Liturgie gefeiert wird, stellt man in der Regel zumindest einen ‚Ordo Missæ‘ zur Verfügung.

Was aber die Sakramente und Sakramentalien angeht, sieht es mit den Hilfsmitteln für die Gläubigen sehr viel schlechter aus. Zwar kann man im Zeitalter des Internets mittlerweile so manches ‚downloaden‘, aber gewöhnlich findet man vor Ort bei Taufen, Firmungen, Trauungen und Beerdigungen - wenn überhaupt etwas - nicht viel mehr als allerlei kopiert Selbstgebasteltes. Eine würdige und zweckmäßige Sammlung sakramentaler Riten für das Volk scheint es bislang nicht gegeben zu haben. Darum hoffen wir, dass unser ‚Kleines Rituale‘ sich guter Aufnahme erfreut und den Gläubigen hilft, auch diesen Teil der Schätze des überlieferten Ritus zu entdecken und zu lieben.

Selbstverständlich unterstehen die sakramentalen Riten der Autorität der Kirche, und es gilt, was das Kirchenrecht sagt: *„Bei der Feier der Sakramente sind die von der zuständigen Autorität gebilligten liturgischen Bücher getreu zu beachten; deshalb darf niemand dabei eigenmächtig etwas hinzufügen, weglassen oder ändern.“ (CIC can 845)* Dasselbe betrifft auch die Spendung der Sakramentalien: *„Bei der Vornahme bzw. der Spendung der Sakramentalien sind die von der kirchlichen Autorität gebilligten Riten und Formeln genau einzuhalten.“ (CIC can 1167 §2)*

Um Klarheit über die Art der hier abgedruckten Texte zu geben, wurde jedem Abschnitt eine Information mit Angabe der liturgischen Quelle vorangestellt. Sämtliche Texte der ‚Collectio Rituum‘ besitzen auch für den landessprachlichen Teil die Approbation des Heiligen Stuhles, es sei denn, etwas anderes wäre vermerkt.

Es versteht sich von selbst, dass Übersetzungen sakramentaler Texte, die keine Approbation besitzen, nicht für die Spendung der Sakramente oder Sakramentalien gedacht sind. Der Hinweis *„zum privaten Gebrauch der Gläubigen“* bedeutet vielmehr, dass die ‚private‘ Übersetzung den Gläubigen helfen soll, den lateinischen Gebeten [z. B. bei Weihe des sog. ‚Dreikönigswassers‘] in ihrer Muttersprache mit geistlichem Gewinn zu folgen.

P. Martin Ramm FSSP

Ritus der Kindertaufe

Die Texte
sowie die Nummern der Rubriken
entsprechen der vom Heiligen Stuhl approbierten
Collectio Rituum, Regensburg 1960

„Dass die heilige Taufe als das Tor zur christlichen Religion und zum ewigen Leben unter den anderen Sakramenten des Neuen Bundes, die von Christus eingesetzt sind, die erste Stelle einnimmt und allen Menschen der Wirklichkeit oder doch dem Verlangen nach notwendig ist zum Heile, das bezeugt die Ewige Wahrheit selbst mit den Worten: ‚Wenn jemand nicht wiedergeboren ist aus dem Wasser und dem Heiligen Geiste, kann er nicht eingehen in das Reich Gottes‘ (Joh 3, 5). Um sie also rechtzeitig und richtig zu spenden und zu empfangen, gilt es, die höchste Umsicht anzuwenden.“ (Aus dem römischen Rituale)

„Ordentlicher Spender der Taufe ist der Bischof, der Priester und der Diakon.“ (Aus dem Kirchenrecht [= CIC] can 861 §1)

„Fähig zum Empfang der Taufe ist jeder und nur der Mensch, der noch nicht getauft ist.“ (CIC can 864)

„Die Eltern sind verpflichtet, dafür zu sorgen, dass ihre Kinder innerhalb der ersten Wochen getauft werden; möglichst bald nach der Geburt, ja sogar schon vorher, haben sie sich an den Pfarrer zu wenden, um für ihr Kind das Sakrament zu erbitten und um entsprechend darauf vorbereitet zu werden. Wenn sich ein Kind in Todesgefahr befindet, ist es unverzüglich zu taufen.“ (CIC can 867)

„Damit ein Kind erlaubt getauft wird … muss die begründete Hoffnung bestehen, dass das Kind in der katholischen Religion erzogen wird; wenn diese Hoffnung völlig fehlt, ist die Taufe gemäß den Vorschriften des Partikularrechts aufzuschieben; dabei sind die Eltern auf den Grund hinzuweisen.“ (CIC can 868 §1 2°)

„Einem Täufling ist, soweit dies geschehen kann, ein Pate zu geben; dessen Aufgabe ist es … mitzuhelfen, dass der Getaufte ein der Taufe entsprechendes christliches Leben führt und die damit verbundenen Pflichten getreu erfüllt.“ (CIC can 872)

„Damit jemand zur Übernahme des Patendienstes zugelassen wird, ist erforderlich:
1° er muss … von den Eltern des Täuflings oder dem, der deren Stelle vertritt, oder, wenn diese fehlen, vom Pfarrer oder von dem Spender der Taufe dazu bestimmt sein; er muss zudem geeignet und bereit sein, diesen Dienst zu leisten;
2° er muss das sechzehnte Lebensjahr vollendet haben, außer vom Diözesanbischof ist eine andere Altersgrenze festgesetzt oder dem Pfarrer oder dem Spender der Taufe scheint aus gerechtem Grund eine Ausnahme zulässig;
3° er muss katholisch und gefirmt sein sowie das heiligste Sakrament der Eucharistie bereits empfangen haben; auch muss er ein Leben führen, das dem Glauben und dem zu übernehmenden Dienst entspricht." (CIC can 874 §1)

1. Vorzubereiten sind: Katechumenenöl und Chrisam, Taufsalz, Taufgefäß und Becken, Watte und Handtuch, Taufkleid, Taufkerze, Chorhemd und Stola [violett und weiß], für eine feierliche Taufe außerdem ein violetter und ein weißer Rauchmantel, Gewänder für die Altardiener, Rituale. Das Baptisterium soll sorgfältig geschmückt und das Taufbecken geöffnet sein. Zu Beginn läuten die Glocken.

2. Gewöhnlich wird die Taufe in der Taufkapelle [Baptisterium] gespendet. Die vorbereitenden Riten aber finden an der Schwelle der Kirche oder der Taufkapelle statt.

Außer im Notfall darf die Taufe nicht in der Sakristei gespendet werden.

Falls eine Ansprache zu halten ist, geschehe dies zu Beginn an der Schwelle der Kirche (n. 5) oder beim Eintritt in die Taufkapelle, wenn die Stola gewendet wurde (n. 20), oder bei der Entlassung am Ende (n. 26).

3. Von einer *feierlichen Taufe* spricht man, wenn sie unter Teilnahme der Gemeinde gespendet wird. In diesem Fall werden die mit ℟. gekennzeichneten Antworten, das Glaubensbekenntnis und das Vater unser von allen gemeinsam gebetet und auch einige Lieder gesungen.

Damit die *feierliche Taufe* nicht zu häufig wird, darf sie nur einmal im Jahr gehalten werden, und zwar zur österlichen Zeit oder zu Epiphanie, damit der Eifer der Gläubigen für die Taufe erneuert werde.

4. Ist der Priester bereit, tritt er mit den Altardienern an die Stufen des Altares und kniet nieder. Nach kurzem Gebet erhebt er sich und begibt sich an die Schwelle der Kirche.

An der Schwelle der Kirche

5. Die Paten mit dem Täufling und die übrigen Gläubigen warten in Stille auf den Priester*. Dieser begrüßt sie, indem er spricht:

Pax vobis.

Friede sei mit euch.

Nun fragt er nach dem Namen des Kindes.

Quo nómine vocáris?

Wie soll dieses Kind heißen?

Die Paten antworten: N.

Priester:

N. quid petis ab Ecclésia Dei?

N., was begehrst du von der Kirche Gottes?

Paten:

Fidem.

Den Glauben.

Priester:

Fides, quid tibi præstat?

Was gewährt dir der Glaube?

Paten:

Vitam ætérnam.

Das ewige Leben.

6. Priester:

Si ígitur vis ad vitam íngredi, serva mandáta. Díliges Dóminum Deum tuum ex toto corde tuo, et ex tota ánima tua, et ex tota mente tua, et próximum tuum sicut teípsum.

Willst du also zum Leben eingehen, so halte die Gebote. Du sollst den Herrn, deinen Gott, lieben aus deinem ganzen Herzen und aus deiner ganzen Seele und aus deinem ganzen Gemüt und deinen Nächsten wie dich selbst.

* Ordentlicher Taufspender kann gemäß CIC can 861 §1 auch ein Bischof oder ein Diakon sein.

7. Hierauf haucht er ihm dreimal sanft ins Gesicht und spricht:

Exi ab eo (ea), immúnde spíritus, et da locum Spirítui Sancto Paráclito.

Weiche von ihm (ihr), böser Geist, und gib Raum dem Heiligen Geist, dem Tröster.

8. Er macht mit dem Daumen das Zeichen des Kreuzes auf Stirn und Brust des Kindes, indem er sagt:

Accipe signum Crucis tam in fron ✠ te, quam in cor ✠ de, sume fidem cæléstium præceptórum: et talis esto móribus, ut templum Dei iam esse possis.

Empfange das Zeichen des Kreuzes auf die ✠ Stirn und auf das ✠ Herz. Ergreife den Glauben an die himmlische Lehre und wandle so, dass du ein Tempel Gottes sein kannst.

Orémus.

Preces nostras, quǽsumus, Dómine, cleménter exáudi: et hunc eléctum tuum (hanc eléctam tuam) N. crucis Domínicæ impressióne signátum (-am) perpétua virtúte custódi: ut, magnitúdinis glóriæ tuæ rudiménta servans, per custódiam mandatórum tuórum ad regeneratiónis glóriam perveníre mereátur. Per Christum, Dóminum nostrum.
℟. Amen

Lasset uns beten.

Wir bitten Dich, Herr, erhöre gnädig unser Gebet und behüte diesen Deinen auserwählten Diener (diese Deine auserwählte Dienerin) N. mit der nie versiegenden Kraft des Kreuzes unseres Herrn, dessen Zeichen ihm (ihr) aufgeprägt worden ist. Lass ihn (sie) den ersten Anteil an Deiner großen Herrlichkeit bewahren und dadurch auf dem Weg Deiner Gebote zur Glorie der Wiedergeburt gelangen. Durch Christus, unsern Herrn. ℟. Amen.

9. Nun legt er kurz die Hand auf das Haupt des Kindes und betet dann mit ausgestreckter Hand:

Orémus.

Omnípotens, sempitérne Deus, Pater Dómini nostri Iesu Christi, respícere dignáre super hunc fámulum tuum N., quem (hanc fámulam tuam N.; quam) ad rudiménta fídei vocáre dignátus es: omnem cæcitátem cordis ab eo (ea) expélle: disrúmpe omnes láqueos sátanæ, quibus fúerat colligátus (-a): áperi ei, Dómine, iánuam pietátis tuæ, ut, signo sapiéntiæ tuæ imbútus (-a), ómnium cupiditátum fetóribus cáreat, et ad suávem odórem præceptórum tuórum lætus (-a) tibi in Ecclésia tua deséviat, et profíciat de die in diem. Per eúndem Christum, Dóminum nostrum. ℟. Amen.

Lasset uns beten.

Allmächtiger, ewiger Gott, Vater unseres Herrn Jesus Christus, blicke gnädig herab auf diesen Deinen Diener (diese Deine Dienerin) N., den (die) Du gnädig zu den Anfängen des Glaubens berufen hast. Nimm von ihm (ihr) alle Blindheit des Herzens. Zerreiße alle Fesseln Satans, mit denen er (sie) gebunden war. Öffne ihm (ihr), Herr, die Tür zu Deiner Vaterliebe. Möge das Zeichen Deiner Weisheit ihn (sie) durchdringen, auf dass er (sie), frei von allem Pesthauch böser Begierden, Dir in Deiner Kirche freudig diene, vom Duft Deiner Lehren angezogen, und lass ihn (sie) vorwärtsschreiten von Tag zu Tag. Durch Christus, unsern Herrn. ℟. Amen.

10. Danach segnet er das Salz, welches, einmal gesegnet, auch für weitere Taufen dienen kann. Diese Segnung ist in jedem Fall lateinisch zu vollziehen.

Exorcízo te, creatúra salis, in nómine Dei ✠ Patris omnipoténtis, et in caritáte Dómini nostri Iesu ✠ Christi, et in virtúte Spíritus ✠ Sancti. Exorcízo te per Deum ✠ vivum, per Deum ✠ verum, per Deum ✠ sanctum, per Deum ✠, qui te ad tutélam humáni géneris procreávit, et pópulo veniénti ad credulitátem per servos suos consecrári præcépit, ut in nómine sanctæ Trinitátis efficiáris salutáre sacraméntum ad effugándum inimícum. Proínde rogámus te, Dómine Deus noster, ut hanc creatúram salis sanctificándo sancti ✠ fices, et benedicéndo bene ✠ dícas, ut fiat ómnibus accipiéntibus perfécta medicína, pérmanens in viscéribus eórum, in nómine eiúsdem Dómini nostri Iesu Christi, qui ventúrus est iudicáre vivos et mórtuos, et sǽculum per ignem. ℟. Amen.

11. Nun gibt er ein wenig Salz auf den Mund des Kindes:

N. Accipe sal sapiéntiæ: propitiátio sit tibi in vitam ætérnam.

℟. Amen.

N., empfange das Salz der Weisheit: Gott schenke dir sein Wohlgefallen und führe dich zum ewigen Leben. ℟. Amen.

℣. Pax tecum.
℟. Et cum spíritu tuo.

℣. Der Friede sei mit dir.
℟. Und mit deinem Geiste.

Orémus.

Deus patrum nostrórum, Deus univérsæ cónditor veritátis, te súpplices exorámus, ut hunc fámulum tuum N. (hanc fámulam tuam N.) respícere dignéris propítius, et hoc primum pábulum salis gustántem, non diútius esuríre permíttas, quo minus cibo expleátur cælésti, quátenus sit semper spíritu

Lasset uns beten.

Gott unserer Väter, Gott, Du Urgrund aller Wahrheit, wir flehen Dich an und bitten Dich: Blicke gnädig herab auf diesen Deinen Diener (diese Deine Dienerin) N. und lass ihn, der (sie, die) nun dieses erste Salz verkostet, nicht lange mehr hungern nach Sättigung mit der himmlischen Speise. Allezeit sei

fervens, spe gaudens, tuo semper nómini sérviens. Perduc eum (eam), Dómine, quǽsumus, ad novæ regeneratiónis lavácrum, ut cum fidélibus tuis promissiónum tuárum ætérna prǽmia cónsequi mereátur. Per Christum, Dóminum nostrum. ℟. Amen.

er (sie) glühend vor Eifer, in der Hoffnung froh und im Dienst Deines Namens beharrlich. Geleite ihn (sie), Herr, wir bitten Dich, zum erneuernden Bad der Wiedergeburt, auf dass er (sie) mit Deinen Gläubigen die ewigen Güter erlange, die Du verheißen hast. Durch Christus, unsern Herrn. ℟. Amen.

12. Dann spricht der Priester:

Unheiliger Geist, nun beschwöre ich dich.

Exorcízo te, immúnde spíritus, in nómine Pa ✠ tris, et Fí ✠ lii, et Spíritus ✠ Sancti, ut éxeas, et recédas ab hoc fámulo (hac fámula) Dei N.: Ipse enim tibi ímperat, maledícte damnáte, qui pédibus super mare ambulávit, et Petro mergénti déxteram porréxit.

Ergo, maledícte diábole, recognósce senténtiam tuam, et da honórem Deo vivo et vero, da honórem Iesu Christo Fílio eius, et Spirítui Sancto, et recéde ab hoc fámulo (hac fámula) Dei N., quia istum (istam) sibi Deus et Dóminus noster Iesus Christus ad suam sanctam grátiam, et benedictiónem, fontémque Baptísmatis vocáre dignátus est.

Und er besiegelt das Kind mit dem Daumen auf der Stirn:

Et hoc signum sanctæ Cru ✠ cis, quod nos fronti eius damus, tu, maledícte diábole, numquam áudeas violáre. Per eúndem Christum, Dóminum nostrum. ℟. Amen.

Und dieses Zeichen des heiligen ✠ Kreuzes, mit dem wir seine (ihre) Stirn besiegeln, sollst du, verworfener Geist, nie zu verletzen wagen. Durch ihn, Christus, unsern Herrn. ℟. Amen.

13. Nun legt er wieder die Hand auf das Haupt des Kindes und fährt dann mit ausgestreckter Hand fort:

Orémus.

Ætérnam, ac iustíssimam pietátem tuam déprecor, Dómine sancte, Pater omnípotens, ætérne Deus, auctor lúminis et veritátis, super hunc fámulum tuum N. (hanc fámulam tuam N.), ut dignéris eum (eam) illumináre lúmine intellegéntiæ tuæ: munda eum (eam), et sanctífica: da ei sciéntiam veram, ut, dignus (-a) grátia Baptísmi tui effréctus (-a), téneat firmam spem, consílium rectum, doctrínam sanctam. Per Christum, Dóminum nostrum.
℟. Amen.

Lasset uns beten.

Herr, heiliger Vater, allmächtiger, ewiger Gott, Urquell des Lichtes und der Wahrheit, Deine ewige und allgerechte Vatergüte rufe ich herab auf diese(n) Deinen Diener (Deine Dienerin) N.: Erleuchte ihn (sie) mit dem Lichte Deiner Erkenntnis; mach ihn (sie) rein und heilig und gib ihm (ihr) das wahre Wissen, auf dass er (sie) der Gnade Deiner Taufe würdig werde und die feste Hoffnung, den rechten Sinn und die heilige Lehre bewahre. Durch Christus, unsern Herrn. ℟. Amen.

14. Er legt das linke Ende der Stola auf das Kind und geleitet es so in die Kirche.

N. Ingrédere in templum Dei, ut hábeas partem cum Christo in vitam ætérnam.
℟. Amen.

N., tritt ein in Gottes Heiligtum, auf dass du Gemeinschaft habest mit Christus zum ewigen Leben. ℟. Amen.

VOR DER TAUFKAPELLE

15. Der Priester:

Réddite Sýmbolum fídei.

Sprecht das Glaubensbekenntnis.

Und alle gemeinsam:

Credo in Deum, Patrem omnipoténtem, Creatórem cæli et terræ. Et in Iesum Christum, Fílium eius únicum, Dóminum nostrum: qui concéptus est de Spíritu Sancto, natus ex María Vírgine, passus sub Póntio Piláto, crucifíxus, mórtuus, et sepúltus: descéndit ad ínferos; tértia die resurréxit a mórtuis; ascéndit ad cælos; sedet ad déxteram Dei Patris omnipoténtis: inde ventúrus est iudicáre vivos et mórtuos. Credo in Spíritum Sanctum, sanctam Ecclésiam cathólicam, Sanctórum communiónem, remissiónem peccatórum, carnis resurrectiónem, vitam ætérnam. Amen.

Ich glaube an Gott, den Vater, den Allmächtigen, den Schöpfer des Himmels und der Erde, und an Jesus Christus, seinen eingeborenen Sohn, unseren Herrn, empfangen durch den Heiligen Geist, geboren von der Jungfrau Maria, gelitten unter Pontius Pilatus, gekreuzigt, gestorben und begraben, hinabgestiegen in das Reich des Todes, am dritten Tage auferstanden von den Toten, aufgefahren in den Himmel; er sitzet zur Rechten Gottes, des allmächtigen Vaters; von dort wird er kommen, zu richten die Lebenden und die Toten. Ich glaube an den Heiligen Geist, die heilige katholische Kirche, Gemeinschaft der Heiligen, Vergebung der Sünden, Auferstehung des Fleisches und das ewige Leben. Amen.

Der Priester:

Dícite Oratiónem Domínicam.

Sprecht das Gebet des Herrn.

Und alle gemeinsam:

Pater noster, qui es in cælis: sanctificétur nomen tuum; advéniat regnum tuum; fiat volúntas tua, sicut in cælo, et in terra. Panem nostrum cotidiánum da nobis hódie; et dimítte nobis débita nostra, sicut et nos dimíttimus debitóribus nostris; et ne nos indúcas in tentatiónem; sed líbera nos a malo. Amen.

Vater unser im Himmel, geheiligt werde Dein Name, Dein Reich komme, Dein Wille geschehe, wie im Himmel so auf Erden. Unser tägliches Brot gib uns heute, und vergib uns unsere Schuld, wie auch wir vergeben unseren Schuldigern, und führe uns nicht in Versuchung, sondern erlöse uns von dem Bösen. Amen.

16. Danach spricht der Priester, mit dem Rücken zum Eingang der Taufkapelle stehend:

Unheiliger Geist, wiederum beschwöre ich dich.

Exorcízo te, omnis spíritus immúnde, in nómine Dei ✠ Patris omnipoténtis, et in nómine Iesu ✠ Christi Fílii eius, Dómini et Iúdicis nostri,et in virtúte Spíritus ✠ Sancti, ut discédas ab hoc plásmate Dei N., quod Dóminus noster ad templum sanctum suum vocáre dignátus est, ut fiat templum Dei vivi, et Spíritus Sanctus hábitet in eo. Per eúndem Christum, Dóminum nostrum, qui ventúrus est iudicáre vivos et mórtuos, et sæculum per ignem. ℟. Amen.

17. Er befeuchtet den Daumen mit dem Speichel seines Mundes (was aus jedem vernünftigen Grund unterbleiben kann, beispielsweise bei Krankheit) und berührt damit Ohren und Nase des Kindes.

Während er die Ohren berührt, spricht er:

Epheta, quod est, Adaperíre.

Während er die Nase berührt, spricht er:

In odórem suavitátis. Tu autem effugáre, diábole; appropinquávit enim iudícium Dei.

Im Namen dessen, der deine Sinne nun geöffnet hat, frage ich dich:

18. Er befragt den Täufling namentlich und spricht:

N. Abrenúntias sátanæ?	N., widersagst du dem Satan?

Die Paten antworten:

Abrenúntio.	Ich widersage.

Priester:

Et ómnibus opéribus eius?	Und all seinen Werken?

Paten:

Abrenúntio.	Ich widersage.

Priester:

Et ómnibus pompis eius?	Und all seinem Gepränge?

Paten:

Abrenúntio.	Ich widersage.

Priester:

So will ich dich salben mit dem Öl des Heiles.

19. Nun taucht er den Daumen in das Katechumenenöl und salbt den Täufling auf der Brust und zwischen den Schultern in Kreuzesform, indem er einmal spricht:

Ego te línio ✠ óleo salútis in Christo Iesu, Dómino nostro, ut hábeas vitam ætérnam. ℟. Amen.

Danach wischt er seinen Daumen und die gesalbte Stelle mit Watte oder Ähnlichem ab.

20. Noch immer vor der Taufkapelle stehend, vertauscht er die violette Stola mit einer weißen. Bei einer feierlichen Taufe tauscht er den violetten Rauchmantel gegen einen weißen. Dann tritt er zum Taufbrunnen, gefolgt von den Paten mit dem Kind.

Am Taufbrunnen

21. Am Taufbrunnen fragt der Priester den Täufling namentlich, worauf die Paten antworten:

N. Credis in Deum, Patrem omnipoténtem, Creatórem cæli et terræ?	N., glaubst du an Gott, den allmächtigen Vater, den Schöpfer des Himmels und der Erde?
Paten:	
Credo.	Ich glaube.
Priester:	
Credis in Iesum Christum, Fílium eius únicum, Dóminum nostrum, natum, et passum?	Glaubst du an Jesus Christus, seinen eingeborenen Sohn, unsern Herrn, der geboren wurde und gelitten hat?
Paten:	
Credo.	Ich glaube.
Priester:	
Credis et in Spíritum Sanctum, sanctam Ecclésiam Cathólicam, Sanctórum communiónem, remissiónem peccatórum, carnis ressurectiónem, et vitam ætérnam?	Glaubst du an den Heiligen Geist, an die heilige katholische Kirche, die Gemeinschaft der Heiligen, den Nachlass der Sünden, die Auferstehung des Fleisches und das ewige Leben?
Paten:	
Credo.	Ich glaube.

Schließlich fragt er, indem er den Täufling beim Namen nennt:

N. Vis baptizári?	N., willst du getauft werden?

Worauf die Paten antworten:

Volo.	Ja, ich will es.

22. Während der Pate oder die Paten gemeinsam das Kind halten, gießt der Priester das Taufwasser dreimal in Kreuzesform über das Haupt des Kindes. Es ist darauf zu achten, dass das Wasser wirklich über die Haut fließt. Dabei spricht er zugleich deutlich und aufmerksam die lateinische Taufformel:

N. EGO TE BAPTIZO IN NOMINE PA ✠ TRIS, ET FI ✠ LII, ET SPIRITUS ✠ SANCTI.

23. Und danach:

Gott hat dich wiedergeboren aus dem Wasser und dem Heiligen Geist und dir Nachlass aller Sünden gegeben. Er möge dich nun salben mit dem Chrisam des Heiles in Christus Jesus, unserem Herrn.

Er taucht den Daumen in den Chrisam und salbt das Kind auf dem Scheitel in Kreuzesform, indem er sagt:

Deus omnípotens, Pater Dómini nostri Iesu Christi, qui te regenerávit ex aqua et Spíritu Sancto, quique dedit tibi remissiónem ómnium peccatórum, ipse te líniat ✠ Chrísmate salútis in eódem Christo Iesu Dómino nostro, in vitam ætérnam. ℟. Amen.

Priester:

Pax tibi.	Der Friede sei mit dir.
℟. Et cum spíritu tuo.	℟. Und mit deinem Geiste.

Mit Watte oder Ähnlichem wischt er seinen Daumen und die gesalbte Stelle ab.

24. Nun legt er über den Täufling das weiße Taufkleid und spricht:

Accipe vestem cándidam, quam pérferas immaculátam ante tribúnal Dómini nostri Iesu Christi, ut hábeas vitam ætérnam.
℟. Amen.

Empfange das weiße Kleid und bringe es makellos vor den Richterstuhl unseres Herrn Jesus Christus, auf dass du das ewige Leben habest. ℟. Amen.

25. Danach reicht er dem Täufling bzw. den Paten die brennende Kerze und spricht:

Accipe lámpadem ardéntem, et irreprehensíbilis custódi Baptísmum tuum: serva Dei mandáta, ut, cum Dóminus vénerit ad núptias, possis occúrrere ei una cum ómnibus Sanctis in aula cæléste, et vivas in sǽcula sæculórum. ℟. Amen.

Empfange das brennende Licht und untadelig bewahre deine Taufe. Halte die Gebote Gottes. Wenn dann der Herr zur Hochzeit kommt und mit ihm alle seine Heiligen am himmlischen Hof, dann kannst du ihm entgegen gehen, und du wirst leben in Ewigkeit. ℟. Amen.

26. Schließlich spricht er:

N. vade in pace et Dóminus sit tecum.
℟. Amen.

N., geh hin in Frieden, und der Herr sei mit dir.
℟. Amen.

Die folgende Oration kann noch hinzugefügt werden:

Allmächtiger, ewiger Gott, gnädiger Vater, Du hast heute diesen Deinen Diener (diese Deine Dienerin) an Kindesstatt angenommen; so gib auch, wir bitten Dich, dass er (sie), gefirmt mit dem Heiligen Geist und genährt durch die himmlische Speise, zum Vollalter Christi heranwachse. Seinen Namenspatron (Ihre Namenspatronin) aber, den heiligen (die heilige) N., lass ihm (ihr) dabei ein Vorbild sein. Ihm (Ihr) nachfolgend, möge er (sie) einst ins ewige Vaterhaus gelangen. Durch Christus, unsern Herrn. ℟. Amen.

‣ Das Lied Fest soll mein Taufbund findet sich Seite 268.

MUTTERSEGEN

NACH DER GEBURT EINES KINDES

Die Texte
sowie die Nummern der Rubriken
entsprechen der vom Heiligen Stuhl approbierten
Collectio Rituum, Regensburg 1960

1. Vorzubereiten sind: Chorhemd und weiße Stola, Gewänder für den Altardiener, Aspergill, Rituale, eine Kniebank und ein Kerzenständer vor dem Altar.

2. Sind Priester und Altardiener bereit, schreiten sie zum Eingang der Kirche, wo die Mutter mit dem (bereits getauften) Kind, eine brennende Kerze haltend, wartet.

Der Priester besprengt Mutter und Kind mit Weihwasser und spricht:

Pax vobis.

Friede sei mit euch.

Danach sagt er zur Mutter:

Ingrédere in templum Dei, adóra Fílium beátæ Maríæ Vírginis, qui tibi fecunditátem tríbuit prolis.

Christliche Mutter, tritt vor den Altar, huldige Christus, dem Sohne der seligen Jungfrau Maria, und danke Gott, der dich mit einem Kind gesegnet hat.

3. Und er geleitet die Mutter mit dem Kind zum Altar, wo die Frau die brennende Kerze auf den Kerzenständer stellt und sich vor die Kniebank begibt. Der Priester aber steigt zum Altar empor.

Während alle stehen, singt man den Lobpreis der Gottesmutter:

Magníficat * ánima mea Dóminum.
2. Et exsultávit spíritus meus: * in Deo, salutári meo.
3. Quia respéxit humilitátem ancíllæ suæ: * ecce enim ex hoc beátam me dicent omnes generatiónes.

Meine Seele preist die Größe des Herrn, *
und mein Geist jubelt über Gott, meinen Retter.
Denn auf die Demut seiner Magd hat er geschaut.
* Siehe, von nun an preisen mich selig alle Geschlechter!

4. Quia fecit mihi magna, qui potens est: * et sanctum nomen eius.
5. Et misericórdia eius, a progénie in progénies: * timéntibus eum.
6. Fecit poténtiam in brácchio suo: * dispérsit supérbos mente cordis sui.
7. Depósuit poténtes de sede: * et exaltávit húmiles.
8. Esuriéntes implévit bonis: * et dívites dimísit inánes.
9. Suscépit Israël púerum suum: * recordátus misericórdiæ suæ.
10. Sicut locútus est ad patres nostros: * Abraham, et sémini eius in sæcula.
11. Glória Patri et Fílio, * et Spirítui Sancto.
12. Sicut erat in princípio, et nunc et semper, * et in sæcula sæculórum. Amen.

Denn der Mächtige hat Großes an mir getan, * und sein Name ist heilig.
Er erbarmt sich von Geschlecht zu Geschlecht * über alle, die ihn fürchten.
Er vollbringt mit seinem Arm machtvolle Taten; * er zerstreut, die im Herzen voll Hochmut sind;
er stürzt die Mächtigen vom Thron * und erhöht die Niedrigen.
Die Hungernden beschenkt er mit seinen Gaben * und lässt die Reichen leer ausgehn.
Er nimmt sich seines Knechtes Israel an * und denkt an sein Erbarmen,
das er unsern Vätern verheißen hat, * Abraham und seinen Nachkommen auf ewig.
Ehre sei dem Vater und dem Sohn * und dem Heiligen Geist,
wie es war im Anfang, so auch jetzt und alle Zeit * und in Ewigkeit. Amen.

4. Nun betet der Priester stehend, während alle Übrigen knien:

℣. Kýrie, eléison.
℟. Christe, eléison.
Kýrie, eléison.

℣. Herr, erbarme Dich.
℟. Christus, erbarme Dich.
Herr, erbarme Dich.

℣. Pater noster

℣. Vater unser

Man betet still weiter bis:

Et ne nos indúcas in tentatiónem.
℟. Sed líbera nos a malo.

Und führe uns nicht in Versuchung.
℟. Sondern erlöse uns von dem Bösen.

℣. Dómine, exáudi oratiónem meam.
℟. Et clamor meus ad te véniat.

℣. Herr, erhöre mein Gebet.
℟. Und lass mein Rufen zu Dir kommen.

℣. Dóminus vobíscum.
℟. Et cum spíritu tuo.

℣. Der Herr sei mit euch.
℟. Und mit deinem Geiste.

Orémus.

Omnípotens sempitérne Deus, qui per beátæ Maríæ Vírginis partum fidélium pariéntium dolóres in gáudium vertísti: réspice propítius super hanc fámulam tuam, ad templum sanctum tuum pro gratiárum actióne lætam accedéntem, et præsta; ut post hanc vitam, eiúsdem beátæ Maríæ méritis et intercessióne, ad ætérnæ beatitúdinis gáudia cum prole sua pervení-

Lasset uns beten.

Allmächtiger, ewiger Gott, Du hast die Schmerzen gläubiger Mütter durch die Geburt des Sohnes der seligen Jungfrau Maria in Freude gewandelt; so blicke denn gnädig auf Deine Dienerin, die frohen Herzens zu Deinem Heiligtum gekommen ist, um Dir Dank zu sagen. Schenke ihr unerschöpfliche Liebe, erleuchtete Weisheit und christliche Festigkeit, dass sie ihr

re mereátur. Per Christum, Dóminum nostrum.
℟. Amen.

Kind nach Deinem Willen erziehe. Und lass sie einst unter dem Schutze Unserer Lieben Frau mit ihrem Kinde zur ewigen Heimat gelangen. Durch Christus, unsern Herrn. ℟. Amen.

5. Nun segnet der Priester das Kind:

Orémus.

Dómine Iesu Christe, Fili Dei vivi, qui ante ómnia sǽcula génitus, in témpore tamen infans esse voluísti, et huius ætátis díligis innocéntiam; qui párvulos tibi oblátos amánter compléxus es, iísque benedixísti: infántem istum prǽveni in benedictiónibus dulcédinis, et præsta; ne malítia mutet intelléctum eius: eíque concéde; ut profíciens ætáte, sapiéntia et grátia, tibi semper placére váleat: Qui vivis et regnas cum Deo Patre in unitáte Spíritus Sancti Deus, per ómnia sǽcula sæculórum. ℟. Amen.

Lasset uns beten.

Herr Jesus Christus, Sohn des lebendigen Gottes, der Du, vor aller Zeit geboren, in der Zeit hast zum Kinde werden wollen; Du hast die Unschuld der ersten Jugend geliebt und die Kleinen, die man Dir brachte, herzlich umfangen und gesegnet: So segne auch dieses Kind mit dem Segen Deiner Liebe. Lass nicht zu, dass das Böse es beirre. Gib, dass es zunehme an Alter, Weisheit und Gnade vor Dir und den Menschen, und führe es einst nach einem christlichen Leben in die ewige Heimat, der Du mit Gott dem Vater lebst und herrschest in der Einheit des Heiligen Geistes, Gott von Ewigkeit zu Ewigkeit. ℟. Amen.

6. Schließlich besprengt der Priester Mutter und Kind mit Weihwasser.

Pax et benedíctio Dei omnipoténtis, Patris, et Fílii ✠ et Spíritus Sancti, descéndat super vos, et máneat semper. ℟. Amen.

Der Friede und der Segen des allmächtigen Gottes, des Vaters ✠ und des Sohnes und des Heiligen Geistes, komme über euch und bleibe bei euch allezeit. ℟. Amen.

7. Falls die Mutter ohne ihr Kind zur Kirche kommt, wird das Gebet über das Kind ausgelassen und der Schlusssegen in der Einzahl gesprochen.

Weihe des Kindes durch die Mutter

Zum privaten Gebrauch

Mein Gott und Herr! Als christliche Mutter erscheine ich heute vor Dir, um Dir von ganzem Herzen für Deine Vatergüte zu danken. Ich sage Dank, dass ich alle Gefahren glücklich überstanden habe. Vor allem aber danke ich Dir, dass Du mir ein Kind geschenkt hast, das schon von Natur Dein Ebenbild ist und das durch die heilige Taufe zu einem wahren Gotteskind erhoben wurde. Dein ist es und Dir weihe ich es für immer! Aber auch mein ist es durch Deine Güte. Ich darf es pflegen und erziehen. Dankbaren Herzens verspreche ich Dir, mildreichster Vater, den Glauben und die Liebe zu Dir in meinem Kind zu wecken. Ich will es zu Gebet und Tugend anhalten, damit es ein guter Christ werde und einst in der ewigen Herrlichkeit sich freue. Möge das brennende Licht in meiner Hand ein Sinnbild meiner Dankbarkeit und freudigen Opferbereitschaft sein.

O Maria, Jungfrau und Mutter, bitte für mich, dass ich mit derselben Dankbarkeit und Hingabe vor Gott stehe, mit welcher Du nach des Erlösers Geburt zum Tempel in Jerusalem gewallfahrtet bist. Amen.

Muttersegen

in der Zeit der Erwartung

Die lateinischen Texte stimmen mit dem Rituale Romanum überein.
Die deutsche Übersetzung ist zum privaten Gebrauch der Gläubigen gedacht.

℣. Adiutórium nostrum in nómine Dómini.
℟. Qui fecit cælum et terram.

℣. Salvam fac ancíllam tuam.
℟. Deus meus, sperántem in te.

℣. Esto ei, Dómine, turris fortitúdinis.
℟. A fácie inimíci.

℣. Nihil profíciat inimícus in ea.
℟. Et fílius iniquitátis non appónat nocére ei.

℣. Dómine, exáudi oratiónem meam.
℟. Et clamor meus ad te véniat.

℣. Dóminus vobíscum.
℟. Et cum spíritu tuo.

Orémus

Omnípotens sempitérne Deus, qui dedísti fámulis tuis in confessióne veræ fídei, ætérnæ Trinitátis glóriam agnóscere, et in

℣. Unsere Hilfe ist im Namen des Herrn.
℟. Der Himmel und Erde erschaffen hat.

℣. Deiner Dienerin gewähre Heil.
℟. Denn sie hofft auf Dich, mein Gott.

℣. Sei ihr, o Herr, ein fester Turm.
℟. Wider den Feind.

℣. Nichts vermöge der Feind wider sie.
℟. Und der Sohn der Bosheit schade ihr nicht.

℣. Herr, erhöre mein Gebet.
℟. Und lass mein Rufen zu Dir kommen.

℣. Der Herr sei mit euch.
℟. Und mit deinem Geiste.

Lasset uns beten.

Allmächtiger, ewiger Gott, der Du Deine Diener im Bekenntnis des wahren Glaubens die Herrlichkeit der ewigen

poténtia maiestátis adoráre Unitátem: quǽsumus; ut, eiúsdem fidei firmitáte, hæc fámula tua N. ab ómnibus semper muniátur advérsis. Per Christum Dóminum nostrum. ℟. Amen.

Dreifaltigkeit erkennen und sie in der Macht der Majestät die Einheit anbeten lässt, wir bitten Dich, dass in der Festigkeit eben dieses Glaubens diese Deine Magd N. allzeit vor allen Widrigkeiten geschützt sei. Durch Christus, unsern Herrn. ℟. Amen.

Orémus

Dómine Deus, ómnium Creátor, fortis et terríbilis, iustus et miséricors, qui solus bonus et pius es; qui de omni malo liberásti Israël, fáciens tibi patres nostros diléctos, et sanctificásti eos manu Spíritus tui; qui gloriósæ Vírginis Maríæ corpus et ánimam, ut dignum Fílii tui habitáculum éffici mererétur, Spíritu Sancto cooperánte, præparásti; qui Ioánnem Baptístam Spíritu Sancto replésti et in útero matris exsultáre fecísti; áccipe sacrifícium cordis contríti ac fervens desidérium fámulæ tuæ N. humíliter supplicántis pro conservatióne prolis, quam ei dedísti concípe-

Lasset uns beten.

Herr, Gott, Schöpfer aller Dinge, stark und ehrfurchtgebietend, gerecht und barmherzig, der Du allein gut und liebevoll bist; der Du Israel von allem Übel befreit und unsere Väter Dir in Liebe verbunden und sie durch Deinen Geist geheiligt hast; der Du den Leib und die Seele der glorreichen Jungfrau Maria, damit sie eine würdige Wohnung Deines Sohnes werde, unter Mitwirkung des Heiligen Geistes bereitet hast; der Du Johannes den Täufer mit dem Heiligen Geist erfüllt hast und im Schoß seiner Mutter frohlocken ließest; nimm an das Opfer des zerknirschten Her-

re: custódi partem tuam, et ab omni dolo et iniúria duri hostis defénde; ut, obstetricánte manu misericórdiæ tuæ, fœtus eius ad lucem próspere véniat, ac sanctæ generatióni servétur, tibíque in ómnibus iúgiter desérviat, et vitam cónsequi mereátur ætérnam. Per eúndem Dóminum nostrum Iesum Christum Fílium tuum, qui tecum vivit et regnat in unitáte eiúsdem Spíritus Sancti, Deus, per ómnia sǽcula sæculórum. ℟. Amen.

zens und das brennende Verlangen Deiner Magd N., die demütig um den Schutz ihres Kindes bittet, das Du sie empfangen ließest: Behüte, was Dein ist, und bewahre es vor aller List und Gewalt des bösen Feindes, auf dass mit Hilfe Deiner barmherzigen Hand ihr Kind glücklich ans Licht gelange, für die Taufe erhalten bleibe, Dir in allem beständig diene und das ewige Leben erlange. Durch ihn, unseren Herrn Jesus Christus, Deinen Sohn, der mit Dir in der Einheit des Heiligen Geistes lebt und herrscht in alle Ewigkeit. ℟. Amen.

Nun besprengt der Priester die Frau mit Weihwasser.

Psalm 66

Deus misereátur nostri, et benedícat nobis: * illúminet vultum suum super nos, et misereátur nostri.

2. Ut cognoscámus in terra viam tuam, * in ómnibus géntibus salutáre tuum.

3. Confiteántur tibi pópuli, Deus: * confiteántur tibi pópuli omnes.

1. Gott erbarme sich unser und segne uns, * er lasse sein Angesicht leuchten über uns und erbarme sich unser,

2. damit wir auf Erden Deinen Weg erkennen, * unter allen Völkern Dein Heil.

3. Preisen sollen Dich die Völker, Gott, * preisen sollen Dich alle Völker.

4. Lætèntur et exsúltent gentes: * quóniam iúdicas pópulos in æquitáte, et gentes in terra dírigis.

5. Confiteántur tibi pópuli, Deus, confiteántur tibi pópuli omnes: * terra dedit fructum suum.

6. Benedícat nos Deus, Deus noster, benedícat nos Deus: * et métuant eum omnes fines terræ.

7. Glória Patri et Fílio, * et Spirítui Sancto.

8. Sicut erat in princípio, et nunc et semper, * et in sǽcula sæculórum. Amen.

4. Freuen sollen sich und jubeln die Heiden, * denn Du richtest die Völker in Gerechtigkeit und lenkst die Nationen auf Erden.

5. Preisen sollen Dich die Völker, Gott, preisen sollen Dich alle Völker; * die Erde gab ihre Frucht.

6. Es segne uns Gott, unser Gott, es segne uns Gott, * und fürchten sollen ihn alle Enden der Erde.

7. Ehre sei dem Vater und dem Sohn * und dem Heiligen Geist.

8. Wie es war im Anfang, so auch jetzt und allezeit * und in Ewigkeit. Amen.

℣. Benedicámus Patrem et Fílium cum Sancto Spíritu.
℟. Laudémus et superexaltémus eum in sǽcula.

℣. Lasst uns preisen den Vater und den Sohn mit dem Heiligen Geist,
℟. ihn loben und hoch erheben in Ewigkeit.

℣. Angelis suis Deus mandávit de te.
℟. Ut custódiant te in ómnibus viis tuis.

℣. Seinen Engeln hat Gott deinetwegen befohlen.
℟. Dass sie dich behüten auf all deinen Wegen.

℣. Dómine exáudi oratiónem meam.
℟. Et clamor meus ad te véniat.

℣. Herr, erhöre mein Gebet,
℟. und lass mein Rufen zu Dir kommen.

℣. Dóminus vobíscum.
℟. Et cum spíritu tuo.

Orémus.

Vísita, quǽsumus, Dómine, habitatiónem istam, et omnes insídias inimíci ab ea et a præsénti fámula tua N. longe repélle: Angeli tui sancti hábitent in ea, qui nos in pace custódiant; et benedíctio ✠ tua sit super nos semper. Per Christum Dóminum nostrum. ℟. Amen.

Benedíctio Dei omnipoténtis, Patris, et ✠ Fílii, et Spíritus Sancti, descéndat super te, et prolem tuam, et máneat semper. ℟. Amen.

℣. Der Herr sei mit euch.
℟. Und mit deinem Geiste.

Lasset uns beten.

Suche heim, so bitten wir, Herr, dieses Haus, und alle Nachstellungen des Feindes weise fern von ihm und von dieser Deiner Magd N.; Deine heiligen Engel mögen in ihm wohnen und uns in Frieden behüten, und Dein Segen sei über uns immerdar. Durch Christus, unsern Herrn. ℟. Amen.

Der Segen des allmächtigen Gottes, des Vaters und des Sohnes und des Heiligen Geistes, komme über dich und dein Kind und bleibe allezeit. ℟. Amen.

Muttersegen

für eine Frau, die ein Kind verloren hat

Die Texte
sowie die Nummern der Rubriken
entsprechen der vom Heiligen Stuhl approbierten
Collectio Rituum, Regensburg 1960

1. Vorzubereiten sind: Chorhemd und weiße Stola, Gewänder für den Altardiener, Aspergill, Rituale und eine Kniebank vor dem Altar.

2. Sind Priester und Altardiener bereit, schreiten sie zum Eingang der Kirche, wo die Mutter, eine brennende Kerze haltend, wartet. Der Priester besprengt sie mit Weihwasser und spricht:

Pax tecum.

Friede sei mit dir.

Danach sagt er:

Ingrédere in templum Dei, adóra Fílium beátæ Maríæ Vírginis, et súpplica Deum, qui te consolétur atque confórtet.

Christliche Mutter, tritt vor den Altar, huldige Christus, dem Sohne der seligen Jungfrau Maria, und bitte Gott, dass er dich tröste und stärke.

3. Der Priester geleitet die Mutter nach vorne, und während alle sich knien, steigt er zum Altar empor. Dann wird der folgende Psalm rezitiert.

Psalm 120

Levávi óculos meos in montes, * unde véniet auxílium mihi.

1. Ich erhebe meine Augen zu den Bergen, * von wo mir Hilfe kommt.

2. Auxílium meum a Dómino, * qui fecit cælum et terram.

2. Meine Hilfe kommt vom Herrn, * der Himmel und Erde erschaffen hat.

3. Non det in commotiónem pedem tuum: * neque dormítet qui custódit te.

3. Er lässt nicht wanken deinen Fuß * und nicht schläfrig wird, der dich bewacht.

4. Ecce, non dormitábit neque dórmiet, * qui custódit Israël.

4. Siehe, er wird nicht schlummern und nicht schlafen, * der Israel behütet.

5. Dóminus custódit te, Dóminus protéctio tua, * super manum déxteram tuam.

5. Der Herr behütet dich, der Herr ist dein Schutz * mehr als deine rechte Hand.

6. Per diem sol non uret te: * neque luna per noctem.

6. Bei Tag wird die Sonne dich nicht versehren, * noch der Mond bei Nacht.

7. Dóminus custódit te ab omni malo: * custódiat ánimam tuam Dóminus.

7. Der Herr behütet dich vor allem Übel, * behüten möge deine Seele der Herr!

8. Dóminus custódiat introítum tuum, et éxitum tuum: * ex hoc nunc, et usque in sæculum.

8. Der Herr behüte deinen Eingang und deinen Ausgang * von nun an bis in Ewigkeit.

9. Glória Patri et Fílio, * et Spirítui Sancto.

9. Ehre sei dem Vater und dem Sohn * und dem Heiligen Geist.

10. Sicut erat in princípio, et nunc et semper, * et in sæcula sæculórum. Amen.

10. Wie es war im Anfang, so auch jetzt und allezeit * und in Ewigkeit. Amen.

4. Danach betet der Priester:

℣. Kýrie, eléison.
℟. Christe, eléison.
Kýrie, eléison.

℣. Herr, erbarme Dich.
℟. Christus, erbarme Dich.
Herr, erbarme Dich.

℣. Pater noster

℣. Vater unser

Man betet still weiter bis:

Et ne nos indúcas in tentatiónem.
℟. Sed líbera nos a malo.

Und führe uns nicht in Versuchung.
℟. Sondern erlöse uns von dem Bösen.

℣. Dómine, exáudi oratiónem meam.

℣. Herr, erhöre mein Gebet.

℟. Et clamor meus ad te véniat.

℣. Dóminus vobíscum.
℟. Et cum spíritu tuo.

Orémus.

Omnípotens sempitérne Deus, sanctæ puritátis amátor, qui infántem huius mulíeris ad cælórum regnum vocáre dignátus es: dignéris étiam, Dómine, ita cum fámula tua misericórditer ágere, ut, méritis tuæ sanctíssimæ passiónis, et intercessióne beátæ Maríæ semper Vírginis et ómnium Sanctórum tuórum consoláta, offícia sua dolóris victrix fórtiter súbeat, et in eódem regno cum prole sua semper congáudeat: Qui vivis et regnas in sǽcula sæculórum. ℟. Amen.

℟. Und lass mein Rufen zu Dir kommen.

℣. Der Herr sei mit euch.
℟. Und mit deinem Geiste.

Lasset uns beten.

Allmächtiger, ewiger Gott, Du Freund heiliger Reinheit, der Du das Kind dieser Frau zum himmlischen Reich gerufen hast: Handle barmherzig an Deiner Dienerin, damit sie - durch die Verdienste Deines heiligsten Leidens und die Fürsprache der seligen, allzeit reinen Jungfrau Maria und aller Deiner Heiligen getröstet - den Schmerz besiege, starkmütig ihren Pflichten nachkomme und sich einst in Deinem Reich gemeinsam mit ihrem Kind ewig freue. Der Du lebst und herrschest in alle Ewigkeit. ℟. Amen.

5. Nochmals besprengt er die Frau mit Weihwasser und segnet sie.

Pax et benedíctio Dei omnipoténtis, Patris, et Fílii ✠ et Spíritus Sancti, descéndat super te, et máneat semper. ℟. Amen.

Der Friede und der Segen des allmächtigen Gottes, des Vaters ✠ und des Sohnes und des Heiligen Geistes, komme über dich und bleibe bei dir allezeit. ℟. Amen.

RITUS DER FIRMUNG

Die lateinischen Texte stimmen mit dem Pontificale Romanum überein.
Die deutsche Übersetzung ist zum privaten Gebrauch der Gläubigen gedacht.

„Das Sakrament der Firmung … beschenkt die Getauften … mit der Gabe des Heiligen Geistes und verbindet sie vollkommener mit der Kirche. Es stärkt sie und verpflichtet sie noch mehr dazu, sich in Wort und Tat als Zeugen Christi zu erweisen sowie den Glauben auszubreiten und zu verteidigen." (CIC can 879)

Die Firmung vollendet die Taufe: *„Sie verwurzelt uns tiefer in der Gotteskindschaft …; sie vereint uns fester mit Christus; sie vermehrt in uns die Gaben des Heiligen Geistes; sie verbindet uns vollkommener mit der Kirche; sie schenkt uns eine besondere Kraft des Heiligen Geistes, um in Wort und Tat als wahre Zeugen Christi den Glauben auszubreiten und zu verteidigen, den Namen Christi tapfer zu bekennen und uns nie des Kreuzes zu schämen." (KKK 1302)*

„Der ordentliche Spender der Firmung ist der Bischof; gültig spendet dieses Sakrament auch der Priester, der mit dieser Befugnis … ausgestattet ist." (CIC can 882)

Solche, die sich in Todesgefahr befinden, kann jeder Priester gültig firmen [vgl. CIC can 883 3°].

„Außerhalb von Todesgefahr ist zum erlaubten Empfang der Firmung erforderlich, dass jemand, falls er über den Vernunftgebrauch verfügt, gehörig unterrichtet und recht disponiert ist und die Taufversprechen zu erneuern vermag." (CIC can 889 §2)

„Die Gläubigen sind verpflichtet, dieses Sakrament rechtzeitig zu empfangen; die Eltern und die Seelsorger, vor allem die Pfarrer, haben dafür zu sorgen, dass die Gläubigen für seinen Empfang gebührend unterrichtet werden und zur rechten Zeit darauf zugehen." (CIC can 890)

„Nach der lateinischen Tradition ist das Unterscheidungsalter der gegebene Zeitpunkt, um die Firmung zu empfangen. In Todesgefahr sind jedoch schon Kinder zu firmen, auch wenn sie noch nicht zum Unterscheidungsalter gelangt sind ." (KKK 1307)

„Dem Firmling soll, soweit dies geschehen kann, ein Pate zur Seite stehen; dessen Aufgabe ist es, dafür zu sorgen, dass der Gefirmte sich wie ein wahrer Zeuge Christi verhält und die Verpflichtungen, die mit diesem Sakrament verbunden sind, getreu erfüllt.“ (CIC can 892)

Der Firmpate muss dieselben Voraussetzungen erfüllen wie ein Taufpate [siehe CIC can 874 §1 wie vorne auf Seite 6].

„Um die Firmung zu empfangen, muss man im Stand der Gnade sein. Es empfiehlt sich daher, das Bußsakrament zu empfangen, um zum Empfang der Gabe des Heiligen Geistes geläutert zu sein.“ (KKK 1310)

Mancherorts ist es üblich, vor Beginn des eigentlichen Firmritus feierlich das Taufgelübde zu erneuern und das Veni Creátor zu singen. Beides ist sinnvoll, aber nicht notwendig, weil es über den im Ponitificale enthaltenen Ritus hinausgeht.

Zur Erneuerung des Taufgelübdes kann man folgenden Text gebrauchen:

Liebe Firmlinge. Als ihr getauft worden seid, haben eure Paten an eurer Stelle und in eurem Namen dem Teufel widersagt und unserem Herrn Jesus Christus die Treue gelobt. Heute, da ihr gefirmt werdet, sollt ihr selber sprechen und das Gelöbnis eurer Taufe erneuern. So frage ich euch:

Bischof: Widersagt ihr dem Satan?
Firmlinge: Wir widersagen.

Bischof: Und all seinen Werken?
Firmlinge: Wir widersagen.

Bischof: Und all seinem Gepränge?
Firmlinge: Wir widersagen.

Bischof: Glaubt ihr an Gott, den allmächtigen Vater, den Schöpfer des Himmels und der Erde?
Firmlinge: Wir glauben.

Bischof: Glaubt ihr an Jesus Christus, seinen eingeborenen Sohn, der geboren wurde und gelitten hat?
Firmlinge: Wir glauben.

Bischof: Glaubt ihr an den Heiligen Geist, die heilige katholische Kirche, die Gemeinschaft der Heiligen, den Nachlass der Sünden, die Auferstehung des Fleisches und das ewige Leben?

Firmlinge: Wir glauben.

Bischof: Was ihr im Glauben bekennt, sollt ihr auch im Leben festhalten. Darum bewahrt makellos das Hochzeitskleid der Gnade. Lasst das Licht in euren Herzen brennen und leuchten. Haltet die Gebote des Herrn und dient ihm in Treue und Liebe. Er aber gebe euch dazu allzeit die Kraft seiner Gnade.

Firmlinge: Amen.

Der Bischof trägt über dem Chorhemd eine Stola und einen weißen Chormantel. Mit Mitra und Stab [oder, falls dieses Sakrament weniger feierlich gespendet wird, mit weißer Stola und einfacher Mitra] tritt der Bischof zum Faldistorium, welches in der Mitte vor dem Altar steht. In einer kurzen Ansprache wendet er sich an die Firmlinge und deren Angehörige.

Danach wäscht er die Hände, legt die Mitra ab, erhebt sich und spricht mit gefalteten Händen, den knienden Firmlingen zugewandt:

Spíritus Sanctus supervéniat in vos, et virtus Altíssimi custódiat vos a peccátis. ℟. Amen.

Der Heilige Geist komme über euch, und die Kraft des Allerhöchsten bewahre euch vor Sünden. ℟. Amen.

Er bekreuzigt sich und spricht:

℣. Adiutórium nostrum in nómine Dómini.
℟. Qui fecit cælum et terram.

℣. Unsere Hilfe ist im Namen des Herrn.
℟. Der Himmel und Erde erschaffen hat.

℣. Dómine, exáudi oratiónem meam.
℟. Et clamor meus ad te véniat.

℣. Herr, erhöre mein Gebet.
℟. Und lass mein Rufen zu Dir kommen.

℣. Dóminus vobíscum.
℟. Et cum spíritu tuo.

℣. Der Herr sei mit euch.
℟. Und mit deinem Geiste.

Dann streckt der Bischof beide Hände zu den Firmlingen hin aus und spricht:

Orémus.

Omnípotens sempitérne Deus, qui regeneráre dignátus es hos fámulos tuos ex aqua, et Spíritu Sancto, quique dedísti eis remissiónem ómnium peccatórum: emítte in eos septifórmem Spíritum tuum Sanctum Paráclitum de cælis. ℟. Amen.

Lasset uns beten.

Allmächtiger, ewiger Gott, Du hast diese Deine Diener wiedergeboren aus dem Wasser und dem Heiligen Geist und ihnen Nachlass aller Schuld gewährt. Sende vom Himmel her auf sie Deinen Heiligen Geist, den Beistand, mit seinen sieben Gaben. ℟. Amen.

Spíritum sapiéntiæ, et intelléctus.

℟. Amen.

Den Geist der Weisheit und des Verstandes.

℟. Amen.

Spíritum consílii, et fortitúdinis.

℟. Amen.

Den Geist des Rates und der Stärke.

℟. Amen.

Spíritum sciéntiæ, et pietátis.

℟. Amen.

Den Geist der Wissenschaft und der Frömmigkeit.

℟. Amen.

Adímple eos Spíritu timóris tui, et consígna eos signo Cru ✠ cis Christi, in vitam propitiátus ætérnam. Per eúndem Dóminum nostrum Iesum Christum Fílium tuum, qui tecum vivit, et regnat in unitáte eiúsdem Spíritus Sancti, Deus: per ómnia sǽcula sæculórum. ℟. Amen.

Erfülle sie mit dem Geiste der Gottesfurcht und in Deinem Erbarmen besiegle sie mit dem Zeichen des Kreuzes ✠ Christi zum ewigen Leben. Durch ihn, unseren Herrn Jesus Christus, Deinen Sohn, der mit Dir lebt und herrscht in der Einheit des Heiligen Geistes, Gott, von Ewigkeit zu Ewigkeit. ℟. Amen.

Nachdem der Bischof die Mitra empfangen hat, setzt er sich auf das Faldistorium, und die Firmlinge treten mit ihren Firmpaten vor den Altar.

Der Firmling kniet vor dem Bischof nieder und der Pate legt seine rechte Hand auf die rechte Schulter des Firmlings. Der Bischof legt die rechte Hand auf das Haupt des Firmlings, macht ihm mit dem Daumen das Zeichen des Kreuzes auf die Stirn und salbt sie mit Chrisam, indem er die entscheidenden Worte spricht:

N. Signo te signo Crucis ✠ et confirmo te Chrísmate salútis. In nómine Patris ✠ et Fílii ✠ et Spíritus ✠ Sancti. ℟. Amen.

N., ich bezeichne dich mit dem Zeichen des Kreuzes und firme dich mit dem Chrisam des Heiles, im Namen des Vaters und des Sohnes und des Heiligen Geistes. ℟. Amen.

Dann gibt der Bischof dem Firmling einen leichten Backenstreich und spricht:

Pax tecum.

Friede sei mit dir.

Nach der Salbung reinigt der Bischof den Daumen mit kleinen Brotstückchen und wäscht seine Hände.

Währenddessen singt der Chor die Antiphon:

Ant. Confírma hoc, Deus, quod operátus es in nobis, a templo sancto tuo, quod est in Ierúsalem.

Ant. Bekräftige, o Gott, was Du in uns gewirkt hast, von Deinem heiligen Tempel aus, der in Jerusalem ist.

℣. Glória Patri, et Fílio, et Spirítui Sancto:

℣. Ehre sei dem Vater und dem Sohn und dem Heiligen Geist.

℟. Sicut erat in princípio, et nunc, et semper, et in sǽcula sæculórum. Amen.

℟. Wie es war im Anfang, so auch jetzt und allezeit und in Ewigkeit. Amen.

Die Antiphon Confírma hoc wird wiederholt.

Danach legt der Bischof die Mitra ab, erhebt sich und betet, zum Altar gewendet, mit gefalteten Händen, wozu die Firmlinge knien.

℣. Osténde nobis, Dómine, misericórdiam tuam.

℟. Et salutáre tuum da nobis.

℣. Zeige, Herr, uns Deine Huld.

℟. Und schenke uns Dein Heil.

℣. Dómine, exáudi oratiónem meam.

℟. Et clamor meus ad te véniat.

℣. Herr, erhöre mein Gebet.

℟. Und lass mein Rufen zu Dir kommen.

℣. Dóminus vobíscum.

℟. Et cum spíritu tuo.

℣. Der Herr sei mit euch.

℟. Und mit deinem Geiste.

Orémus.

Deus, qui Apóstolis tuis Sanctum dedísti Spíritum, et per eos eorúmque successóres céteris fidélibus tradéndum esse voluísti; réspice propi-

Lasset uns beten.

Gott, der Du Deinen Aposteln den Heiligen Geist verliehen hast und wolltest, dass er durch sie und ihre Nachfolger an die übrigen Gläubi-

tius ad humilitátis nostræ famulátum, et præsta; ut eórum corda, quorum frontes sacro chrísmate delinívimus, et signo sanctæ Crucis signávimus, idem Spíritus Sanctus in eis supervéniens, templum glóriæ suæ dignánter inhabitándo perfíciat. Qui cum Patre et eódem Spíritu Sancto vivis et regnas, Deus, in sǽcula sæculórum. ℟. Amen.

gen weitergegeben werde, schau gnädig auf den Dienst, den wir in Demut verrichtet haben, und gewähre, dass der Heilige Geist die Herzen derjenigen, deren Stirn wir mit dem heiligen Chrisam gesalbt und mit dem Zeichen des heiligen Kreuzes besiegelt haben, indem er auf sie herabkommt und in ihnen wohnt, als Tempel seiner Herrlichkeit vollende, der Du mit dem Vater und demselben Heiligen Geiste lebst und herrschest in alle Ewigkeit. ℟. Amen.

Dann spricht der Bischof:

Ecce sic benedicétur omnis homo, qui timet Dóminum.

Seht, so wird jeder Mensch gesegnet, der den Herrn fürchtet.

Und er wendet sich zu den Firmlingen, segnet sie und spricht:

Bene ✠ dícat vos Dóminus ex Sion, ut videátis bona Ierúsalem ómnibus diébus vitæ vestræ, et habeátis vitam ætérnam.
℟. Amen.

Es segne euch der Herr von Sion her, auf dass ihr das heil Jerusalems schauet alle Tage eures Lebens und das ewige Leben erlanget.
℟. Amen.

Ritus der sakramentalen Lossprechung

Die lateinischen Texte stimmen mit dem Rituale Romanum überein.
Die deutsche Übersetzung ist zum privaten Gebrauch der Gläubigen gedacht.

„Christus hat das Bußsakrament für alle sündigen Glieder seiner Kirche eingesetzt, vor allem für jene, die nach der Taufe in schwere Sünde gefallen sind und so die Taufgnade verloren und die kirchliche Gemeinschaft verletzt haben. Ihnen bietet das Sakrament der Buße eine neue Möglichkeit, sich zu bekehren und die Gnade der Rechtfertigung wiederzuerlangen." (KKK 1446)

„Die Kinder müssen, bevor sie zum ersten Mal die heilige Kommunion empfangen, zur Beichte gehen." (KKK 1457)

„Das regelmäßige Bekenntnis unserer lässlichen Sünden ist für uns eine Hilfe, unser Gewissen zu bilden, gegen unsere bösen Neigungen anzukämpfen, uns von Christus heilen zu lassen und im geistigen Leben zu wachsen." (KKK 1458)

„Das persönliche und vollständige Bekenntnis und die Absolution bilden den einzigen ordentlichen Weg, auf dem ein Gläubiger, der sich einer schweren Sünde bewusst ist, mit Gott und der Kirche versöhnt wird." (CIC can 960)

„Spender des Bußsakramentes ist allein der Priester." (CIC can 965)

„Zur gültigen Absolution von Sünden ist erforderlich, dass der Spender außer der Weihegewalt die Befugnis besitzt, sie gegenüber den Gläubigen, denen er die Absolution erteilt, auszuüben." (CIC can 966)

„Der Priester soll beim Beichthören dessen eingedenk sein, dass er in gleicher Weise die Stelle eines Richters wie die eines Arztes einnimmt und von Gott zugleich zum Diener der göttlichen Gerechtigkeit wie auch Barmherzigkeit bestellt ist, der der Ehre Gottes und dem Heil der Seelen dient. Der Beichtvater hat sich als Diener der Kirche bei der Spendung des Sakramentes getreu an die Aussagen des Lehramtes und an die von der zuständigen Autorität erlassenen Normen zu halten." (CIC can 978)

„Das Beichtgeheimnis ist unverletzlich … Zur Wahrung des Geheimnisses sind auch … alle anderen verpflichtet, die auf irgendeine Weise aus der Beichte zur Kenntnis von Sünden gelangt sind." (CIC can 983)

Vor dem Bekenntnis kann der Beichtvater den Pönitenten mit folgenden Worten segnen:

Dóminus sit in córde tuo et in lábiis tuis, ut rite et íntegre confiteáris peccáta tua. In nómine Patris ✠ et Fílii et Spíritus Sancti. ℟. Amen.

Der Herr sei in deinem Herzen und auf deinen Lippen, damit du aufrichtig und vollständig deine Sünden bekennst. Im Namen des Vaters ✠ und des Sohnes und des Heiligen Geistes. ℟. Amen.

Nach Bekenntnis, einem kurzem Zuspruch und Erteilung einer heilsamen Buße, gibt der Beichtvater bei hinreichender Reue die Lossprechung:

Misereátur tui omnípotens Deus et dimíssis peccátis tuis perdúcat te ad vitam ætérnam. ℟. Amen.

Der allmächtige Gott erbarme sich Deiner, er lasse dir die Sünden nach und führe dich zum ewigen Leben. ℟. Amen.

Nun erhebt der Priester seine Rechte zum Pönitenten hin und spricht:

Indulgéntiam, absolutiónem et remissiónem peccatórum tuórum, tríbuat tibi omnípotens et miséricors Dóminus. ℟. Amen.

Nachlass, Vergebung und Verzeihung deiner Sünden schenke dir der allmächtige und barmherzige Herr. ℟. Amen.

Auch wenn in der konkreten Beichte keine wirkliche Kirchenstrafe aufzuheben wäre (wie beispielsweise eine Exkommunikation nach erfolgter Abtreibung), bringt die folgende Formel doch eindrücklich zum Ausdruck, dass jede Sünde auch die kirchliche Gemeinschaft verletzt und dass wir durch das Sakrament mit Gott *und* mit der Kirche versöhnt werden.

Das Wort suspensiónis wird nur bei der Beichte von Klerikern eingefügt.

Dóminus noster Iesus Christus te absólvat, et ego auctoritáte ipsíus te absólvo ab omni vínculo excommunicatiónis, (suspensiónis,) et interdícti in quantum possum et tu índiges.

Unser Herr Jesus Christus löse dich, und in seiner Vollmacht löse ich dich von jeder Fessel der Exkommunikation, (der Suspension) und des Interdiktes, soweit meine Vollmacht reicht und du dessen bedarfst.

Es folgt die eigentliche und zur Gültigkeit allein notwendige Formel der Lossprechung. Alles andere kann im Notfall ausgelassen werden.

Deínde ego te absólvo a peccátis tuis in nómine Patris ✠ et Fílii et Spíritus Sancti. ℟. Amen.

So spreche ich dich los von deinen Sünden im Namen des Vaters ✠ und des Sohnes und des Heiligen Geistes. ℟. Amen.

Abschließend segnet der Priester den Pönitenten mit folgenden Worten:

Pássio Dómini nostri Iesu Christi, mérita beátæ Maríæ Vírginis, et ómnium Sanctórum, quidquid boni féceris et mali sustinúeris, sint tibi in remissiónem peccatórum, augméntum grátiæ et prǽmium vitæ ætérnæ. ℟. Amen.

Das Leiden unseres Herrn Jesus Christus, die Verdienste der allerseligsten Jungfrau Maria und aller Heiligen, und alles, was du Gutes getan und Schweres ertragen hast, gereiche dir zum Nachlass der Sünden, zur Mehrung der Gnade und zum Lohn im ewigen Leben. ℟. Amen.

Gewöhnlich entlässt der Priester den Pönitenten mit dem Gruß: Gelobt sei Jesus Christus, worauf dieser antwortet: In Ewigkeit. Amen.

Ritus der Krankenkommunion

Die Texte
sowie die Nummern der Rubriken
entsprechen der vom Heiligen Stuhl approbierten
Collectio Rituum, Regensburg 1960

Wenn ein Angehöriger ernstlich erkrankt, sollte man frühzeitig den Priester rufen. So erweist man dem Kranken einen Liebesdienst. Man informiere den Priester kurz über den Zustand des Kranken, ob die Zeit sehr drängt und ob er beispielsweise die hl. Kommunion wird empfangen können.

Nach Möglichkeit sollte man das Zimmer ein wenig lüften. Neben das Krankenbett stellt man einen Stuhl für den Priester. In der Nähe des Bettes richtet man, für den Kranken gut sichtbar, einen weißgedeckten Tisch. Auf dem Tisch muss vorne genügend Platz für das Allerheiligste sein. Hinten steht zwischen zwei brennenden Kerzen ein Kruzifix, davor ein Schälchen mit Weihwasser.

Falls auch die Krankensalbung gespendet wird, benötigt man zusätzlich einen kleinen Teller mit Wattebäuschchen, ein Schälchen mit Salz und (für die Händewaschung) ein Gefäß mit Wasser und ein Handtuch.

Während der Kranke den Priester erwartet, möge er sich geistlich darauf einstimmen, dem Heiland einen würdigen Empfang zu bereiten. Der Priester sollte im Krankenzimmer eine ehrfürchtige Atmosphäre von Erwartung und geistlicher Sammlung finden. Wie es in der Kirche selbstverständlich ist, heiliges Schweigen zu bewahren und nicht zu plaudern, so sollte es nun auch im Krankenzimmer sein, denn in diesem Moment wird es gleichsam zum Tempel und zum Ort besonderer Gottesnähe.

Es ist schön und wünschenswert, wenn die ganze Familie der Spendung der Sakramente beiwohnt und die Antworten klar und deutlich gemeinsam gibt. Wenn der Priester mit dem Allerheiligsten kommt, sollten die Kerzen schon brennen. Bei seinem Eintritt ins Krankenzimmer kniet man nieder. Falls der Kranke zu beichten wünscht, verlässt man so lange den Raum und betet unterdessen für den Kranken. Sobald der Priester die Tür wieder öffnet, kommen alle herein und wohnen nach Möglichkeit kniend der heiligen Handlung bei. Je nach Umständen kann der Priester dem Kranken noch einen besonderen Segen mit einem vollkommenen Ablass für die Sterbestunde spenden.

1. Der Priester trägt über dem Talar ein Chorhemd und eine weiße Stola. Falls der Kranke beichten oder die Krankensalbung empfangen will, braucht man außerdem eine violette Stola.

2. Beim Eintritt in das Krankenzimmer spricht der Priester:

℣. Pax huic dómui.	℣. Der Friede sei mit diesem Haus.
℟. Et ómnibus habitántibus in ea.	℟. Und mit allen, die darin weilen.

3. Er stellt das Allerheiligste auf den vorbereiteten Tisch, wobei alle Anwesenden nach Möglichkeit niederknien. Auch der Priester beugt anbetend das Knie und besprengt dann den Kranken, die Anwesenden und den Raum mit Weihwasser, indem er betet:

Ant. Aspérges me, Dómine, hyssópo, et mundábor: lavábis me, et super nivem dealbábor.	Ant. Besprenge mich, o Herr, und ich werde rein, wasche mich, und ich werde weißer als Schnee.
Ps. 117, 1 Miserére mei, Deus, secúndum magnam misericórdiam tuam.	Erbarme Dich meiner, o Gott, nach Deiner großen Barmherzigkeit.
℣. Glória Patri, et Fílio, et Spirítui Sancto:	℣. Ehre sei dem Vater und dem Sohn und dem Heiligen Geist:
℟. Sicut erat in princípio, et nunc, et semper, et in sǽcula sæculórum. Amen.	℟. Wie es war im Anfang, so auch jetzt und allezeit und in Ewigkeit. Amen.

Die Antiphon Aspérges me wird wiederholt.

Danach betet er:

℣. Adiutórium nostrum in nómine Dómini.	℣. Unsere Hilfe ist im Namen des Herrn.
℟. Qui fecit cælum et terram.	℟. Der Himmel und Erde erschaffen hat.

℣. Dómine, exáudi oratiónem meam.
℟. Et clamor meus ad te véniat.

℣. Herr, erhöre mein Gebet.
℟. Und lass mein Rufen zu Dir kommen.

℣. Dóminus vobíscum.
℟. Et cum spíritu tuo.

℣. Der Herr sei mit euch.
℟. Und mit deinem Geiste.

Orémus.

Exáudi nos, Dómine sancte, Pater omnípotens, ætérne Deus: et míttere dignéris sanctum Angelum tuum de cælis, qui custódiat, fóveat, prótegat, vísitet, atque deféndat omnes habitántes in hoc habitáculo. Per Christum, Dóminum nostrum.
℟. Amen.

Lasset uns beten.

Erhöre uns, Herr, heiliger Vater, allmächtiger, ewiger Gott, und sende gnädig Deinen Engel vom Himmel her, dass er alle, die in diesem Hause wohnen, schütze, hüte, schirme, heimsuche und verteidige. Durch Christus, unsern Herrn.
℟. Amen.

4. Falls der Kranke beichten möchte, verlassen die übrigen Anwesenden solange das Zimmer. Zur Beichte trägt der Priester die violette Stola. Anschließend kommen alle wieder herein und der Priester nimmt wieder die weiße Stola.

‣ Gebete zur Erweckung von Reue finden sich ab Seite 250.

5. Ansonsten beten nun der Kranke selbst oder in seinem Namen die Anwesenden das allgemeine Schuldbekenntnis.

Confíteor Deo omnipoténti, beátæ Maríæ semper Vírgini, beáto Michaéli Archángelo, beáto Ioánni Baptístæ, sanctis Apóstolis Petro et Paulo, ómnibus Sanctis, et tibi, pater: quia peccávi nimis cogitatióne,

Ich bekenne Gott, dem Allmächtigen, der seligen, allzeit reinen Jungfrau Maria, dem heiligen Erzengel Michael, dem heiligen Johannes dem Täufer, den heiligen Aposteln Petrus und Paulus, allen

verbo et ópere: mea culpa, mea culpa, mea máxima culpa. Ideo precor beátam Maríam semper Vírginem, beátum Michaélem Archángelum, beátum Ioánnem Baptístam, sanctos Apóstolos Petrum et Paulum, omnes Sanctos, et te, pater, oráre pro me ad Dóminum Deum nostrum.

Heiligen und dir, Vater, dass ich viel gesündigt habe in Gedanken, Worten und Werken, durch meine Schuld, durch meine Schuld, durch meine übergroße Schuld. Darum bitte ich die selige, allzeit reine Jungfrau Maria, den heiligen Erzengel Michael, den heiligen Johannes den Täufer, die heiligen Apostel Petrus und Paulus, alle Heiligen und dich, Vater, für mich zu beten bei Gott, unserem Herrn.

Währenddessen nimmt der Priester das Allerheiligste aus der Burse. Dazu breitet er das Korporale aus, öffnet die Pyxis und beugt anbetend das Knie.

Zum Kranken hingewendet, spricht er:

Misereátur tui omnípotens Deus, et, dimíssis peccátis tuis, perdúcat te ad vitam ætérnam. ℟. Amen.

Der allmächtige Gott erbarme sich Deiner, er lasse dir die Sünden nach und führe dich zum ewigen Leben. ℟. Amen.

Indulgéntiam, absolutiónem et remissiónem peccatórum tuórum tríbuat tibi omnípotens et miséricors Dóminus. ℟. Amen.

Nachlass, Vergebung und Verzeihung deiner Sünden schenke dir der allmächtige und barmherzige Herr. ℟. Amen.

Falls mehrere Personen kommunizieren, spricht der Priester die obigen Gebete im Plural.

6. Danach beugt er wieder das Knie. Es ist möglich, das Folgende hinzuzufügen:

Lasset uns beten, wie der Herr uns zu beten gelehrt hat.

Und alle beten gemeinsam:

Vater unser im Himmel, / geheiligt werde Dein Name, / Dein Reich komme, / Dein Wille geschehe, / wie im Himmel, so auf Erden; / unser tägliches Brot gib uns heute, / und vergib uns unsere Schuld, / wie auch wir vergeben unseren Schuldigern; / und führe uns nicht in Versuchung, / sondern erlöse uns von dem Bösen.

Darauf der Priester:

Ja, Herr, wir bitten Dich, erlöse gnädig diesen Deinen Diener (diese Deine Dienerin) von allem Übel und stärke ihn (sie) durch das Brot des Lebens, den Leib unseres Herrn Jesus Christus, der mit Dir lebt und herrscht in Ewigkeit. ℟. Amen.

7. Der Priester beugt das Knie, nimmt eine heilige Hostie aus der Pyxis und zeigt sie dem Kranken.

Ecce Agnus Dei, ecce qui tollit peccáta mundi.

Und der Kranke spricht dreimal:

Dómine, non sum dignus, ut intres sub tectum meum, sed tantum dic verbo, et sanábitur ánima mea.	O Herr, ich bin nicht würdig, dass Du eingehst unter mein Dach; aber sprich nur ein Wort, so wird meine Seele gesund.

Dann reicht der Priester dem Kranken die heilige Wegzehrung, indem er spricht:

Accipe, frater (soror), Viáticum Córporis Dómini nostri Iesu Christi, qui te custódiat ab hoste malígno, et perdúcat in vitam ætérnam. Amen.

8. Falls die heilige Kommunion nicht als Wegzehrung gereicht wird, gebraucht der Priester die übliche Spendeformel:

Corpus Dómini nostri Iesu Christi custódiat ánimam tuam in vitam ætérnam. Amen.

9. Sollte unmittelbar der Tod drohen oder Gefahr im Verzug sein, betet man nur das Misereátur etc. und reicht dem Kranken unter Auslassung aller anderen Gebete sogleich die Wegzehrung.

10. Danach reinigt der Priester in Stille die Finger, mit denen er den Leib des Herrn berührt hat, in einem bereitstehenden Gefäß mit Wasser. Dieses Wasser kommt später in das Sakrarium [oder in die Erde].

Wenn es angezeigt ist, kann man dem Kranken, nachdem er kommuniziert hat, etwas Wasser zu trinken reichen.

‣ Gebete zur Danksagung finden sich ab Seite 257.

Dann spricht der Priester:

℣. Dóminus vobíscum.
℟. Et cum spíritu tuo.

Orémus.

Dómine, sancte Pater omnípotens ætérne Deus, te fidéliter deprecámur, ut accipiénti fratri nostro (soróri nostræ) sacrosánctum Corpus Dómini nostri Iesu Christi, Fílii tui, tam córpori, quam ánimæ prosit ad remédium sempitérnum: Qui tecum vivit et regnat in unitáte Spíritus Sancti Deus, per ómnia sǽcula sæculórum. ℟. Amen.

℣. Der Herr sei mit euch.
℟. Und mit deinem Geiste.

Lasset uns beten.

Herr, heiliger Vater, allmächtiger, ewiger Gott, gläubig flehen wir zu Dir, lass den Empfang des hochheiligen Leibes Deines Sohnes, unseres Herrn Jesus Christus, unserem Bruder (unserer Schwester) zur Arznei werden für Leib und Seele. Durch unsern Herrn Jesus Christus, Deinen Sohn, der mit Dir lebt und herrscht in der Einheit des Heiligen Geistes, Gott von Ewigkeit zu Ewigkeit. ℟. Amen.

11. Hat der Priester noch andere heilige Hostien bei sich, beugt er nun die Knie, erhebt sich und macht mit dem allerheiligsten Sakrament in der Pyxis still ein Kreuzzeichen über den Kranken. Die Gebete bei Nr. 12 spricht er, sobald er zur Kirche zurückgekehrt ist.

12. Falls aber keine weiteren heiligen Hostien mehr vorhanden sind, betet der Priester schon im Krankenzimmer wie folgt:

O sacrum convívium, in quo Christus súmitur, recólitur memória passiónis eius, mens implétur grátia, et futúræ glóriæ nobis pignus datur.

O heiliges Gastmahl, in welchem Christus genossen, das Andenken seines Leidens erneuert, das Herz mit Gnaden erfüllt und uns das Unterpfand der künftigen Herrlichkeit gegeben wird.

℣. Panem de cælo præstitísti eis.
℟. Omne delectaméntum in se habéntem.

℣. Brot vom Himmel hast Du ihnen gegeben.
℟. Das alle Erquickung in sich birgt.

℣. Dóminus vobíscum.
℟. Et cum spíritu tuo.

℣. Der Herr sei mit euch.
℟. Und mit deinem Geiste.

Orémus.

Deus, qui nobis sub sacraménto mirábili passiónis tuæ memóriam reliquísti: tríbue, quǽsumus; ita nos Córporis et Sánguinis tui sacra mystéria venerári, ut redemptiónis tuæ fructum in nobis iúgiter sentiámus. Qui vivis et regnas in sǽcula sæculórum. ℟. Amen.

Lasset uns beten.

Gott, der Du uns in diesem wunderbaren Sakrament das Gedächtnis Deines Leidens hinterlassen hast, lass uns, so bitten wir, die heiligen Geheimnisse Deines Leibes und Blutes so verehren, dass wir die Frucht Deiner Erlösung immerdar in uns erfahren. Der Du lebst und herrschest in alle Ewigkeit. ℟. Amen.

Schließlich macht der Priester mit der rechten Hand ein Kreuzzeichen über den Kranken und spricht:

Benedíctio Dei omnipoténtis, Patris, et ✠ Fílii, et Spíritus Sancti, descéndat super te, et máneat semper. ℟. Amen.

Der Segen des allmächtigen Gottes, ✠ des Vaters und des Sohnes und des Heiligen Geistes, komme über dich und bleibe bei dir allezeit. ℟. Amen.

13. In katholischen Krankenhäusern ist es üblich, das Sakrament im Ziborium zu den Kranken zu bringen. In diesem Fall trägt der Priester das Ziborium mit dem Schultervelum verhüllt. Er stellt es auf den Tisch, auf dem das Korporale und ein Purifikatorium schon vorbereitet sein sollen. Nach der Oration Dómine sancte macht der Priester mit dem wieder durch das Schultervelum verhüllten Ziborium still ein Kreuzzeichen über den Kranken. Die Schlussgebete verrichtet er, wenn er wieder in die Kirche zurückgekehrt ist und das Sakrament auf den Altar gestellt hat.

Ritus der Krankensalbung

Die Texte
sowie die Nummern der Rubriken
entsprechen der vom Heiligen Stuhl approbierten
Collectio Rituum, Regensburg 1960

„Durch die Krankensalbung empfiehlt die Kirche gefährlich erkrankte Gläubige dem leidenden und verherrlichten Herrn an, damit er sie aufrichte und rette." (CIC can 998)

„Die erste Gnade des Sakramentes ist eine Stärkung, Beruhigung und Ermutigung, um die mit einer schweren Krankheit oder mit Altersschwäche gegebenen Schwierigkeiten zu überwinden. Diese Gnade ist eine Gabe des Heiligen Geistes, der das Vertrauen auf Gott und den Glauben an ihn erneuert und gegen die Versuchungen des bösen Feindes stärkt ... Dieser Beistand des Herrn durch die Kraft seines Geistes will den Kranken zur Heilung der Seele führen, aber auch zur Heilung des Leibes, wenn das im Willen Gottes liegt." (KKK 1520)

„Durch die Gnade dieses Sakramentes erhält der Kranke die Kraft und die Gabe, sich mit dem Leiden des Herrn noch inniger zu vereinen. Er wird gewissermaßen dazu geweiht, durch die Gleichgestaltung mit dem erlösenden Leiden des Heilands Frucht zu tragen." (KKK 1521)

„Die Krankensalbung ... vollendet die heiligen Salbungen, die das ganze christliche Leben prägen: Die Salbung der Taufe hat uns das neue Leben eingegossen; die der Firmung hat uns zum Kampf dieses Lebens gestärkt. Diese letzte Salbung versieht das Ende unseres irdischen Lebens gleichsam mit einem festen Wall im Blick auf die letzten Kämpfe vor dem Eintritt in das Haus des Vaters." (KKK 1523)

„Die Seelsorger und die Angehörigen der Kranken haben dafür zu sorgen, dass die Kranken zur rechten Zeit die Hilfe dieses Sakraments erfahren." (CIC can 1001)

„Die Krankensalbung spendet gültig jeder Priester und nur er." (CIC can 1003)

„Die Krankensalbung kann dem Gläubigen gespendet werden, der nach Erlangung des Vernunftgebrauchs aufgrund von Krankheit oder Altersschwäche in Gefahr gerät." (CIC can 1004)

„Die Krankensalbung ist nicht nur das Sakrament derer, die sich in äußerster Lebensgefahr befinden. Daher ist der rechte Augenblick für ihren Empfang sicher schon gegeben, wenn der Gläubige beginnt, wegen Krankheit oder Altersschwäche in Lebensgefahr zu geraten." (KKK 1514)

„Wenn ein Kranker, der die Salbung empfangen hat, wieder gesund wird, kann er, falls er wiederum schwer erkrankt, dieses Sakrament von neuem empfangen. Im Laufe der gleichen Krankheit darf dieses Sakrament wiederholt werden, wenn der Zustand sich verschlimmert." (KKK 1515)

„Die Krankensalbung darf jenen nicht gespendet werden, die in einer offenkundigen schweren Sünde hartnäckig verharren." (CIC can 1007)

1. Im Krankenzimmer richtet man in der Nähe des Krankenbettes einen mit einem weißen Leintuch bedeckten Tisch. Auf dem Tisch steht zwischen zwei brennenden Kerzen ein Kruzifix, davor ein Schälchen mit Weihwasser. Außerdem: ein kleiner Teller mit sechs kleinen Wattebäuschchen, ein Schälchen mit Salz, ein Gefäß mit Wasser für die Händewaschung und ein kleines Handtuch.

Der Priester trägt über dem Talar ein Chorhemd und eine violette Stola.

2. Beim Eintritt in das Krankenzimmer spricht der Priester:

℣. Pax huic dómui.	℣. Der Friede sei mit diesem Haus.
℟. Et ómnibus habitántibus in ea.	℟. Und mit allen, die darin weilen.

3. Dann stellt er das Krankenöl auf den vorbereiteten Tisch und besprengt den Kranken, die Anwesenden und den Raum mit Weihwasser, wobei er betet:

Aspérges me, Dómine, hyssópo, et mundábor: lavábis me, et super nivem dealbábor.	Besprenge mich, o Herr, und ich werde rein, wasche mich, und ich werde weißer als Schnee.

4. Danach betet er:

℣. Adiutórium nostrum in nómine Dómini.
℟. Qui fecit cælum et terram.

℣. Unsere Hilfe ist im Namen des Herrn.
℟. Der Himmel und Erde erschaffen hat.

℣. Dóminus vobíscum.
℟. Et cum spíritu tuo.

℣. Der Herr sei mit euch.
℟. Und mit deinem Geiste.

Orémus.

Introéat, Dómine Iesu Christe, domum hanc sub nostræ humilitátis ingréssu, ætérna felícitas, divína prospéritas, seréna lætítia, cáritas fructuósa, sánitas sempitérna: effúgiat ex hoc loco accéssus dæmonum: adsint Angeli pacis, domúmque hanc déserat omnis malígna discórdia. Magnífica, Dómine, super nos nomen sanctum tuum; et béne ✠ dic nostræ conversatióni: sanctífica nostræ humilitátis ingréssum, qui sanctus et qui pius es, et pérmanes cum Patre et Spíritu Sancto in sǽcula sæculórum. ℟. Amen.

Lasset uns beten.

Herr Jesus Christus, in Demut treten wir in dieses Haus. Lass mit uns kommen ewiges Glück, göttlichen Segen, lichte Freude, fruchtbare Liebe und immerwährendes Heil. Aller Andrang böser Geister bleibe diesem Orte fern. Engel des Friedens seien zugegen, und alle Zwietracht verlasse dieses Haus. Lass mächtig sein, o Herr, Deinen heiligen Namen über uns und segne ✠ unser Tun. Heilige unseren demütigen Eintritt, der Du heilig und gütig bist und mit dem Vater und dem Heiligen Geiste bleibst in alle Ewigkeit. ℟. Amen.

Orémus, et deprecémur Dóminum nostrum Iesum Christum, ut benedicéndo

Lasset uns beten und flehen zu unserem Herrn Jesus Christus. Er möge mit

bene ✠ dícat hoc tabernáculum, et omnes habitántes in eo, et det eis Angelum bonum custódem, et fáciat eos sibi servíre ad considerándum mirabília de lege sua: avértat ab eis omnes contrárias potestátes: erípiat eos ab omni formídine, et ab omni perturbatióne, ac sanos in hoc tabernáculo custodíre dignétur: Qui cum Patre et Spíritu Sancto vivit et regnat Deus in sǽcula sæculórum. ℟. Amen.

der Fülle seines Segens segnen ✠ dieses Haus und alle, die in ihm wohnen, ihnen seinen guten Engel zum Schützer geben und in Gnaden wirken, dass sie ihm dienen und die Wunder seines Gesetzes schauen. Er wende ab von ihnen alle feindlichen Mächte, rette sie von allen Schrecken und aller Verwirrung und bewahre sie gesund in diesem Hause. Er, der mit dem Vater und dem Heiligen Geist lebt und herrscht, Gott, von Ewigkeit zu Ewigkeit.
℟. Amen.

Orémus.

Exáudi nos, Dómine sancte, Pater omnípotens, ætérne Deus: et míttere dignéris sanctum Angelum tuum de cælis, qui custódiat, fóveat, prótegat, vísitet, atque deféndat omnes habitántes in hoc habitáculo. Per Christum, Dóminum nostrum.
℟. Amen.

Lasset uns beten.

Erhöre uns, Herr, heiliger Vater, allmächtiger, ewiger Gott, und sende gnädig Deinen Engel vom Himmel her, dass er alle, die in diesem Hause wohnen, schütze, hüte, schirme, heimsuche und verteidige. Durch Christus, unsern Herrn.
℟. Amen.

5. Wenn die Zeit drängt, können die vorhergehenden Gebete ganz oder teilweise ausgelassen werden.

6. Falls der Kranke beichten möchte, spendet ihm der Priester nun das Bußsakrament.

‣ Gebete zur Erweckung von Reue finden sich ab Seite 250.

7. Ansonsten betet man das allgemeine Schuldbekenntnis.

Confíteor Deo omnipoténti, beátæ Maríæ semper Vírgini, beáto Michaéli Archángelo, beáto Ioánni Baptístæ, sanctis Apóstolis Petro et Paulo, ómnibus Sanctis, et tibi, pater: quia peccávi nimis cogitatióne, verbo et ópere: mea culpa, mea culpa, mea máxima culpa. Ideo precor beátam Maríam semper Vírginem, beátum Michaélem Archángelum, beátum Ioánnem Baptístam, sanctos Apóstolos Petrum et Paulum, omnes Sanctos, et te, pater, oráre pro me ad Dóminum Deum nostrum.

Ich bekenne Gott, dem Allmächtigen, der seligen, allzeit reinen Jungfrau Maria, dem heiligen Erzengel Michael, dem heiligen Johannes dem Täufer, den heiligen Aposteln Petrus und Paulus, allen Heiligen und dir, Vater, dass ich viel gesündigt habe in Gedanken, Worten und Werken, durch meine Schuld, durch meine Schuld, durch meine übergroße Schuld. Darum bitte ich die selige, allzeit reine Jungfrau Maria, den heiligen Erzengel Michael, den heiligen Johannes den Täufer, die heiligen Apostel Petrus und Paulus, alle Heiligen und dich, Vater, für mich zu beten bei Gott, unserem Herrn.

Dem Kranken zugewandt, spricht der Priester:

Misereátur tui omnípotens Deus, et, dimíssis peccátis tuis, perdúcat te ad vitam ætérnam. ℟. Amen.

Der allmächtige Gott erbarme sich Deiner, er lasse dir die Sünden nach und führe dich zum ewigen Leben. ℟. Amen.

Indulgéntiam, absolutiónem et remissiónem peccatórum tuórum tríbuat tibi omnípotens et miséricors Dóminus. ℟. Amen.

Nachlass, Vergebung und Verzeihung deiner Sünden schenke dir der allmächtige und barmherzige Herr. ℟. Amen.

8. Bevor der Priester mit der Salbung beginnt, ermahne er die Umstehenden, für den Kranken zu beten.

Falls Zeit und Umstände es erlauben, kann er dieses oder ein anderes Evangelium lesen.

Vernehmt die Worte des heiligen Evangeliums nach Matthäus. (8, 5-10.13)

In jener Zeit, als Jesus nach Kapharnaum kam, trat ein Hauptmann zu ihm und bat: „Herr, mein Knecht liegt zu Hause gelähmt darnieder und leidet große Qual." Er sprach zu ihm: „Ich will kommen und ihn gesund machen." Der Hauptmann entgegnete: „Herr, ich bin nicht würdig, dass Du eingehst unter mein Dach, aber sprich nur ein Wort, so wird mein Knecht gesund. Auch ich, obwohl nur ein Untergebener, sage zu einem der Soldaten, die mir unterstehen: Geh! dann geht er; zu einem andern: Komm! dann kommt er; und zu meinem Knechte: Tu das! dann tut er es." Als Jesus das hörte, wunderte er sich und sprach zu denen, die ihm folgten: „Wahrlich, ich sage euch, solchen Glauben habe ich in Israel nicht gefunden!" Zum Hauptmann aber sprach Jesus: „Geh hin, dir geschehe, wie du geglaubt hast." Und zu derselben Stunde ward der Knecht gesund.

9. Dann spricht der Priester:

Lasset uns niederknien und beten.

℣. Herr, erbarme Dich.
℟. Christus, erbarme Dich.
Herr, erbarme Dich.

℣. Dass Du, o Herr, diesen Kranken (diese Kranke) heimsuchen und stärken wollest.
℟. Wir bitten Dich, erhöre uns.

℣. Dass Du ihn (sie) von all seinen (ihren) Sünden befreien wollest.
℟. Wir bitten Dich, erhöre uns.

℣. Dass Du ihm (ihr) Leben und Heil schenken wollest.
℟. Wir bitten Dich, erhöre uns.

℣. Dass Du ihm (ihr) die Gnade des Heiligen Geistes schenken wollest.
℟. Wir bitten Dich, erhöre uns.

℣. O Lamm Gottes, das Du hinwegnimmst die Sünden der Welt.
℟. Verschone uns, o Herr.

℣. O Lamm Gottes, das Du hinwegnimmst die Sünden der Welt.
℟. Erhöre uns, o Herr.

℣. O Lamm Gottes, das Du hinwegnimmst die Sünden der Welt.
℟. Erbarme Dich unser.

Die kursiv gedruckten Übersetzungen sind nicht zum liturgischen Gebrauch, sondern nur als Hilfe zum Verständnis für die Gläubigen gedacht. Der Priester ist verpflichtet, die folgenden Gebete lateinisch zu sprechen.

10. Der Priester streckt die Rechte über dem Haupt des Kranken aus:

In nómine Patris ✠, et Fílii ✠, et Spíritus ✠ Sancti, extinguátur in te omnis virtus diáboli per impositiónem mánuum nostrárum, et per invocatiónem gloriósæ et sanctæ Dei Genetrícis Vírginis Maríæ, eiúsque íncliti Sponsi Ioseph, et ómnium sanctórum Angelórum, Archangelórum, Patriarchárum, Prophetárum, Apostolórum, Mártyrum, Confessórum, Vírginum, atque ómnium simul Sanctórum. Amen.

Im Namen des Vaters und des Sohnes und des Heiligen Geistes werde in dir getilgt alle Macht des bösen Feindes durch die Auflegung meiner Hände und die Anrufung der glorreichen und heiligen Gottesgebärerin, der Jungfrau Maria, ihres erlauchten Bräutigams Joseph, und aller heiligen Engel, Erzengel, Patriarchen, Propheten, Apostel, Martyrer, Bekenner, Jungfrauen und aller Heiligen. Amen.

11. Danach taucht der Priester den Daumen in das Krankenöl und salbt den Kranken in Kreuzesform an den angegebenen Stellen, wozu er die entsprechenden Worte sagt:

Zur Salbung der Augen:

Per istam sanctam Unctió ✠ nem, et suam piíssimam misericórdiam, indúlgeat tibi Dóminus quidquid per visum deliquísti.
℟. Amen.

Durch diese heilige Salbung und seine mildreichste Erbarmung verzeihe dir der Herr, was du durch den Gesichtssinn gesündigt hast. Amen.

Nach jeder Salbung wischt er über die gesalbte Stelle mit einem Wattebausch, der später zu verbrennen ist.

Zur Salbung der Ohren:

Per istam sanctam Unctió ✠ nem, et suam piíssimam misericórdiam, indúlgeat tibi Dóminus quidquid per audítum deliquísti.
℟. Amen.

Durch diese heilige Salbung und seine mildreichste Erbarmung verzeihe dir der Herr, was immer du durch den Gehörsinn gesündigt hast. Amen.

Zur Salbung der Nase:

Per istam sanctam Unctió ✠ nem, et suam piíssimam misericórdiam, indúlgeat tibi Dóminus quidquid per odorátum deliquísti. ℟. Amen.

Durch diese heilige Salbung und seine mildreichste Erbarmung verzeihe dir der Herr, was du immer durch den Geruchssinn gesündigt hast. Amen.

Zur Salbung des Mundes (bei geschlossenen Lippen):

Per istam sanctam Unctió ✠ nem, et suam piíssimam misericórdiam, indúlgeat tibi Dóminus quidquid per gustum et locutiónem deliquísti. ℟. Amen.

Durch diese heilige Salbung und seine mildreichste Erbarmung verzeihe dir der Herr, was immer du durch den Geschmackssinn und durch Reden gesündigt hast. Amen.

Falls ein Priester die Salbung empfängt, ist zu beachten, dass seine Hände nicht - wie bei den Gläubigen - innen, sondern an der Außenseite gesalbt werden:

Per istam sanctam Unctió ✠ nem, et suam piíssimam misericórdiam, indúlgeat tibi Dóminus quidquid per tactum deliquísti. ℟. Amen.

Durch diese heilige Salbung und seine mildreichste Erbarmung verzeihe dir der Herr, was immer du durch den Tastsinn gesündigt hast. Amen.

Die Salbung der Füße kann aus jedem vernünftigen Grund unterbleiben:

Per istam sanctam Unctió ✠ nem, et suam piíssimam misericórdiam, indúlgeat tibi Dóminus quidquid per gréssum deliquísti. ℟. Amen.

Durch diese heilige Salbung und seine mildreichste Erbarmung verzeihe dir der Herr, was immer du mit den Füßen gesündigt hast. Amen.

12. Im Notfall genügt eine einzige Salbung, möglichst auf der Stirn:

Per istam sanctam Unctió ✠ nem indúlgeat tibi Dóminus quidquid deliquísti. ℟. Amen.

Durch diese heilige Salbung verzeihe dir der Herr, was immer du gesündigt hast. Amen.

13. Danach reibt der Priester den Daumen mit Salz oder Brotkrumen ab, wäscht die Hände und trocknet sie. Das verwendete Wasser und Salz gibt man später ins Sakrarium (oder in die Erde). Watte und Brot werden verbrannt.

Dann spricht er:

℣. Kýrie, eléison.	℣. Herr, erbarme Dich.
℟. Christe, eléison. Kýrie, eléison.	℟. Christus, erbarme Dich. Herr, erbarme Dich.
℣. Pater noster	℣. Vater unser

Man betet still weiter bis:

Et ne nos indúcas in tentatiónem.	Und führe uns nicht in Versuchung.
℟. Sed líbera nos a malo.	℟. Sondern erlöse uns von dem Bösen.
℣. Salvum (-am) fac servum tuum (ancíllam tuam).	℣. Deinem Diener (Deiner Dienerin) gewähre Heil.
℟. Deus meus, sperántem in te.	℟. Denn er (sie) hofft auf Dich, mein Gott.
℣. Mitte ei, Dómine, auxílium de sancto.	℣. Sende ihm (ihr) Hilfe, o Herr, vom Heiligtum.
℟. Et de Sion tuére eum (eam).	℟. Und vom Sion her beschütze ihn (sie).
℣. Esto ei, Dómine, turris fortitúdinis.	℣. Sei ihm (ihr), o Herr, ein fester Turm.
℟. A fácie inimíci.	℟. Wider den Feind.

℣. Nihil profíciat inimícus in eo (ea).
℟. Et fílius iniquitátis non appónat nocére ei.

℣. Nichts vermöge der Feind wider ihn (sie).
℟. Und der Sohn der Bosheit schade ihm (ihr) nicht.

℣. Dómine, exáudi oratiónem meam.
℟. Et clamor meus ad te véniat.

℣. Herr, erhöre mein Gebet.
℟. Und lass mein Rufen zu Dir kommen.

℣. Dóminus vobíscum.
℟. Et cum spíritu tuo.

℣. Der Herr sei mit euch.
℟. Und mit deinem Geiste.

Orémus.

Dómine Deus, qui per Apóstolum tuum Iacóbum locútus es: Infirmátur quis in vobis? indúcat presbýteros Ecclésiæ, et orent super eum, ungéntes eum óleo in nómine Dómini: et orátio fídei salvábit infírmum, et alleviábit eum Dóminus: et si in peccátis sit, remitténtur ei; cura, quǽsumus, Redémptor noster, grátia Sancti Spíritus languóres istíus infírmi (infírmæ), eiúsque sana vúlnera, et dimítte peccáta, atque dolóres cunctos mentis et córporis ab eo (ea) expélle, plenámque intérius et extérius sanitátem miseri-

Lasset uns beten.

Herr und Gott, Du hast durch Deinen Apostel Jakobus gesprochen: „Ist einer krank unter euch, so rufe er die Priester der Kirche, und sie sollen über ihn beten und ihn mit Öl salben im Namen des Herrn; und das Gebet des Glaubens wird dem Kranken Heil bringen, und der Herr wird ihn aufrichten, und wenn er in Sünden ist, sollen sie ihm nachgelassen werden." Heile denn, o unser Erlöser, durch die Gnade des Heiligen Geistes die Gebrechen dieses (dieser) Kranken, schließe seine (ihre) Wunden

córditer redde, ut ope misericórdiæ tuæ restitútus (restitúta), ad prístina reparétur offícia: Qui cum Patre et eódem Spíritu Sancto vivis et regnas in sǽcula sæculórum.
℟. Amen.

und vergib seine (ihre) Sünden. Nimm von ihm (ihr) alle Schmerzen der Seele und des Leibes und schenke ihm (ihr) gnädig die volle innere und äußere Gesundheit wieder, auf dass er (sie), durch das Walten Deiner Barmherzigkeit genesen, von neuem seinen (ihren) Pflichten nachkommen könne, der Du mit dem Vater und dem Heiligen Geist lebst und herrschest in alle Ewigkeit. ℟. Amen.

Orémus.

Réspice, quǽsumus, Dómine, fámulum tuum (fámulam tuam) N. in infirmitáte sui córporis fatiscéntem, et ánimam réfove, quam creásti: ut, castigatiónibus emendátus (-a), se tua séntiat medicína salvátum (-am). Per Christum, Dóminum nostrum.
℟. Amen.

Lasset uns beten.

Sieh herab, o Herr, wir bitten Dich, auf Deinen Diener (Deine Dienerin) N., der (die) in der Schwäche seines (ihres) Leibes ermattet ist, und kräftige die Seele, die Du erschaffen hast. Durch Deine Heimsuchung geläutert, lass ihn (sie) inne werden, dass Deine Arznei es gewesen, die ihn (sie) gerettet hat. Durch Christus, unsern Herrn.
℟. Amen.

Orémus.

Dómine, sancte Pater omnípotens ætérne Deus, qui benedictiónis tuæ grátiam ægris infundéndo corpóribus, factúram tuam multíplici pietáte custódis: ad invocatiónem tui nóminis benígnus assíste; ut fámulum tuum (fámulam tuam) ab ægritúdine liberátum (-am), et sanitáte donátum (-am), déxtera tua érigas, virtúte confírmes, potestáte tueáris, atque Ecclésiæ tuæ sanctæ, cum omni desideráta prosperitáte, restítuas. Per Christum, Dóminum nostrum.
℟. Amen.

Lasset uns beten.

Herr, heiliger Vater, allmächtiger, ewiger Gott, der Du die Gnade Deines Segens über den erkrankten Leib ergießest und so Dein Geschöpf mit vielfacher Erbarmung behütest: Auf die Anrufung Deines heiligen Namens hin stehe uns gnädig bei. Befreie Deinen Diener (Deine Dienerin) von seinen (ihren) Leiden und schenke ihm (ihr) Gesundheit. Richte ihn (sie) auf mit Deiner Rechten, stärke ihn (sie) mit Deiner Kraft, schütze ihn (sie) mit Deiner Macht und gib ihn (sie) mit allem ersehnten Heil Deiner heiligen Kirche zurück. Durch Christus, unsern Herrn.
℟. Amen.

14. Falls die Zeit oder der Zustand des Kranken es nahelegen, die vorherigen Gebete auszulassen, spricht der Priester nach den Salbungen wenigstens das folgende Gebet:

Lasset uns beten.

O Gott, dessen Liebe grenzenlos ist, vergib Deinem Diener (Deiner Dienerin), was er (sie) gegen Deinen heiligen Willen gefehlt hat, und wende ihm (ihr) Deine Gnade zu, und wenn es Dir gefällt, ihn (sie) heimzurufen, dann lass um Christi, Deines Sohnes, willen sein (ihr) Leid und seine (ihre) Not eine Sühne sein für alles, was er (sie) in seinem (ihrem) Leben gefehlt hat, und nimm ihn (sie) auf in Deinen Frieden. Durch Christus, unsern Herrn. ℟. Amen.

15. Falls nun sofort die Wegzehrung oder Krankenkommunion gespendet wird, schließt sich der Ritus wie bei der Krankenkommunion ab dem Vater unser [also mit weißer Stola] ab Seite 48, Nr. 6, an.

Ansonsten kann der Priester, wenn die Zeit dies erlaubt, noch andere Gebete verrichten und dem Kranken Trost zusprechen.

Am Ende, bevor er den Kranken verlässt, segnet er ihn:

Benedíctio Dei omnipoténtis, Patris, et ✠ Fílii, et Spíritus Sancti, descéndat super te, et máneat semper. ℟. Amen.

Der Segen des allmächtigen Gottes, ✠ des Vaters und des Sohnes und des Heiligen Geistes, komme über dich und bleibe bei dir allezeit. ℟. Amen.

KRANKENSEGNUNG

Die Texte
sowie die Nummern der Rubriken
entsprechen der vom Heiligen Stuhl approbierten
Collectio Rituum, Regensburg 1960

Beim Eintritt in das Krankenzimmer spricht der Priester:

℣. Pax huic dómui.	℣. Der Friede sei mit diesem Haus.
℟. Et ómnibus habitántibus in ea.	℟. Und mit allen, die darin weilen.

Er tritt sogleich zum Kranken und spricht:

℣. Adiutórium nostrum in nómine Dómini.	℣. Unsere Hilfe ist im Namen des Herrn.
℟. Qui fecit cælum et terram.	℟. Der Himmel und Erde erschaffen hat.
℣. Dóminus vobíscum.	℣. Der Herr sei mit euch.
℟. Et cum spíritu tuo.	℟. Und mit deinem Geiste.
Orémus.	Lasset uns beten.
Introëat, Dómine Iesu Christe, domum hanc ad nostræ humilitátis ingréssum pax et misericórdia tua; effúgiat ex hoc loco omnis nequítia dæmonum, adsint Angeli pacis, domúmque hanc déserat omnis malígna discórdia. Magnífica, Dómine, super nos nomen sanctum tuum; et bénedic nostræ conversatióni: Qui sanctus et pius es, et pér-	Herr Jesus Christus, in Demut treten wir in dieses Haus. Lass mit uns kommen Deinen Frieden und Dein Erbarmen. Alle Arglist böser Geister bleibe diesem Orte fern. Engel des Friedens seien zugegen, und alle Zwietracht verlasse dieses Haus. Lass mächtig sein, o Herr, Deinen heiligen Namen über uns und segne unser Tun, der Du heilig und

manes cum Patre et Spíritu Sancto in sæcula sæculórum. ℟. Amen.

gütig bist und mit dem Vater und dem Heiligen Geiste bleibst in alle Ewigkeit. ℟. Amen.

Orémus.

Réspice, Dómine, fámulum tuum (fámulam tuam) in infirmitáte córporis laborántem, et ánimam réfove quam creásti: ut castigatiónibus emendátus (-a), contínuo se séntiat tua miseratióne salvátum (-am). Per Christum, Dóminum nostrum. ℟. Amen.

Lasset uns beten.

Sieh herab, o Herr, auf Deinen Diener, der (Deine Dienerin, die) unter der Schwäche seines (ihre) Leibes leidet, und kräftige die Seele, die Du erschaffen hast. Durch Deine Heimsuchung geläutert, lass ihn (sie) bald inne werden, dass Deine Erbarmung es gewesen, die ihn (sie) gerettet hat. Durch Christus, unsern Herrn. ℟. Amen.

Orémus.

Miséricors, Dómine, fidélium consolátor, quæsumus imménsam pietátem tuam, ut ad intróitum humilitátis nostræ hunc fámulum tuum (hanc fámulam tuam) super lectum dolóris sui iacéntem, visitáre dignéris, sicut socrum Simónis visitásti: propítius adésto ei, Dómine, quátenus prístina sanitáte recépta, gratiá-

Lasset uns beten.

Herr, Du barmherziger Tröster der Gläubigen, wir bitten Deine grenzenlose Liebe, dass Du auf unseren demütigen Eintritt hin Deinen Diener, der (Deine Dienerin, die) auf dem Krankenbett liegt, heimsuchen wollest, wie Du des Simon Petrus Schwiegermutter heimgesucht hast. Stehe ihm (ihr) gnädig bei, o Herr,

rum tibi in Ecclésia tua réferat actiónes: Qui vivis et regnas Deus in sǽcula sæculórum. ℟. Amen.

auf dass er (sie) die frühere Gesundheit wiedererlange und Dir in Deiner Kirche Dank sage. Der Du lebst und herrschest, Gott, in alle Ewigkeit. ℟. Amen.

Dann streckt er seine Rechte zum Kranken hin aus und spricht:

Dóminus Iesus Christus apud te sit, ut te defendat: intra te sit, ut te consérvet: ante te sit, ut te ducat: post te sit, ut te custódiat: super te sit, ut te benedícat: Qui cum Patre et Spíritu Sancto vivit et regnat in sǽcula sæculórum. ℟. Amen.

Unser Herr Jesus Christus sei bei dir und schütze dich. Er sei in dir und bewahre dich. Er sei vor dir und führe dich. Er sei hinter dir und behüte dich. Er sei über dir und segne dich. Er, der mit dem Vater und dem Heiligen Geist lebt und herrscht in alle Ewigkeit. ℟. Amen.

Benedíctio Dei omnipoténtis, Patris, et Fílii, ✠ et Spíritus Sancti, descéndat super te, et máneat semper. ℟. Amen.

Der Segen des allmächtigen Gottes, des Vaters und des Sohnes ✠ und des Heiligen Geistes, komme über dich und bleibe bei dir allezeit. ℟. Amen.

Schließlich besprengt er den Kranken mit Weihwasser.

Apostolischer Segen für die Sterbestunde

Die Texte
sowie die Nummern der Rubriken
entsprechen der vom Heiligen Stuhl approbierten
Collectio Rituum, Regensburg 1960

1. Der Priester trägt über dem Talar ein Chorhemd und eine violette Stola. Beim Eintritt in das Krankenzimmer spricht er:

℣. Pax huic dómui.	℣. Der Friede sei mit diesem Haus.
℟. Et ómnibus habitántibus in ea.	℟. Und mit allen, die darin weilen.

2. Dann besprengt er den Kranken, die Anwesenden und den Raum mit Weihwasser, indem er betet:

Aspérges me, Dómine, hyssópo, et mundábor: lavábis me, et super nivem dealbábor.	Besprenge mich, o Herr, und ich werde rein, wasche mich, und ich werde weißer als Schnee.

3. Falls der Kranke beichten möchte, spende ihm der Priester nun das Bußsakrament.

‣ Gebete zur Erweckung von Reue finden sich ab Seite 250.

4. Der Priester weist den Kranken auf die Wirksamkeit und Kraft dieses Segens hin und regt ihn an, Reue zu erwecken. Ebenso ermahnt er ihn, den Namen Jesu wenigstens im Herzen anzurufen, die Unannehmlichkeiten und Schmerzen der Krankheit zur Sühne für das vergangene Leben gerne zu tragen und sich ganz Gott aufzuopfern, um nach Gottes Willen alles bereitwillig anzunehmen und den Tod selber geduldig zu ertragen zur Wiedergutmachung für die Strafen, die er durch seine Sünden verdient hat.

5. Er spricht ihm Trost zu und versucht in ihm die Hoffnung zu erwecken, aus der Fülle der göttlichen Barmherzigkeit Verzeihung seiner Sünden und das ewige Leben zu erlangen.

Dann betet er:

℣. Adiutórium nostrum in nómine Dómini.	℣. Unsere Hilfe ist im Namen des Herrn.
℟. Qui fecit cælum et terram.	℟. Der Himmel und Erde erschaffen hat.
Ant. Ne reminiscáris, Dómine, delícta fámuli tui (ancíllæ tuæ), neque vindíctam sumas de peccátis eius.	Ant. O Herr, gedenke nicht der Sünden Deines Knechtes (Deiner Magd) und vergelte nicht an ihm (ihr), was er (sie) gefehlt.
℣. Kýrie, eléison.	℣. Herr, erbarme Dich.
℟. Christe, eléison.	℟. Christus, erbarme Dich.
Kýrie, eléison.	Herr, erbarme Dich.
℣. Pater noster	℣. Vater unser

Man betet still weiter bis:

Et ne nos indúcas in tentatiónem.	Und führe uns nicht in Versuchung.
℟. Sed líbera nos a malo.	℟. Sondern erlöse uns von dem Bösen.
℣. Salvum (-am) fac servum tuum (ancíllam tuam).	℣. Deinem Diener (Deiner Dienerin) gewähre Heil.
℟. Deus meus, sperántem in te.	℟. Denn er (sie) hofft auf Dich, mein Gott.
℣. Dómine, exáudi oratiónem meam.	℣. Herr, erhöre mein Gebet.
℟. Et clamor meus ad te véniat.	℟. Und lass mein Rufen zu Dir kommen.
℣. Dóminus vobíscum.	℣. Der Herr sei mit euch.
℟. Et cum spíritu tuo.	℟. Und mit deinem Geiste.

Orémus.

Clementíssime Deus, Pater misericordiárum et Deus totíus consolatiónis, qui néminem vis períre in te credéntem, atque sperántem: secúndum multitúdinem miseratiónum tuárum réspice propítius fámulum tuum N., quem (fámulam tuam N., quam) tibi vera fides et spes christiána comméndant. Vísita eum (eam) in salutári tuo, et, per Unigéniti tui passiónem et mortem, ómnium ei delictórum suórum remissiónem et véniam cleménter indúlge; ut eius ánima in hora éxitus sui te iúdicem propitiátum invéniat, et, in sánguine eiúsdem Fílii tui ab omni mácula ablúta, transíre ad vitam mereátur perpétuam. Per eúndem Christum, Dóminum nostrum. ℟. Amen.

Lasset uns beten.

Gütigster Gott, Vater der Erbarmung und Gott allen Trostes, Du willst nicht, dass einer, der an Dich glaubt und auf Dich hofft, zugrunde gehe. So blicke nach der Fülle Deines Erbarmens gnädig auf diese(n) Deinen Diener (Deine Dienerin) N., welche(n) der wahre Glaube und die christliche Hoffnung Dir empfehlen. Suche ihn (sie) heim mit Deiner rettenden Macht, und durch das Leiden und den Tod Deines Eingeborenen gewähre ihm (ihr) milde den Nachlass und Vergebung all seiner (ihrer) Sünden, auf dass seine (ihre) Seele in der Stunde ihres Hinscheidens an Dir einen versöhnten Richter finde und, im Blute Deines Sohnes von aller Makel gereinigt, zum ewigen Leben einzugehen verdiene. Durch ihn, Christus, unsern Herrn. ℟. Amen.

7. Es folgt das Confiteor mit Misereátur und Indulgéntiam wie zuvor im Ritus der Krankensalbung ab Seite 56.

Danach kommt der eigentliche Segen, welcher vom Priester lateinisch zu beten ist:

Dóminus noster Iesus Christus, Fílius Dei vivi, qui beáto Petro Apóstolo suo dedit potestátem ligándi atque solvéndi, per suam piíssimam misericórdiam recípiat confessiónem tuam, et restítuat tibi stolam primam, quam in Baptísmate recepísti. Et ego, facultáte mihi ab Apostólica Sede tribúta, indulgéntiam plenáriam et remissiónem ómnium peccatórum tibi concédo. In nómine Patris, et Fílii, ✠ et Spíritus Sancti.
℟. Amen.

Unser Herr Jesus Christus, der Sohn des lebendigen Gottes, der dem heiligen Apostel Petrus die Macht gab, zu binden und zu lösen, nehme durch seine gnädige Barmherzigkeit dein Bekenntnis an und gebe dir das Kleid der Unschuld wieder, das du in der Taufe empfangen hast. Ich gewähre dir kraft der Vollmacht, die mir vom Apostolischen Stuhl verliehen wurde, einen vollkommenen Ablass und Vergebung aller Sünden. Im Namen des Vaters und des Sohnes und des Heiligen Geistes. Amen.

Per sacrosáncta humánæ reparatiónis mystéria remíttat tibi omnípotens Deus omnes præséntis et futúræ vitæ pœnas, paradísi portas apériat et ad gáudia sempitérna perdúcat. ℟. Amen.

Durch die hochheiligen Geheimnisse der Erlösung erlasse dir der allmächtige Gott die Strafen des gegenwärtigen und zukünftigen Lebens, öffne dir die Tore des Paradieses und führe dich zu den ewigen Freuden. Amen.

Benedícat te omnípotens Deus, Pater, et Fílius, ✠ et Spíritus Sanctus. ℟. Amen.

Es segne dich der allmächtige Gott, der Vater und der Sohn und der Heilige Geist. Amen.

8. Sollte aber der Kranke dem Tode so nahe sein, dass die Zeit für die vorangehenden Gebete nicht reicht, so erteilt ihm der Priester sofort den Segen mit den Worten:

Ego, facultáte mihi ab Apostólica Sede tribúta, indulgéntiam plenáriam et remissiónem ómnium peccatórum tibi concédo. In nómine Patris, et Fílii, ✠ et Spíritus Sancti. ℟. Amen.

Ich gewähre dir kraft der Vollmacht, die mir vom Apostolischen Stuhl gewährt wurde, einen vollkommenen Ablass und Vergebung aller Sünden. Im Namen des Vaters und des Sohnes und des Heiligen Geistes. Amen.

Per sacrosáncta humánæ reparatiónis mystéria remíttat tibi omnípotens Deus omnes præséntis et futúræ vitæ pœnas, paradísi portas apériat et ad gáudia sempitérna perdúcat. ℟. Amen.

Durch die hochheiligen Geheimnisse der Erlösung erlasse dir der allmächtige Gott die Strafen des gegenwärtigen und zukünftigen Lebens, öffne dir die Tore des Paradieses und führe dich zu den ewigen Freuden. Amen.

Benedícat te omnípotens Deus, Pater, et Fílius, ✠ et Spíritus Sanctus. ℟. Amen.

Es segne dich der allmächtige Gott, der Vater und der Sohn und der Heilige Geist. Amen.

Im Notfall genügt das Folgende:

Ego, facultáte mihi ab Apostólica Sede tribúta, indulgéntiam plenáriam et remissiónem ómnium peccatórum tibi concédo, et benedíco te. In nómine Patris, et Fílii, ✠ et Spíritus Sancti. ℟. Amen.

Ich gewähre dir kraft der Vollmacht, die mir vom Apostolischen Stuhl gewährt wurde, einen vollkommenen Ablass und Vergebung aller Sünden und segne dich. Im Namen des Vaters und des Sohnes und des Heiligen Geistes. Amen.

9. Falls dieser Segen mehreren zugleich gespendet wird, sagt man alles nur einmal und setzt die Singularformen in den Plural.

Sterbegebete

Die Texte
sowie die Nummern der Rubriken
entsprechen der vom Heiligen Stuhl approbierten
Collectio Rituum, Regensburg 1960

1. Der Priester trägt über dem Talar ein Chorhemd und eine violette Stola. Beim Eintritt in das Krankenzimmer spricht er:

℣. Der Friede sei mit diesem Haus.
℟. Und mit allen, die darin weilen.

Dann besprengt er den Kranken, dessen Bett und die Anwesenden mit Weihwasser, indem er betet:

Besprenge mich, o Herr, und ich werde rein, wasche mich, und ich werde weißer als Schnee.

2. Er reicht dem Kranken ein Bild des gekreuzigten Heilandes zum Kuss und versucht, ihn mit wirksamen Worten zur Hoffnung auf das ewige Heil aufzurichten. Das Bild stellt er vor ihm auf, damit der Kranke aus dessen Anblick Hoffnung schöpft.

3. Hierauf wird eine Kerze angezündet und der Priester betet mit allen Anwesenden kniend die folgende Litanei:

Herr, erbarme Dich.
Christus, erbarme Dich.
Herr, erbarme Dich.

Heilige Maria, bitte für ihn (sie).
Alle heiligen Engel und Erzengel, bittet für ihn (sie).
Heiliger Abel,
Alle Chöre der Gerechten,
Heiliger Abraham,
Heiliger Johannes der Täufer,
Heiliger Joseph,
Alle heiligen Patriarchen und Propheten,
Heiliger Petrus,
Heiliger Paulus,

Heiliger Andreas, bitte für ihn (sie).
Heiliger Johannes,
Alle heiligen Apostel und Evangelisten,
Alle heiligen Jünger des Herrn,
Alle heiligen Unschuldigen Kinder,
Heiliger Stephanus,
Heiliger Laurentius,
Alle heiligen Martyrer,
Heiliger Silvester,
Heiliger Gregorius,
Heiliger Augustinus,
Alle heiligen Bischöfe und Bekenner,
Heiliger Benedikt,
Heiliger Franziskus,
Heiliger Kamillus,
Heiliger Johannes von Gott,
Alle heiligen Mönche und Einsiedler,
Heilige Maria Magdalena,
Heilige Luzia,
Alle heiligen Jungfrauen und Witwen,
Alle Heiligen Gottes,

Sei ihm (ihr) gnädig, verschone ihn (sie), o Herr.
Sei ihm (ihr) gnädig, erlöse ihn (sie), o Herr.
Sei ihm (ihr) gnädig, erlöse ihn (sie), o Herr.
Von Deinem Zorn,
Von der Gefahr des ewigen Todes,
Von einem schlimmen Tode,
Von den Strafen der Hölle,
Von allem Übel,
Von der Gewalt des bösen Feindes,
Durch Deine Geburt,
Durch Dein Kreuz und Leiden,
Durch Deinen Tod und Dein Begräbnis,
Durch Deine glorreiche Auferstehung,

Durch Deine wunderbare Himmelfahrt,
Durch die Gnade des Heiligen Geistes, des Trösters,
Am Tage des Gerichtes,

Wir armen Sünder, wir bitten Dich, erhöre uns.
Dass Du ihn (sie) verschonest,

Herr, erbarme Dich.
Christus, erbarme Dich.
Herr, erbarme Dich.

4. Während die Seele sich im Todeskampf befindet, spricht man folgende Gebete:

Fahre hin, christliche Seele, aus dieser Welt, im Namen Gottes, des allmächtigen Vaters, der dich geschaffen hat; im Namen Jesu Christi, des Sohnes des lebendigen Gottes, der für dich gelitten hat; im Namen des Heiligen Geistes, der über dich ausgegossen worden ist; im Namen der glorreichen und heiligen Jungfrau und Gottesgebärerin Maria und ihres erlauchten Bräutigams, des heiligen Joseph; im Namen der Engel und Erzengel; im Namen der Throne und Herrschaften; im Namen der Fürsten und Gewalten; im Namen der Kräfte, der Cherubim und Seraphim; im Namen der Patriarchen und Propheten; im Namen der heiligen Apostel und Evangelisten; im Namen der heiligen Martyrer und Bekenner; im Namen der heiligen Mönche und Einsiedler; im Namen der heiligen Jungfrauen und aller Heiligen Gottes: Heute noch sei dir im Frieden deine Stätte bereitet, deine Wohnung im heiligen Sion. Durch Christus, unsern Herrn. ℟. Amen.

O barmherziger Gott, o milder Gott, o Gott, der Du nach der Fülle Deiner Erbarmung die Sünden der Bußfertigen vergibst und die ungesühnte Schuld alter Vergehen auslöschst: Blicke gnädig hernieder auf diesen Deinen Diener (diese Deine Dienerin) N. und erhöre das Flehen seines (ihres) reumütigen Herzens. Erneuere in ihm (ihr), gütiger Vater, was immer durch irdische Gebrechlichkeit oder durch des Satans Trug verdorben ist, und in den einen Leib Deiner Kirche füge ihn (sie) ein als Glied, das nunmehr ganz erlöst ist. Erbarme Dich, o Herr, seiner (ihrer) Seufzer; erbarme Dich seiner (ihrer) Tränen! Nur auf Deine Barmherzigkeit setzt er sein (sie ihr) Vertrauen, so nimm ihn (sie) auf in das Geheimnis Deiner Versöhnung. Durch Christus, unsern Herrn. ℟. Amen.

Lieber Bruder (liebe Schwester), ich empfehle dich dem allmächtigen Gott. Ihm, dessen Geschöpf du bist, vertraue ich dich an. Wenn du im Sterben die Schuld der Menschennatur bezahlt hast, kehre heim zu deinem Schöpfer, der dich aus dem Staub der Erde gebildet hat. Wenn also deine Seele den Leib verlässt, soll der strahlende Chor der Engel ihr entgegeneilen; der richtende Rat der Apostel soll dir nahen; das triumphierende Heer der weißgewandeten Martyrer dir entgegenkommen; die liliengleiche Schar der lichten Bekenner dich umgeben; der jubelnden Jungfrauen Reigen dich empfangen; und die Umarmung seligen Friedens soll dich umschließen in der Patriarchen Schoß. Der mildreiche Beistand der Sterbenden, der heilige Joseph, richte dich auf in großer Hoffnung, und die heilige Jungfrau und Gottesmutter Maria wende gütig ihre Augen zu dir.

Mild und festlich erstrahle dir das Antlitz Jesu Christi, und sein Spruch gewähre dir, allezeit unter denen zu weilen, die ihn umgeben. Vor der ewigen Pein bewahre dich Christus, der für dich die Pein des Kreuzes erlitten hat.

Vor dem ewigen Tode bewahre dich Christus, der für dich den Tod erduldet hat. Wohnrecht gebe dir Christus, der Sohn des Lebendigen Gottes, auf den allzeit grünenden Auen seines Paradieses, und zu seinen Schafen rechne dich der wahre Hirt. Er spreche dich los von all deinen Sünden, und zu seiner Rechten in seiner Erwählten Schar gebe sein Spruch dir deinen Platz. Deinen Erlöser sollst du sehen von Angesicht zu Angesicht, und allezeit stehend vor ihm, sollst du mit seligen Augen die Wahrheit unverhüllt schauen.

Ja, in die Scharen der Seligen aufgenommen, sollst du der süßen Anschauung Gottes teilhaft sein von Ewigkeit zu Ewigkeit. ℟ Amen.

Drei nützliche Gebete für Sterbende

1. Gebet: Herr, erbarme Dich.
Christus, erbarme Dich.
Herr, erbarme Dich.

Vater unser im Himmel, geheiligt werde Dein Name, Dein Reich komme, Dein Wille geschehe, wie im Himmel, so auf Erden. Unser tägliches Brot gib uns heute und vergib uns unsere Schuld, wie auch wir vergeben unsern Schuldigern; und führe uns nicht in Versuchung, sondern erlöse uns von dem Bösen. Amen.

Gegrüßet seist du, Maria, voll der Gnade, der Herr ist mit dir. Du bist gebenedeit unter den Frauen und gebenedeit ist die Frucht deines Leibes, Jesus. Heilige Maria, Mutter Gottes, bitte für uns Sünder, jetzt und in der Stunde unseres Todes. Amen.

Herr Jesus Christus, bei Deiner heiligen Todesangst und bei dem Gebet, das Du für uns auf dem Ölberg gebetet hast, als Dein Schweiß wie Blutstropfen ward, welche zur Erde rannen, beschwöre ich Dich: Du wollest all den blutigen Schweiß, welchen Du in der Bedrängnis der Angst so überreich für uns vergossen hast, Gott dem allmächtigen Vater darbringen und darstellen wider die vielen Sünden dieses Deines Dieners (dieser Deiner Dienerin) N. und befreie ihn (sie) in dieser seiner (ihrer) Todesstunde von aller Angst und Pein, die er (sie) für seine (ihre) Sünden fürchtet verdient zu haben. Der Du mit dem Vater und dem Heiligen Geist lebst und herrschest in Ewigkeit. ℟. Amen.

2. Gebet: Herr, erbarme Dich.
Christus, erbarme Dich.
Herr, erbarme Dich.

Vater unser / Gegrüßet seist du, Maria

Herr Jesus Christus, der Du für uns am Kreuze gestorben bist: Ich beschwöre Dich, Du wollest alle Bitterkeit der Leiden und Peinen, die Du für uns Sünder am Kreuze erduldet hast, zumal in jener Stunde, da Deine heilige Seele Deinen heiligen Leib verließ, Gott dem allmächtigen Vater darbringen und darstellen für die Seele dieses Deines Dieners (dieser Deiner Dienerin) N. und befreie ihn (sie) in dieser Todesstunde von allen Strafen und Leiden, die er (sie) für seine (ihre) Sünden fürchtet verdient zu haben. Der Du mit dem Vater und dem Heiligen Geist lebst und herrschest in Ewigkeit. ℟. Amen.

3. Gebet: Herr, erbarme Dich.
Christus, erbarme Dich.
Herr, erbarme Dich.

Vater unser / Gegrüßet seist du, Maria

Herr Jesus Christus, der Du durch den Mund der Propheten gesprochen hast: In ewiger Liebe liebe ich dich, darum erbarme ich mich deiner und ziehe dich zu mir: Ich beschwöre Dich, Du wollest die Liebe, die Dich vom Himmel zur Erde zog, um dort alle Bitterkeit Deiner Leiden zu erdulden, Gott dem allmächtigen Vater darbringen und darstellen für die Seele dieses Deines Dieners (dieser Deiner Dienerin) N. und befreie ihn (sie) von allen Leiden und Strafen, die er (sie) für seine (ihre) Sünden fürchtet verdient zu haben. Rette seine (ihre) Seele in dieser Stunde ihres Hinganges. Tu ihm (ihr) das Tor des Lebens auf und lass ihn (sie) mit Deinen Heiligen sich freuen in der ewigen Glorie.

Und Du, milder Herr Jesus Christus, der Du uns durch Dein kostbares Blut erlöst hast, erbarme Dich über die Seele dieses Deines Dieners (dieser Deiner Dienerin), und führe sie gnädig zu den allzeit lieblichen Auen Deines Paradieses, auf dass er (sie) Dir lebe in ungeteilter Liebe, welche von Dir und Deinen Auserwählten niemals lassen kann. Der Du mit dem Vater und dem Heiligen Geist lebst und herrschest in Ewigkeit.
℟. Amen.

Beim Hinscheiden

Die Texte
sowie die Nummern der Rubriken
entsprechen der vom Heiligen Stuhl approbierten
Collectio Rituum, Regensburg 1960

1. Wenn der Augenblick des Hinscheidens bevorsteht, sollen alle Anwesenden auf den Knien innig beten. Der Sterbende selbst spreche, wenn er kann, den Namen Jesu: JESUS, JESUS, JESUS.

Andernfalls sollen jene, die ihm beistehen, ihm dies und die folgenden Gebete mit klarer Stimme vorsprechen.

In manus tuas, Dómine, comméndo spíritum meum.	In Deine Hände, o Herr, befehle ich meinen Geist.
Dómine Iesu Christe, súscipe spíritum meum.	Herr Jesus Christus, nimm meinen Geist auf.
Sancta María, ora pro me.	Heilige Maria, bitte für mich.
María, mater grátiæ, mater misericórdiæ, tu me ab hoste prótege, et hora mortis súscipe.	O Maria, Mutter der Gnade, Mutter der Barmherzigkeit, schütze mich vor dem bösen Feind und nimm mich auf in meiner Todesstunde.
Sancte Ioseph, ora pro me.	Heiliger Joseph, bitte für mich.
Sancte Ioseph, cum beáta Vírgine Sponsa tua, áperi mihi divínæ misericórdiæ sinum.	Heiliger Joseph und du, o selige Jungfrau, seine Braut, öffnet mir den Schoß der göttlichen Barmherzigkeit.
Iesu, María, Ioseph, vobis cor et ánimam meam dono.	Jesus, Maria, Joseph, euch schenke ich mein Herz und meine Seele.

Iesu, María, Ioseph, adstáte mihi in extrémo agóne.	Jesus, Maria, Joseph, steht mir bei im letzten Streit.
Iesu, María, Ioseph, in pace vobíscum dórmiam et requiéscam.	Jesus, Maria, Joseph, lasst meine Seele mit euch im Frieden scheiden.

O mein Gott, ich glaube alles, was die heilige, katholische und apostolische Kirche glaubt und lehrt. In diesem heiligen Glauben will ich leben und sterben.

O mein Gott, ich vertraue und hoffe, dass Du mir in Deiner unendlichen Barmherzigkeit gnädig sein wirst. Ich vertraue und hoffe, dass ich durch das bittere Leiden Deines Sohnes Jesus Christus und auf die Fürsprache der seligen Jungfrau Maria und aller Heiligen das ewige Leben erlangen werde.

O mein Gott, ich liebe Dich aus meinem ganzen Herzen, aus meiner ganzen Seele, aus meinem ganzen Gemüte. Ich verlange sehnlichst danach, Dich mit jener Liebe zu lieben, mit der Deine Heiligen Dich lieben. Aus dieser Liebe bereue ich alle Sünden meines ganzen Lebens, die ich gegen Dich, Du mein höchstes Gut, und gegen den Nächsten begangen habe.

O mein Gott, von ganzem Herzen verzeihe ich allen, die mich in meinem Leben beleidigt haben oder mir feindlich gesinnt waren. Von ganzem Herzen will ich alle um Verzeihung bitten, die ich je gekränkt, oder denen ich wehgetan habe.

O mein Gott, gib mir die Gnade der Geduld im Leiden und der Ergebung in Deinen heiligen Willen. Ich opfere Dir diese Krankheit auf zur Sühne für meine Sünden und vereinige mich mit dem bitteren Leiden und Sterben meines Herrn.

Erbarme Dich meiner, o Gott, nach Deiner großen Barmherzigkeit. (Ps 50, 1)

Auf Dich, o Herr, habe ich gehofft; ich werde nicht zuschanden in Ewigkeit. (Ps 30, 2)

Bevor ich geboren ward, kanntest Du mich. Nach Deinem Bilde, o Herr, formtest Du mich.

Dir meinem Schöpfer, will ich meine Seele wiedergeben.

Was ich begangen, o Herr, das schreckt mich, und beschämt stehe ich vor Deinem Angesicht.

Wenn Du kommst zum Gericht, verdamme mich nicht.

Dir, meinem Schöpfer, will ich meine Seele wiedergeben.

O guter Herr Jesus Christus, durch Dein bitteres Leiden nimm mich auf in die Zahl Deiner Auserwählten.

Mein Jesus, Barmherzigkeit.

Herr, hilf, sonst gehen wir zugrunde. (Mt 8, 25)

Komm, Herr Jesus! (Offb 22, 21)

Heiliger Schutzengel mein, lass mich dir empfohlen sein.

Alle heiligen Engel und all ihr Heiligen Gottes, bittet für mich und eilt mir zu Hilfe.

2. Wo es üblich ist, gebe man von der Pfarrkirche einige Glockenschläge, um den Gläubigen den bevorstehenden Tod des Kranken anzuzeigen, damit sie für ihn beten können.

3. Sobald die Seele den Leib verlassen hat, betet man:

℟. Subvénite, Sancti Dei, occúrrite, Angeli Dómini, * Suscipiéntes ánimam eius, * Offeréntes eam in conspéctu Altíssimi.

℟. Kommet zu Hilfe, ihr Heiligen Gottes, eilet entgegen, ihr Engel des Herrn. * Nehmet auf seine (ihre) Seele und traget sie vor das Antlitz des Allerhöchsten.

℣. Suscípiat te Christus, qui vocávit te, et in sinum Abrahæ Angeli dedúcant te.	℣. Christus nehme dich auf, der dich berufen, und in das Himmelreich sollen Engel dich geleiten.
℟. Suscipiéntes ánimam eius, * Offeréntes eam in conspéctu Altíssimi.	℟. Nehmet auf seine (ihre) Seele und traget sie vor das Antlitz des Allerhöchsten.
℣. Réquiem ætérnam dona ei, Dómine, et lux perpétua lúceat ei. * Offeréntes eam in conspéctu Altíssimi.	℣. O Herr, gib ihm (ihr) die ewige Ruhe, und das ewige Licht leuchte ihm (ihr). * Nehmet auf seine (ihre) Seele und traget sie vor das Antlitz des Allerhöchsten.
℣. Kýrie, eléison. ℟. Christe, eléison. Kýrie, eléison.	℣. Herr, erbarme Dich. ℟. Christus, erbarme Dich. Herr, erbarme Dich.
℣. Pater noster	℣. Vater unser

Man betet still weiter bis:

Et ne nos indúcas in tentatiónem. ℟. Sed líbera nos a malo.	Und führe uns nicht in Versuchung. ℟. Sondern erlöse uns von dem Bösen.
℣. Réquiem ætérnam dona ei, Dómine. ℟. Et lux perpétua lúceat ei.	℣. O Herr, gib ihm (ihr) die ewige Ruhe. ℟. Und das ewige Licht leuchte ihm (ihr).
℣. A porta ínferi.	℣. Vor den Pforten der Unterwelt.
℟. Erue, Dómine, ánimam eius.	℟. Rette, o Herr, seine (ihre) Seele.

℣. Requiéscat in pace.
℟. Amen.

℣. Lass sie ruhen im Frieden.
℟. Amen.

℣. Dómine, exáudi oratiónem meam.
℟. Et clamor meus ad te véniat.

℣. Herr, erhöre mein Gebet.
℟. Und lass mein Rufen zu Dir kommen.

℣. Dóminus vobíscum.
℟. Et cum spíritu tuo.

℣. Der Herr sei mit euch.
℟. Und mit deinem Geiste.

Orémus.

Tibi, Dómine, commendámus ánimam fámuli tui N. (fámulæ tuæ N.), ut defúnctus (-a) sǽculo tibi vivat: et quæ per fragilitátem humánæ conversatiónis peccáta commísit, tu vénia misericordíssimæ pietátis abstérge. Per Christum, Dóminum nostrum. ℟. Amen.

Lasset uns beten.

Dir, o Herr, empfehlen wir die Seele Deines Dieners (Deiner Dienerin) N., auf dass er (sie), der Welt abgestorben, Dir lebe. Und was er (sie) in seinem (ihrem) Erdenwandel aus menschlicher Schwäche gefehlt, das tilge durch Deine verzeihende Barmherzigkeit und Liebe. Durch Christus, unsern Herrn. ℟. Amen.

Falls der Verstorbene ein Priester war, fügt man dies bei der Nennung seines Namens hinzu: Sacerdótis - des Priesters N.

4. Inzwischen zeige man, wo dies üblich ist, durch das Läuten der Glocken den Heimgang des Verstorbenen an, damit jene, die das Zeichen hören, für seine Seele beten.

Der Leichnam werde in ehrbarer Verfassung mit einer brennenden Kerze an einem geziemenden Ort aufgebahrt und mit Weihwasser besprengt. In seine Hände legt man üblicherweise ein kleines Kreuz. Wo kein solches verfügbar ist, lege man die Hände in Kreuzesform zusammen. Bis der Verstorbene weggebracht wird, mögen die Anwesenden für ihn beten.

‚Ritus minor' zur Beerdigung eines Erwachsenen

Die Texte
sowie die Nummern der Rubriken
entsprechen der vom Heiligen Stuhl approbierten
Collectio Rituum, Regensburg 1960

1. Der kleine Beerdigungsritus hat zwei Stationen (nämlich in der Friedhofskapelle und am Grab) und eine Prozession (nämlich zum Grab).

2. Vorzubereiten sind: Chorhemd, schwarze Stola und ein schwarzer Chormantel, Gewänder für die Ministranten, ein Prozessionskreuz und - wo dies üblich ist - zwei Kerzenleuchter, die zu beiden Seiten des Kreuzes getragen werden, Weihwasser und Aspergill, Rauchfass und Schiffchen, Rituale.

Erste Station
In der Friedhofskapelle

3. Ist der Priester bereit, begibt er sich mit den Ministranten zum Sarg, der zwischen brennenden Kerzen steht, wo ihn die Gläubigen, die unterdessen für den Verstorbenen beten, erwarten.

4. Der Priester besprengt den Sarg mit Weihwasser. Danach singt oder betet er die Antiphon:

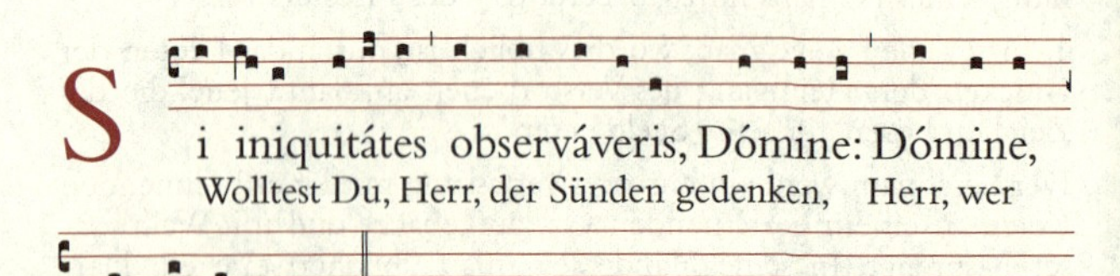

Psalm 129

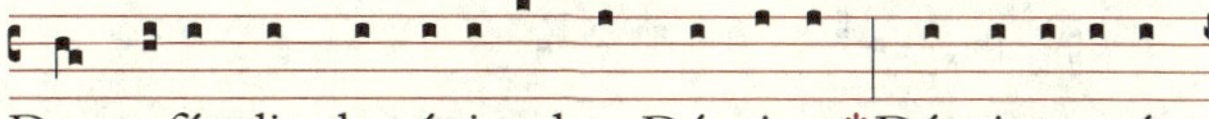

De profúndis clamávi **ad** te, Dómine, * Dómine, exáu-
Aus der Tiefe rufe ich, Herr, zu Dir, Herr, höre auf

di **vo**cem me-am.
meine Stimme!

2. Fiant aures tuæ **in**tendéntes * in vocem deprecati**ó**nis meæ.
3. Si iniquitátes obser**vá**veris, Dóminc, * Dómine, quis **sus**tinébit?
4. Quia apud te propiti**á**tio est; * et propter legem tuam sustínu**i** te, Dómine.
5. Sustínuit ánima mea in **ver**bo eius: * sperávit ánima **me**a in Dómino.
6. A custódia matutína **us**que ad noctem, * speret Isra**ël** in Dómino.
7. Quia apud Dóminum **mi**sericórdia, * et copiósa apud **e**um redémptio.
8. Et ipse **ré**dimet Israël * ex ómnibus iniqui**tá**tibus eius.
9. Réqui**em** ætérnam * dona **ei**, Dómine.
10. Et **lux** perpétua * lú**ce**at ei.

2. Deine Ohren seien zugewandt * der Stimme meines Flehens.
3. Würdest Du, Herr, der Sünden gedenken * Herr, wer würde dann bestehen?
4. Denn bei Dir ist Vergebung, * und Deines Gesetzes wegen harre ich auf Dich, Herr.
5. Meine Seele harrt auf sein Wort, * meine Seele hofft auf den Herrn.
6. Von der Morgenwache bis zur Nacht * soll Israel hoffen auf den Herrn,
7. denn beim Herrn ist Barmherzigkeit, * und bei ihm ist reiche Erlösung.
8. Und er selbst wird Israel erlösen * von all seinen Missetaten.
9. O Herr, gib ihm (ihr) die ewige Ruhe, * und das ewige Licht leuchte ihm (ihr).

Und man wiederholt die Antiphon:

5. Falls in der Friedhofskapelle eine Ansprache gehalten werden soll, geschieht dies nun.

6. Der Priester legt Weihrauch ein und spricht dann:

Während man still weiterbetet, besprengt der Priester den Sarg mit Weihwasser und beweihräuchert ihn.

Danach fährt er fort:

℣. Et ne nos indúcas in tentati-ónem.
Und führe uns nicht in Versuchung.

℟. Sed líbera nos a malo.
Sondern erlöse uns von dem Bösen.

℣. A porta ínferi.	℣. Vor den Pforten der Unterwelt.
℟. Erue, Dómine, ánimam eius.	℟. Rette, o Herr, seine (ihre) Seele.
℣. Requiéscat in pace. ℟. Amen.	℣. Lass sie ruhen im Frieden. ℟. Amen.
℣. Dómine, exáudi oratiónem meam. ℟. Et clamor meus ad te véniat.	℣. Herr, erhöre mein Gebet. ℟. Und lass mein Rufen zu Dir kommen.
℣. Dóminus vobíscum. ℟. Et cum spíritu tuo.	℣. Der Herr sei mit euch. ℟. Und mit deinem Geiste.
Orémus. Absólve, quǽsumus, Dómine, ánimam fámuli tui (fámulæ tuæ) N., ut defúnctus (defúncta) sǽculo tibi vivat: et, quæ per fragilitátem carnis humána conversatióne commísit, tu vénia misericordíssimæ pietátis abstérge. Per Christum, Dóminum nostrum. ℟. Amen.	Lasset uns beten. Sprich frei, so bitten wir, Herr, die Seele Deines Dieners (Deiner Dienerin) N., auf dass er (sie), gestorben für die Welt, für Dich lebe, und was er (sie) in seinem (ihrem) Erdenwandel aus menschlicher Schwäche gefehlt, das tilge durch Deine verzeihende Barmherzigkeit und Liebe. Durch Christus, unsern Herrn. ℟. Amen.

Danach wird der Leichnam hinausgetragen.

Prozession
Zum Grab

7. Auf dem Weg betet man:

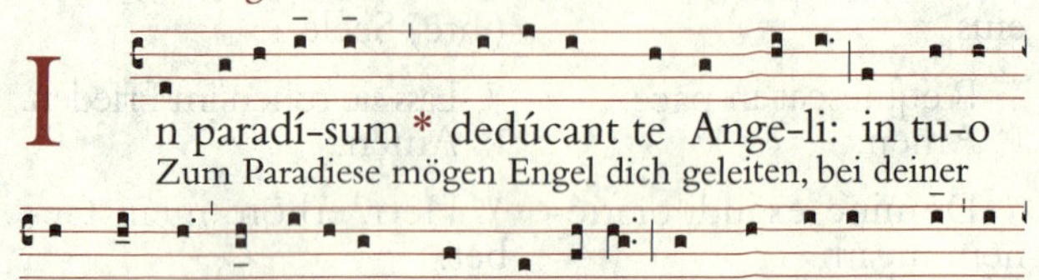

In paradí-sum * dedúcant te Ange-li: in tu-o
Zum Paradiese mögen Engel dich geleiten, bei deiner

advéntu suscípi-ant te Mártyres, et perdúcant te in
Ankunft die Martyrer dich begrüßen, und dich führen in

civitátem sanctam Ierúsalem.
die heilige Stadt Jerusalem.

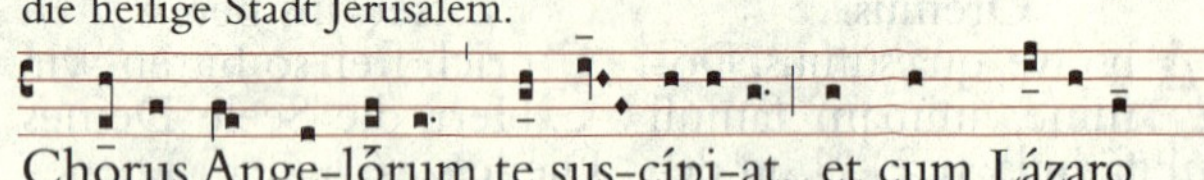

Chorus Ange-lórum te sus-cípi-at, et cum Lázaro
Chöre der Engel mögen dich empfangen, und mit Lazarus,

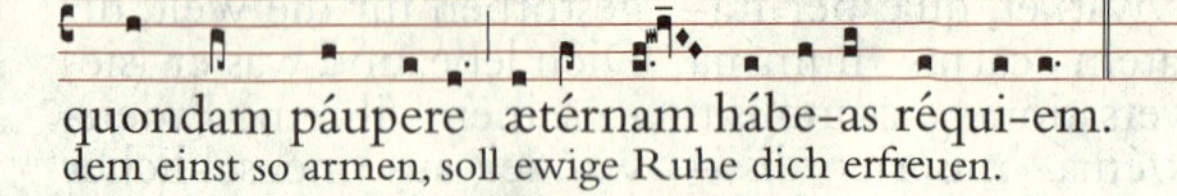

quondam páupere ætérnam hábe-as réqui-em.
dem einst so armen, soll ewige Ruhe dich erfreuen.

Psalm 114 - *ad libitum*

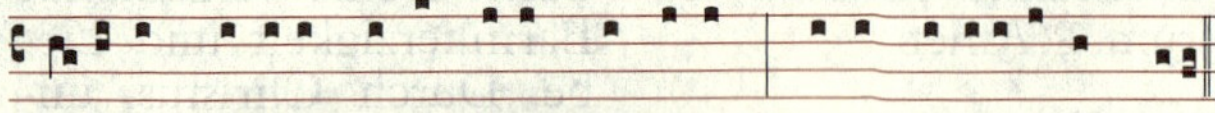

Di-léxi, quóni-am ex**áu**di-et Dóminus * vocem orati-**ó**nis meæ.
Ich liebe, denn der Herr erhört * die Stimme meines Betens.

2. Quia inclinávit aurem **su**am mihi: * et in diébus meis **in**vocábo.
3. Circumdedérunt me do-**ló**res mortis: * et perícula inférni **in**venérunt me.

2. Denn sein Ohr hat er mir zugeneigt, * und in meinen Tagen will ich ihn anrufen.
3. Mich umfingen Wehen des Todes, * und Gefahren der Unterwelt trafen mich.

4. Tribulatiónem et doló-rem invéni: * et nomen Dómini invocávi.
5. O Dómine, líbera ánimam meam: * mísericors Dóminus, et iustus, et Deus noster miserétur.
6. Custódiens párvulos Dóminus: * humiliátus sum, et liberávit me.
7. Convértere, ánima mea, in réquiem tuam: * quia Dóminus benefécit tibi.
8. Quia erípuit ánimam meam de morte: † óculos meos a lácrimis, * pedes meos a lapsu.
9. Placébo Dómino * in regióne vivórum.
10. Réquiem ætérnam * dona ei, Dómine.
11. Et lux perpétua * lúceat ei.

4. Trübsal und Schmerz habe ich gefunden, * da rief ich den Namen des Herrn an.
5. O Herr, befreie meine Seele! * Barmherzig ist der Herr und gerecht, und unser Gott erbarmt sich.
6. Es bewahrt die Kleinen der Herr; * ich wurde erniedrigt, und er hat mich befreit.
7. Kehre zurück, meine Seele, zu deiner Ruhe, * denn der Herr hat dir wohlgetan,
8. denn er hat meine Seele vom Tod errettet, * meine Augen von den Tränen, meine Füße vom Fall.
9. Ich will wohlgefallen dem Herrn * im Lande der Lebendigen.
10. O Herr, gib ihm (ihr) die ewige Ruhe, * und das ewige Licht leuchte ihm (ihr).

Am Ende wird das Chorus Angelórum wiederholt. Falls die Antiphon nicht auf dem Weg gebetet werden kann, betet man sie am Grab.

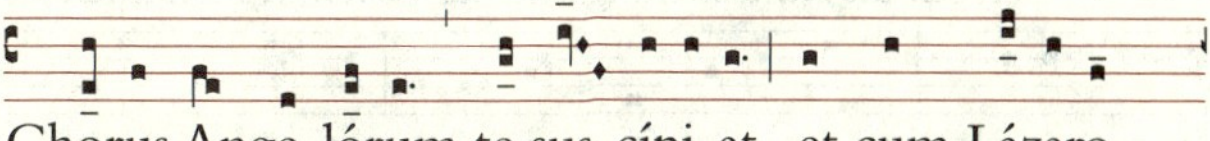

Chorus Ange-lórum te sus-cípi-at, et cum Lázaro
Chöre der Engel mögen dich empfangen, und mit Lazarus,

quondam páupere ætérnam hábe-as réqui-em.
dem einst so armen, soll ewige Ruhe dich erfreuen.

Zweite Station

Am Grab

8. Falls das Grab nicht gesegnet ist, segnet es der Priester, bevor der Sarg hineingesenkt wird. Die kursiv gedruckte deutsche Übersetzung ist nur zum Verständnis der Gläubigen.

Orémus.

Deus, cuius miseratióne ánimæ fidélium requiéscunt, hunc túmulum bene ✠ dícere dignáre, eíque Angelum tuum sanctum députa custódem: et cuius corpus hic sepelítur, ánimam eius ab ómnibus absólve vínculis delictórum, ut in te semper cum Sanctis tuis sine fine lætétur. Per Christum, Dóminum nostrum. ℟. Amen.

Lasset uns beten.

Gott, durch dessen Erbarmen die Seelen der Gläubigen ruhen, segne gnädig dieses Grab und gib ihm Deinen heiligen Engel als Wächter. Befreie die Seele dessen, der (derer, die) hier begraben wird, von allen Fesseln der Sünde, damit sie sich allzeit in Dir mit allen Heiligen ohne Ende erfreue. Durch Christus, unsern Herrn. ℟. *Amen.*

Er besprengt das Grab mit Weihwasser.

9. Dann wird der Sarg ins Grab gesenkt, und der Priester stimmt an:

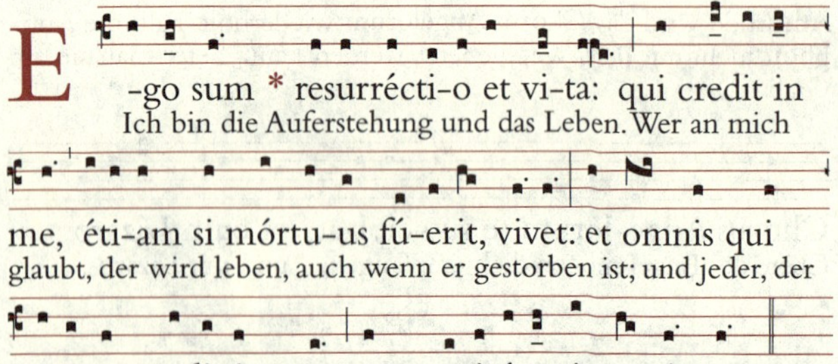

Lobgesang des Zacharias
Lk 1, 68-79

fecit redempti-ónem ple*bis* su- æ.
Volk besucht und ihm Erlösung geschaffen;

2. Et eréxit cornu salútis **no**bis: * in domo David, púe*ri* sui,

3. Sicut locútus est per os sanc**tó**rum, * qui a sǽculo sunt, prophetá*rum* eius:

4. Salútem ex inimícis **nos**tris, * et de manu ómnium, qui *o*dérunt nos,

5. Ad faciéndam misericórdiam cum pátribus **nos**tris: * et memorári testaménti su*i* sancti.

6. Iusiurándum, quod iurávit ad Abraham, patrem **nos**trum, * datúrum *se* nobis:

7. Ut sine timóre, de manu inimicórum nostrórum libe**rá**ti, * servi*á*mus illi,

8. In sanctitáte, et iustítia coram **ip**so, * ómnibus dié*bus* nostris.

er hat uns einen starken Retter erweckt * im Hause seines Knechtes David.

So hat er verheißen von alters her * durch den Mund seiner heiligen Propheten.

Er hat uns errettet vor unsern Feinden * und aus der Hand aller, die uns hassen;

er hat das Erbarmen mit den Vätern an uns vollendet † und an seinen heiligen Bund gedacht, * an den Eid, den er unserm Vater Abraham geschworen hat;

er hat uns geschenkt, dass wir, aus Feindeshand befreit, † ihm furchtlos dienen in Heiligkeit und Gerechtigkeit * vor seinem Angesicht all unsre Tage.

9. Et tu, puer, prophéta Altíssimi vo**cá**beris: * præíbis enim ante fáciem Dómini paráre vi*as* eius,
10. Ad dandam sciéntiam salútis plebi **e**ius: * in remissiónem peccatórum *eó*rum.
11. Per víscera misericórdiæ Dei **nos**tri, * in quibus visitávit nos, óriens *ex* alto,
12. Illumináre his, qui in ténebris, et in umbra mortis **se**dent, * ad dirigéndos pedes nostros in vi*am* pacis.
13. Réquiem æ**tér**nam * dona e*i*, Dómine.
14. Et lux per**pé**tua * lúce*at* ei.

Und du Kind, wirst Prophet des Höchsten heißen; † denn du wirst dem Herrn vorangehn * und ihm den Weg bereiten.

Du wirst sein Volk mit der Erfahrung des Heils beschenken * in der Vergebung der Sünden.

Durch die barmherzige Liebe unseres Gottes * wird uns besuchen das aufstrahlende Licht aus der Höhe,

um allen zu leuchten, die in Finsternis sitzen und im Schatten des Todes * und unsre Schritte zu lenken auf den Weg des Friedens.

O Herr, gib ihm (ihr) die ewige Ruhe, * und das ewige Licht leuchte ihm (ihr).

Man wiederholt die Antiphon:

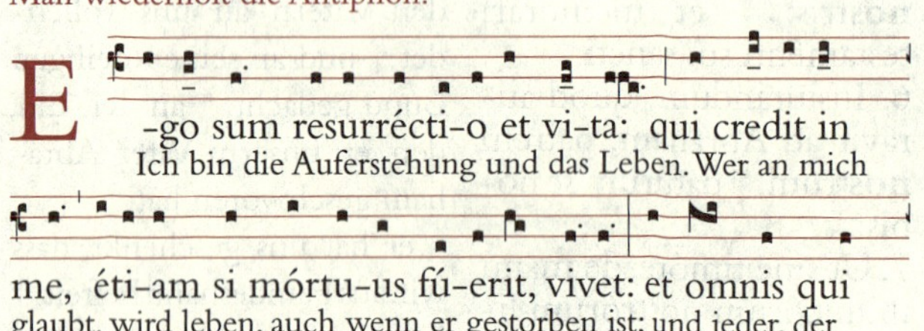

E-go sum resurrécti-o et vi-ta: qui credit in
Ich bin die Auferstehung und das Leben. Wer an mich

me, éti-am si mórtu-us fú-erit, vivet: et omnis qui
glaubt, wird leben, auch wenn er gestorben ist; und jeder, der

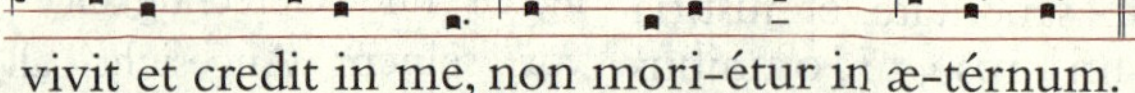

vivit et credit in me, non mori-étur in æ-térnum.
lebt und an mich glaubt, wird in Ewigkeit nicht sterben..

10. Falls eine Ansprache gehalten werden soll, geschieht dies nun.

11. Dann spricht der Priester:

Piæ recordatiónis affėctu, fratres caríssimi, commemoratiónem fácimus fratris nostri, quem (soróris nostræ, quam) Dóminus de tentatiónibus huius sæculi assúmpsit.

Lasst uns in Liebe unseres Bruders (unserer Schwester) gedenken, der (die) unter uns gelebt, und den (die) Gott zu sich gerufen hat.

Nun gedenken alle eine Zeitlang in Stille des Vestorbenen.

Der Priester fährt fort:

Orémus, sicut nos dócuit Dóminus.

Lasset uns beten, wie der Herr uns zu beten gelehrt hat.

Pater noster.

Vater unser.

12. Und er betet weiter ohne Orémus:

Deus, cui ómnia vivunt, et cui non péreunt moriéndo córpora nostra, sed mutántur in mélius: te súpplices exorámus; ut quidquid ánima fámuli tui (fámulæ tuæ) vitiórum tuæ voluntáti contrárium, falléente Diábolo, et própria iniquitáte atque fragilitáte, contráxit, tu pius et misericors ábluas indulgéndo, eámque súscipi iúbeas per manus sanctórum Angelórum tuórum deducéndam in sinum Patriar-

O Gott, dem alles lebt, und dem unser Leib, wenn er stirbt, nicht verlorengeht, sondern zu Größerem sich wandelt, wir flehen Dich an und bitten Dich: Verzeihe in Milde und Barmherzigkeit, was die Seele Deines Dieners (Deiner Dienerin), durch des Satans Trug und durch eigene Bosheit und Schwäche gegen Deinen Willen sündigend auf sich geladen, und mache sie rein. Lass Deine

chárum tuórum, ubi non est dolor, neque tristítia, neque suspírium, sed ubi fidélium ánimæ felíci iucunditáte lætántur; et ut in novíssimo magni iudícii die inter Sanctos et Eléctos tuos eum (eam) fácias perpétuæ glóriæ percípere portiónem, quam nec óculus vidit, nec auris audívit, nec in cor hóminis ascéndit, quam parásti diligéntibus te. Per Christum, Dóminum nostrum. ℟. Amen.

heiligen Engel sie in das Reich der Himmel geleiten, wo weder Schmerz ist, noch Trauer, noch Klage, wo die Seelen Deiner Gläubigen in seliger Freude frohlocken. Und gib, dass Dein Diener (Deine Dienerin) am Jüngsten Tag, am Tage des großen Gerichtes mit Deinen Heiligen und Auserwählten Anteil empfange an der ewigen Herrlichkeit, die kein Auge geschaut, kein Ohr gehört, keines Menschen Herz jemals empfunden, welche Du aber jenen bereitet hast, die Dich lieben. Durch Christus, unsern Herrn. ℟. Amen.

Anstelle dieser Oration kann auch eine andere aus den ab Seite 100 verzeichneten ORATIONEN ZUR AUSWAHL genommen werden.

13. Der Priester legt Weihrauch ein. Dann besprengt er das Grab mit Weihwasser, indem er spricht:

Rore cælésti refíciat ánimam tuam Deus: Pater ✠ et Fílius ✠, et Spíritus ✠ Sanctus. ℟. Amen.

Mit himmlischem Tau erquicke Gott deine Seele, der ✠ Vater und der ✠ Sohn und der Heilige ✠ Geist. ℟. Amen.

Und er beweihräuchert das Grab, indem er spricht:

Odóre cæléсti pascat ánimam tuam Deus: Pater ✠ et Fílius ✠, et Spíritus ✠ Sanctus. ℟. Amen.

Mit himmlischem Wohlgeruch erfreue Gott deine Seele, der ✠ Vater und der ✠ Sohn und der Heilige ✠ Geist. ℟. Amen.

Mit einer Schaufel wirft er dreimal Erde in das Grab, wobei er einmal spricht:

Pulvis es, et in púlverem revertéris. Dóminus autem resuscitábit te in novíssimo die.

Staub bist du, und zum Staub kehrst du zurück. Der Herr aber wird dich auferwecken am Jüngsten Tag.

14. Danach macht er mit der Hand oder, wo dies üblich ist, mit dem Prozessionskreuz dreimal ein Kreuzzeichen über das Grab, eines zum Haupt, eines in der Mitte und eines zu den Füßen des Verstorbenen hin, indem er spricht:

Signum ✠ Salvatóris Dómini nostri Iesu Christi, qui in hoc signo ✠ redémit te, sit signátum ✠ super te.

Sei gezeichnet ✠ mit dem Zeichen ✠ unseres Herrn und Heilandes Jesus Christus, der in diesem Zeichen ✠ dich erlöst hat.

Pax tecum.

Der Friede sei mit dir.

15. Dann spricht der Priester:

Lasset uns beten, für alle verstorbenen Brüder und Schwestern, die in Christus entschlafen sind.

℣. Herr, erbarme Dich.
℟. Christus, erbarme Dich. Herr, erbarme Dich.

℣. Dass Du ihnen Verzeihung ihrer Sünden gewähren wollest.
℟. Wir bitten Dich, erhöre uns.

℣. Dass Du ihnen Nachlass ihrer Schuld gewähren wollest.
℟. Wir bitten Dich, erhöre uns.

℣. Dass Du ihnen das ewige Leben schenken wollest.
℟. Wir bitten Dich, erhöre uns.

Lasset uns auch beten für alle, welche dieser Tod mit Schmerz und Trauer erfüllt hat.

℣. Herr, erbarme Dich.
℟. Christus, erbarme Dich. Herr, erbarme Dich.

℣. Dass Du die Betrübten trösten wollest.
℟. Wir bitten Dich, erhöre uns.

℣. Dass Du die Gebeugten aufrichten wollest.
℟. Wir bitten Dich, erhöre uns.

℣. Dass Du den Verlassenen Kraft und Stärke verleihen wollest.
℟. Wir bitten Dich, erhöre uns.

Lasset uns auch beten für alle Lebenden und für den aus unserer Mitte, der zuerst dem (der) Verstorbenen vor das Angesicht Gottes folgen wird.

℣. Herr, erbarme Dich.
℟. Christus, erbarme Dich. Herr, erbarme Dich.

℣. Dass Du uns in Deinem heiligen Dienste stärken und erhalten wollest.
℟. Wir bitten Dich, erhöre uns.

℣. Dass Du unsere Herzen in Sehnsucht zum Himmel erheben wollest.
℟. Wir bitten Dich, erhöre uns.

℣. Dass Du uns in Deinen Frieden heimrufen wollest.
℟. Wir bitten Dich, erhöre uns.

Allmächtiger, ewiger Gott, Herr über Lebende und Tote, der Du Dich aller erbarmst, von denen Du weißt, dass sie durch Glauben und Werke Dir angehören werden; wir flehen Dich an und bitten Dich: In Deiner väterlichen Milde schenke allen, für die wir hier beten, mag diese Welt sie noch im Fleisch zurückhalten, oder die künftige sie, vom Leib gelöst, bereits aufgenommen haben, Deine Gnade, Verzeihung ihrer Sünden und das ewige Leben. Durch Christus, unsern Herrn.
℟. Amen.

16. Es folgt ein gemeinsam gebetetes Gegrüßet seist du, Maria, oder man singt ein Salve Regina.

Salve, Regína, mater misericórdiæ; vita, dulcédo et spes nostra, salve. Ad te clamámus éxsules fílii Hevæ. Ad te suspirámus geméntes et flentes in hac lacrimárum valle. Eia ergo, advocáta nostra, illos tuos misericórdes óculos ad nos convérte. Et Iesum, benedíctum fructum ventris tui, nobis post hoc exsílium osténde. O clemens, o pia, o dulcis Virgo María.

Sei gegrüßt, o Königin, Mutter der Barmherzigkeit, unser Leben, unsre Süßigkeit und unsre Hoffnung, sei gegrüßt. Zu dir rufen wir, elende Kinder Evas. Zu dir seufzen wir trauernd und weinend in diesem Tal der Tränen. Wohlan denn, unsre Fürsprecherin, wende deine barmherzigen Augen uns zu, und nach diesem Elend zeige uns Jesus, die gebenedeite Frucht deines Leibes. O gütige, o milde, o süße Jungfrau Maria.

17. Der Priester macht nochmals ein Kreuzzeichen über das Grab und spricht:

Anima ✠ eius, et ánimæ ómnium fidélium defunctórum per misericórdiam Dei requiéscant in pace. ℟. Amen.

Die Seele dieses (dieser) ✠ Verstorbenen und die Seelen aller verstorbenen Christgläubigen mögen durch die Barmherzigkeit Gottes ruhen im Frieden. ℟. Amen.

18. Wo dies üblich ist, kann ein Lied gesungen werden.

Schließlich treten alle Anwesenden zum Grab und besprengen es mit Weihwasser oder werfen mit der Schaufel ein wenig Erde hinein.

Orationen zur Auswahl

1. Für einen verstorbenen Mann

Inclína, Dómine, aurem tuam ad preces nostras, quibus misericórdiam tuam súpplices deprecámur: ut ánimam fámuli tui N., quam de hoc sæculo migráre iussísti; in pacis ac lucis regióne constítuas, et Sanctórum tuórum iúbeas esse consórtem. Per Christum, Dóminum nostrum. ℟. Amen.

Neige Herr, Dein Ohr zu unseren Bitten, mit denen wir demütig Deine Barmherzigkeit anflehen, Du wollest die Seele Deines Dieners N., die Du aus dieser Weltzeit scheiden ließest, am Ort des Friedens und des Lichtes wohnen und sie zur Genossin Deiner Heiligen werden lassen. Durch Christus, unsern Herrn. ℟. Amen.

2. Für eine verstorbene Frau

Quǽsumus, Dómine, pro tua pietáte miserére ánimæ fámulæ tuæ N.: et a contágiis mortalitátis exútam, in ætérnæ salvatiónis partem restítue. Per Christum, Dóminum nostrum. ℟. Amen.

Wir bitten Dich, o Herr, um Deiner Güte willen, erbarme Dich der Seele Deiner Dienerin N. und, von den Befleckungen der Sterblichkeit befreit, setze sie wieder ein in den Anteil ewiger Erlösung. Durch Christus, unsern Herrn. ℟. Amen.

3. Für einen verstorbenen Priester

Deus, qui inter apostólicos Sacerdótes fámulum tuum N. sacerdotáli fecísti dignitáte vigére: præsta, quǽsumus; ut eórum quoque perpétuo aggregétur consórtio. Per Christum, Dóminum nostrum. ℟. Amen.

O Gott, der Du Deinen Diener N. in die Nachfolge Deiner Apostel aufgenommen und ihm Anteil an ihrer priesterlichen Würde und Gewalt gegeben hast, gewähre, wir bitten Dich, dass er auch ihrer ewigen Gemeinschaft zugesellt werde. Durch Christus, unsern Herrn. ℟. Amen.

4. Für einen verstorbenen Seelenhirten

O Herr, Du Hirt und Hüter der Seelen, wir bitten Dich für Deinen verstorbenen Diener N., welchen Du einst dieser Gemeinde zum Priester und Seelsorger bestellt hast, dass er sie den Weg des Heiles führe und ihr das Brot des Lebens breche. Du kennst seine Worte und Werke, seine Erfolge und sein Versagen; Du weißt aber auch um seine verborgenen Kämpfe und Leiden. So bitten wir Dich, sei ihm am Tage der Rechenschaft ein gnädiger Richter und schenke ihm um der Liebe Christi willen zusammen mit den seiner Sorge Anbefohlenen den ewigen Frieden. Durch Christus, unsern Herrn. ℟. Amen.

5. FÜR EINEN VERSTORBENEN FAMILIENVATER

O Gott, von dem alle Vaterschaft im Himmel und auf Erden ihren Namen hat, gedenke in Gnaden Deines heimgegangenen Dieners N., der den Seinen ein treuer Vater und sorgender Ernährer gewesen ist. Nimm seine Seele auf in den ewigen Frieden und schenke ihr dort die Erfüllung aller Liebe und Treue. Du, o Herr, siehst das Leid der Witwen und die Not der Waisen; so bitten wir Dich, umgib jene, die er auf Erden hinterlassen hat, mit Deiner gütigen Macht, damit sie geborgen seien an Leib und Seele. Durch Christus, unsern Herrn. ℟. Amen.

6. FÜR EINE VERSTORBENE MUTTER

Herr Jesus Christus, Sohn Gottes, der Du selbst der Sohn einer irdischen Mutter hast sein wollen, blicke in Gnaden auf Deine Dienerin N., welche Du aus der Mitte ihrer Familie weggerufen hast. Heilige alle Liebe, die sie auf Erden zu den Ihren getragen, und lass sie ihnen auch fürderhin durch ihre Fürbitte an Deinem ewigen Throne hilfreich zur Seite stehen. Du aber, Herr der Liebe, nimm jene, die sie zurücklassen musste, in Deine allmächtige Hut. Der Du lebst und herrschest in alle Ewigkeit. ℟. Amen.

7. FÜR EINEN VERSTORBENEN LEHRER ODER PRÄFEKTEN

O Gott, der Du gesprochen hast: „Die viele in der Gerechtigkeit unterweisen, werden wie Sterne leuchten immer und ewig“, wir bitten Dich, sieh gnädig auf die Seele Deines verstorbenen Dieners N., welcher die Jugend zur Wahrheit geführt, sie im

Guten unterwiesen hat und ihr ein Vorbild christlicher Pflichterfüllung gewesen ist. Nimm ihn auf in das ewige Leben und schenke ihm darin die Erfüllung seiner irdischen Mühen. Die Saat aber, die er hier ausgestreut hat, lass aufgehen zu reicher Frucht. Durch Christus, unsern Herrn. ℟. Amen.

8. FÜR EINE VERSTORBENE LEHRERIN ODER PRÄFEKTIN

O Gott, der Du gesprochen hast: „Die viele in der Gerechtigkeit unterweisen, werden wie Sterne leuchten immer und ewig“, wir bitten Dich, sieh gnädig auf die Seele Deiner verstorbenen Dienerin N., welche die Jugend zur Wahrheit geführt, sie im Guten unterwiesen hat und ihr ein Vorbild christlicher Pflichterfüllung gewesen ist. Nimm sie auf in das ewige Leben und schenke ihr darin die Erfüllung ihrer irdischen Mühen. Die Saat aber, die sie hier ausgestreut hat, lass aufgehen zu reicher Frucht. Durch Christus, unsern Herrn. ℟. Amen.

9. FÜR VERSTORBENE JUGENDLICHE

Allmächtiger, ewiger Gott, der Du Deinen Diener N. (Deine Dienerin N.) in der Blüte des Lebens aus der Welt zu Dir gerufen hast, wir bitten Dich, vollende das Werk Deiner Gnade, welche ihn (sie) so früh geläutert und gereift hat. Löse seine (ihre) Seele von aller Schuld und Strafe und lass ihm (ihr) das Opfer des irdischen Lebens durch Christi Liebe zur Freude des ewigen Lebens werden. Durch Christus, unsern Herrn. ℟. Amen.

10. BEI EINEM PLÖTZLICHEN TOD

O Gott, der Du jedes Leben in Deinen heiligen Händen hältst und die Zahl seiner Tage nach Deinem Ratschluss bestimmst, blicke herab auf das Gebet Deiner Kirche und sei um der Liebe Christi willen gnädig der Seele Deines Dieners N., den (Deiner Dienerin N., die) Du so plötzlich aus dieser Zeitlichkeit gerufen hast. Sieh nicht auf seine (ihre) Fehler und Sünden, sondern führe ihn (sie) nach Deiner Barmherzigkeit zur Freude des ewigen Lebens. Durch Christus, unsern Herrn. ℟. Amen.

11. In Zeiten von hoher Sterblichkeit und Seuchen

O Gott, der Du nicht den Tod der Sünder willst, sondern dass sie sich bekehren und leben, sieh gnädig herab auf Dein Volk, das bedroht ist durch die Macht des Todes und zu Deiner barmherzigen Allmacht ruft. Nimm die Seelen gütig auf, die in so großer Zahl die Erde verlassen müssen. Um der Liebe Christi willen halte all die Not, die sie erlitten, ihrer Schuld zugute, und was auf Erden Unheil schien, lass ihnen zum ewigen Heile werden. Von uns aber, die wir leben, wende die Geißel Deines Zornes ab und vergib uns alle Schuld. Durch Christus, unsern Herrn. ℟. Amen.

‚Ritus maior' zur Beerdigung eines Erwachsenen

Die Texte
sowie die Nummern der Rubriken
entsprechen der vom Heiligen Stuhl approbierten
Collectio Rituum, Regensburg 1960

1. Der große Beerdigungsritus hat drei Stationen (nämlich im Haus des Verstorbenen, in der Kirche und auf dem Friedhof) und zwei Prozessionen (nämlich zur Kirche und zum Friedhof). Falls der Sarg mit dem Leichnam direkt vom Haus des Verstorbenen auf den Friedhof gebracht wird, fällt die Station in der Kirche aus.

2. Vorzubereiten sind: Chorhemd, schwarze Stola und ein schwarzer Chormantel, Gewänder für die Ministranten, ein Prozessionskreuz und - wo dies üblich ist - zwei Kerzenleuchter, die zu beiden Seiten des Kreuzes getragen werden, Weihwasser und Aspergill, Rauchfass und Schiffchen, Rituale.

Erste Station
Im Haus des Verstorbenen

3. Nach kurzem Läuten mit den Kirchenglocken geht der Priester mit den Ministranten zum Haus des Verstorbenen, wo der Leichnam zwischen brennenden Kerzen aufgebahrt liegt. Dort erwarten die Angehörigen den Priester, während sie für den Verstorbenen beten.

4. Der Priester besprengt den Verstorbenen mit Weihwasser. Dann betet er die Antiphon Si iniquitátes und den Psalm 129 De profúndis wie auf den Seiten 86 bis 88.

5. Dann legt er Weihrauch ein und fährt fort mit dem Kýrie eléison, den Versikeln und der Oration Absólve wie auf den Seiten 88 und 89.

Danach wird der Leichnam hinausgetragen.

Erste Prozession
Zur Kirche

6. Auf dem Weg:

Jubeln werden dem Herrn die erniedrigten Gebeine.

Psalm 50

Miserére **me**-i, *De*us, * secúndum magnam misericór*di*am **tu**-am.
Erbarme Dich meiner, o Gott, * nach Deiner großen Barmherzigkeit.

2. Et secúndum multitúdinem miseratiónum tu*á*rum, * dele iniqui*tá*tem **me**am.

3. Amplius lava me ab iniqui**tá**te *me*a: * et a peccáto *me*o **mun**da me.

4. Quóniam iniquitátem meam **e**go cog*nó*sco: * et peccátum meum contra *me* est **sem**per.

5. Tibi soli peccávi et malum **co**ram te *fe*ci: * ut iustificéris in sermónibus tuis, et vincas cum *iu*di**cá**ris.

6. Ecce enim in iniquitáti**bus** con*cép*tus sum: * et in peccátis concépit me *ma*ter **me**a.

7. Ecce enim veritátem **di**le*xí*sti: * incérta et occúlta sapiéntiæ tuæ manifes*tá*sti **mi**hi.

2. und nach der Vielzahl Deiner Erbarmungen * tilge meine Missetat.

3. Wasche mich noch mehr von meiner Ungerechtigkeit * und von meiner Sünde reinige mich,

4. denn meine Ungerechtigkeit erkenne ich, * und meine Sünde ist immerfort gegen mich.

5. Gegen Dich allein habe ich gesündigt und Böses vor Dir getan, * so dass Du Recht behältst mit Deinen Worten und siegst, wenn man Dich richtet.

6. Denn siehe, in Ungerechtigkeit bin ich empfangen, * und in Sünden empfing mich meine Mutter.

7. Denn siehe, Du liebst die Wahrheit, * das Ungewisse und Verborgene Deiner Weisheit hast Du mir geoffenbart.

8. Aspérges me hyssópo, **et** mun*dá*bor: * lavábis me, et super nivem *de*al**bá**bor.

9. Audítui meo dabis gáudium **et** læ*tí*tiam: * et exsultábunt ossa hu*mí*li**á**ta.

10. Avérte fáciem tuam a pec**cá**tis *me*is: * et omnes iniquitátes *me*as **de**le.

11. Cor mundum crea **in** me, *De*us: * et spíritum rectum ínnova in viscé*ri*bus **me**is.

12. Ne proícias me a **fá**cie *tu*a: * et spíritum sanctum tuum ne áu*fe*ras **a** me.

13. Redde mihi lætítiam salu**tá**ris *tu*i: * et spíritu principá*li* con**fír**ma me.

14. Docébo iníquos **vi**as *tu*as: * et ímpii ad te *con*ver**tén**tur.

15. Líbera me de sanguínibus, Deus, Deus sa**lú**tis *me*æ: * et exsultábit lingua mea iustí*ti*am **tu**am.

16. Dómine, lábia **me**a a*pé*ries: * et os meum annuntiábit *lau*dem **tu**am.

17. Quóniam si voluísses sacrifícium de**dís**sem *ú*tique: * holocáustis non *de*lec**tá**beris.

18. Sacrifícium Deo spíritus con**tri**bu*lá*tus: * cor contrítum et humiliátum, Deus, *non* des**pí**cies.

8. Besprenge mich mit Ysop, und ich werde rein, * wasche mich, und ich werde weißer als Schnee.

9. Meinem Gehör wirst Du Freude und Jubel schenken, * und jubeln werden die erniedrigten Gebeine.

10. Wende ab Dein Angesicht von meinen Sünden * und tilge all meine Missetaten.

11. Ein reines Herz erschaffe in mir, o Gott, * und den rechten Geist erneuere in meinem Inneren.

12. Verstoße mich nicht von Deinem Angesicht, * und Deinen heiligen Geist nimm nicht von mir.

13. Gib mir wieder die Freude Deines Heils * und mit fürstlichem Geist stärke mich.

14. Ich will die Ungerechten Deine Wege lehren, * und die Gottlosen werden sich zu Dir bekehren.

15. Befreie mich von Blutschuld, Gott, Du Gott meines Heils, * und meine Zunge wird jubelnd preisen Deine Gerechtigkeit.

16. Herr, öffne meine Lippen, * und mein Mund wird Dein Lob verkünden.

17. Denn wenn Du Opfer wolltest, würde ich sie durchaus geben, * an Brandopfern hast Du kein Gefallen.

18. Ein Opfer für Gott ist ein zerknirschter Geist, * ein reuiges und gedemütigtes Herz wirst Du, o Gott, nicht verschmähen.

19. Benígne fac, Dómine, in bona voluntáte **tu**a *Si*on: * ut ædificéntur mu*ri* Ie**rú**salem.
20. Tunc acceptábis sacrifícium iustítiæ, oblatiónes et **ho**lo*cáus*ta: * tunc impónent super altáre *tu*um **ví**tulos.
21. Réqui**em** æ*tér*nam * dona *ei*, **Dó**mine.
22. Et **lux** per*pé*tua * lú*ce*at **ei**.

19. Handle gütig, Herr, in Deinem Wohlwollen an Sion, * damit die Mauern Jerusalems wieder aufgebaut werden.
20. Dann wirst Du annehmen das Opfer der Gerechtigkeit, Gaben und Brandopfer, * dann legt man Kälber auf Deinen Altar.
21. O Herr, gib ihm (ihr) die ewige Ruhe, * und das ewige Licht leuchte ihm (ihr).

Falls der Weg weit ist, kann die Antiphon Exsultábunt auch nach den einzelnen Versen wiederholt werden.

7. Beim Eintritt in die Kirche (oder wenn die Prozession sich dem Friedhof nähert) wird das folgende Responsorium gesungen:

Zweite Station
In der Kirche

8. Der Sarg wird zwischen brennende Kerzen in den Mittelgang der Kirche gestellt, so dass die Füße des Verstorbenen (wenn er nicht Priester ist) zum Hauptaltar hin gerichtet sind. Nun folgt das Requiem. Anschließend legt der Priester das Messgewand und den Manipel ab, empfängt einen schwarzen Rauchmantel und begibt sich zum Sarg.

9. Mit erhobener Stimme spricht er (lateinisch):

Non intres in iudícium cum servo tuo, Dómine, quia nullus apud te iustificábitur homo, nisi per te ómnium peccatórum ei tribuátur remíssio. Non ergo eum, quǽsumus, tua iudiciális senténtia premat, quem tibi vera supplicátio fidei christiánæ commméndat: sed, grátia tua illi succurrénte, mereátur evádere iudícium ultiónis, qui, dum víveret, insignítus est signáculo sanctæ Trinitátis: Qui vivis et regnas in sǽcula sæculórum. ℣. Amen.

Geh nicht ins Gericht mit Deinem Diener, Herr, denn kein Mensch kann vor Dir als gerecht bestehen, wenn ihm nicht von Dir der Nachlass aller Sünden gewährt wird. Nicht also möge, so bitten wir, ihn Dein Richterspruch belasten, den die demütige Bitte des christlichen Glaubens Dir empfiehlt, sondern mit Hilfe Deiner Gnade möge er verdienen, dem Gericht der Ahndung zu entrinnen, der zu Lebzeiten gezeichnet war mit dem Zeichen der heiligen Dreifaltigkeit: Der Du lebst und herrschest in alle Ewigkeit. ℟. Amen.

10. Danach folgt das Responsorium:

Das Líbera me, Dómine, wird wiederholt bis zum Vers ℣. Tremens.

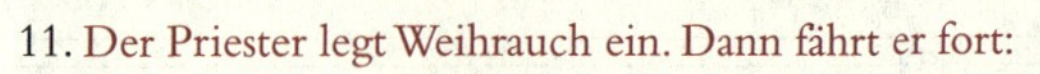

11. Der Priester legt Weihrauch ein. Dann fährt er fort:

℣. Ký-ri-e e-lé-i-son. ℟. Christe e-lé-i-son.
Herr, erbarme Dich. Christus, erbarme Dich.

Ký-ri-e e-lé-i-son. ℣. Pater noster.
Herr, erbarme Dich. Vater unser.

Während man still weiterbetet, besprengt der Priester den Sarg mit Weihwasser und beweihräuchert ihn.

Danach fährt er fort:

℣. Et ne nos indúcas in tentati-ónem.
Und führe uns nicht in Versuchung.

℟. Sed líbera nos a malo.
Sondern erlöse uns von dem Bösen.

℣. A porta ínferi.
℟. Erue, Dómine, ánimam eius.

℣. Requiéscat in pace.
℟. Amen.

℣. Dómine, exáudi oratiónem meam.
℟. Et clamor meus ad te véniat.

℣. Dóminus vobíscum.
℟. Et cum spíritu tuo.

℣. Vor den Pforten der Unterwelt.
℟. Rette, o Herr, seine (ihre) Seele.

℣. Lass sie ruhen im Frieden.
℟. Amen.

℣. Herr, erhöre mein Gebet.
℟. Und lass mein Rufen zu Dir kommen.

℣. Der Herr sei mit euch.
℟. Und mit deinem Geiste.

Orémus.

Deus, cui próprium est miseréri semper et párcere, te súpplices exorámus pro ánima fámuli tui N. (fámulæ tuæ N.), quam hódie de hoc sǽculo migráre iussísti: ut non tradas eam in manus inimíci, neque obliviscáris in finem, sed iúbeas eam a sanctis Angelis súscipi et ad pátriam paradísi perdúci; ut, quia in te sperávit et crédidit, non pœnas inférni sustíneat, sed gáudia ætérna possídeat. Per Christum Dóminum nostrum. ℣. Amen.

Lasset uns beten.

Gott, dem es eigen ist, allzeit sich zu erbarmen und Nachsicht zu üben, wir bitten Dich flehentlich für die Seele Deines Dieners (Deiner Dienerin) N., die Du heute aus dieser Weltzeit scheiden ließest, dass Du sie nicht auslieferst in die Hände des Feindes und sie nicht für immer vergisst, sondern befiehlst, dass sie von den heiligen Engeln aufgenommen und zum Vaterland des Paradieses geleitet werde, damit sie, da sie auf Dich vertraut und an Dich geglaubt hat, nicht die Strafen der Hölle erleide, sondern die ewigen Freuden besitze. Durch Christus, unsern Herrn. ℣. Amen.

Hierauf wird der Sarg zum Grab hinausgetragen.

Alles Weitere ist identisch mit dem ‚Kleinen Beerdigungsritus‘ ab Seite 90.

Ritus zur Beerdigung eines Kindes

Die Texte
sowie die Nummern der Rubriken
entsprechen der vom Heiligen Stuhl approbierten
Collectio Rituum, Regensburg 1960

1. Der Ritus hat drei Stationen (nämlich im Haus des Verstorbenen, in der Kirche und am Grab) und zwei Prozessionen (nämlich zur Kirche und zum Friedhof). Oft finden aber die erste und zweite Station am selben Ort statt, und zwar entweder im Haus, in der Kirche oder in der Friedhofskapelle. Es entfällt dann die erste Prozession.

2. Vorzubereiten sind: Chorhemd, weiße Stola und ein weißer Chormantel, Gewänder für die Ministranten, ein Prozessionskreuz und - wo dies üblich ist - zwei Kerzenleuchter, die zu beiden Seiten des Kreuzes getragen werden, Weihwasser und Aspergill, Rauchfass und Schiffchen, Rituale.

Erste Station

Im Haus des Verstorbenen

3. Nach kurzem Läuten mit den Kirchenglocken geht der Priester mit den Ministranten zum Haus des verstorbenen Kindes, wo sein Leichnam zwischen brennenden Kerzen aufgebahrt liegt. Dort erwarten die Angehörigen in andächtiger Sammlung den Priester.

Der Priester besprengt den Leichnam mit Weihwasser. Dann betet er die Antiphon:

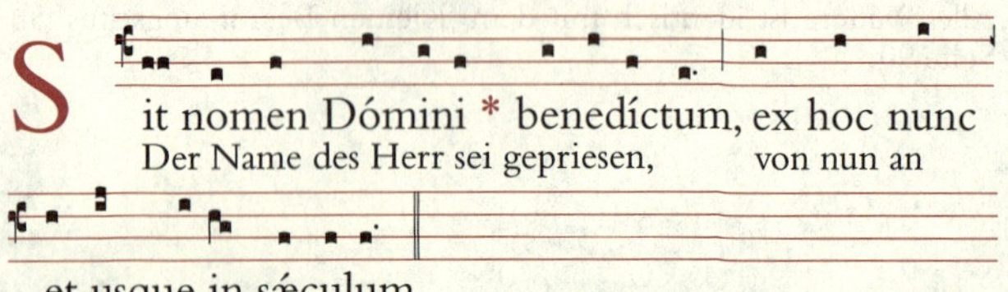

Psalm 112

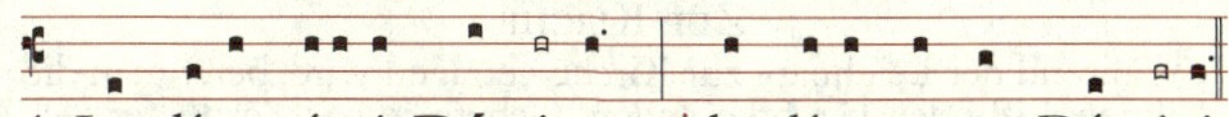

1. Laudáte, púeri, **Dó**minum: * laudáte no*men* Dómini.
Lobet, ihr Kinder, den Herrn, * lobet den Namen des Herrn.

2. Sit nomen Dómini be**díc**tum, * ex hoc nunc, et usque *in* sæculum.
3. A solis ortu usque ad oc**cá**sum, * laudábile no*men* Dómini.
4. Excélsus super omnes gentes **Dó**minus, * et super cælos glóri*a* eius.
5. Quis sicut Dóminus, Deus noster, qui in altis **há**bitat, * et humília réspicit in cælo et *in* terra?
6. Súscitans a terra **in**opem, * et de stércore éri*gens* páuperem:
7. Ut cóllocet eum cum prin**cí**pibus, * cum princípibus pópu*li* sui.
8. Qui habitáre facit stérilem in **do**mo, * matrem filiórum *læ*tántem.
9. Glória Patri et **Fí**lio, * et Spirítu*i* Sancto.
10. Sicut erat in princípio, et nunc et **sem**per, * et in sæcula sæculó*rum*. Amen.

2. Der Name des Herrn sei gepriesen, * von nun an und bis in Ewigkeit.
3. Vom Aufgang der Sonne bis zum Untergang, * ist lobwürdig der Name des Herrn.
4. Erhaben über alle Völker ist der Herr * und über die Himmel seine Herrlichkeit.
5. Wer ist wie der Herr, unser Gott, der in den Höhen wohnt * und auf das Niedrige schaut im Himmel und auf Erden?
6. Der den Hilflosen von der Erde aufrichtet * und aus dem Schmutz den Armen erhebt,
7. um ihn thronen zu lassen mit Fürsten, * mit den Fürsten seines Volkes.
8. Er lässt die Unfruchtbare im Haus wohnen * als frohe Mutter von Kindern.
9. Ehre sei dem Vater und dem Sohn * und dem Heiligen Geist.
10. Wie es war im Anfang, so auch jetzt und allezeit * und in Ewigkeit. Amen.

Die Antiphon wird wiederholt.

4. Falls die erste mit der zweiten Station zu verbinden ist, folgen nun sofort die Gebete Kýrie eléison - Herr, erbarme Dich wie bei Nr. 8.

Erste Prozession

Zur Kirche

5. Während der Leichnam zur Kirche getragen wird, betet man die Psalmen 148 oder 118 oder andere Gebete, je nach örtlicher Gewohnheit. Diese Prozession wird aber häufig ausgelassen.

Zweite Station

In der Kirche

6. Wo dies üblich ist, folgt die Votivmesse zu den hll. Engeln, wobei jedoch die Rubriken zu beachten sind.

7. Danach betet der Priester beim Sarg die folgende Antiphon und sämtliche Gebete dieser Station (wenn in der Kirche, dann lateinisch):

Psalm 23

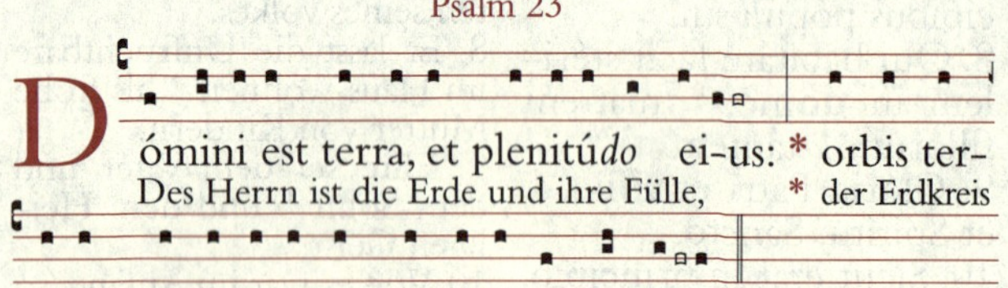

2. Quia ipse super mária fundá*vit* eum: * et super flúmina præpa*rá*vit eum.	2. Denn er hat ihn auf Meere gegründet * und über Flüssen ihn bereitet.

3. Quis ascéndet in mon*tem* Dómini? * aut quis stabit in loco *sanc*to eius?

4. Innocens mánibus et mun*do* corde, * qui non accépit in vano ánimam suam, nec iurávit in dolo pró*xi*mo suo.

5. Hic accípiet benedictiónem *a* Dómino: * et misericórdiam a Deo, salu*tá*ri suo.

6. Hæc est generátio quæréenti*um* eum, * quæréntium fáciem *De*i Iacob.

7. Attóllite portas, príncipes, vestras, et elevámini, portæ æ*ter*náles: * et intro*íbit* Rex glóriæ.

8. Quis est iste *Rex* glóriæ? * Dóminus fortis et potens: Dóminus po*tens* in prælio.

9. Attóllite portas, príncipes, vestras, et elevámini, portæ æ*ter*náles: * et intro*íbit* Rex glóriæ.

10. Quis est iste *Rex* glóriæ? * Dóminus virtútum ipse *est* Rex glóriæ.

11. Glória Patri *et* Fílio, * et Spirí*tu*i Sancto.

12. Sicut erat in princípio, et nunc *et* semper, * et in sǽcula sæcu*ló*rum. Amen.

Die Antiphon wird wiederholt.

3. Wer wird hinaufsteigen auf den Berg des Herrn, * oder wer wird stehen an seiner heiligen Stätte?

4. Wer unschuldig an Händen und rein von Herzen ist, * wer sein Leben nicht vergeblich empfing und nicht trügerisch seinem Nächsten geschworen hat,

5. der wird Segen empfangen vom Herrn * und Barmherzigkeit von Gott, seinem Retter.

6. Dies ist das Geschlecht derer, die ihn suchen, * die suchen das Angesicht des Gottes Jakobs.

7. Richtet auf, ihr Fürsten, eure Tore, und hebt euch, ihr ewigen Tore, * und eintreten wird der König der Herrlichkeit.

8. Wer ist dieser König der Herrlichkeit? * Der Herr, stark und mächtig, der Herr, mächtig im Kampf.

9. Richtet auf, ihr Fürsten, eure Tore, und hebt euch, ihr ewigen Tore, * und eintreten wird der König der Herrlichkeit.

10. Wer ist dieser König der Herrlichkeit? * Der Herr der Heerscharen, er ist der König der Herrlichkeit.

11. Ehre sei dem Vater und dem Sohn * und dem Heiligen Geist.

12. Wie es war im Anfang, so auch jetzt und allezeit * und in Ewigkeit. Amen.

8. Danach legt der Priester Inzens ein und betet dann:

℣. Kýrie, eléison.
℟. Christe, eléison.
Kýrie, eléison.

℣. Herr, erbarme Dich.
℟. Christus, erbarme Dich.
Herr, erbarme Dich.

℣. Pater noster

℣. Vater unser

Während man still weiterbetet, besprengt der Priester den Sarg mit Weihwasser und beweihräuchert ihn. Anschließend spricht er:

Et ne nos indúcas in tentatiónem.
℟. Sed líbera nos a malo.

Und führe uns nicht in Versuchung.
℟. Sondern erlöse uns von dem Bösen.

℣. Me autem propter innocéntiam suscepísti.
℟. Et confirmásti me in conspéctu tuo in ætérnum.

℣. Um meiner Unschuld willen nahmst Du mich auf.
℟. Und stelltest mich auf ewig vor Dein Angesicht.

℣. Dóminus vobíscum.
℟. Et cum spíritu tuo.

℣. Der Herr sei mit euch.
℟. Und mit deinem Geiste.

Orémus.

Omnípotens et mitíssime Deus, qui ómnibus párvulis renátis fonte baptísmatis, dum migrant a sǽculo, sine ullis eórum méritis vitam íllico largíris ætérnam, sicut ánimæ huius párvuli (-læ) hódie crédimus te fecísse: fac nos, quǽsumus, Dómine, per intercessiónem beátæ Maríæ semper Vírginis, et ómnium Sanctórum tuórum, hic purificátis tibi méntibus famulári, et in

Lasset uns beten.

Allmächtiger und milder Gott, Du schenkst allen Kindern, welche, wiedergeboren aus dem Quell der Taufe, aus diesem Leben scheiden, ohne jedes Verdienst sogleich das ewige Leben und hast heute also der Seele dieses Kindes getan. Gewähre, so bitten wir, Herr, auf die Fürsprache der seligen, allzeit jungfräulichen Mutter Maria und all Deiner Heiligen, dass wir

paradíso cum beátis párvulis perénniter sociári. Per Christum, Dóminum nostrum. ℟. Amen.

Dir hienieden mit reinem Herzen dienen und einst im Paradiese mit den seligen Kindern ewig vereint werden. Durch Christus, unsern Herrn. ℟. Amen.

Zweite Prozession

Zum Grab

9. Während der Sarg zum Grab getragen wird, betet man die Psalmen 148 oder 120 oder andere Gebete, je nach örtlicher Gewohnheit.

Dritte Station

Beim Grab

10. Falls das Grab noch nicht gesegnet ist, segnet es der Priester:

Orémus.

Bene ✠ dícere dignáre, Dómine, túmulum istum, eíque Angelum tuum sanctum députa custódem. Per Christum, Dóminum nostrum. ℟. Amen.

Lasset uns beten.

Segne, Herr, dieses Grab, und weise ihm Deinen heiligen Engel als Beschützer zu. Durch Christus, unsern Herrn. ℟. Amen.

Und er besprengt das Grab mit Weihwasser.

11. Nun wird der Sarg in das Grab gesenkt. Danach betet man:

Psalm 102

quæ intra me sunt, nómini **sanc**to e-ius.
was in mir ist, seinen heiligen Namen!

2. Bénedic, ánima **me**a, Dó*mi*no: * et noli oblivísci omnes retributi**ó**nes eius.
3. Qui propitiátur ómnibus iniqui**tá**tibus *tu*is: * qui sanat omnes infirmi**tá**tes tuas.
4. Qui rédimit de intéritu **vi**tam *tu*am: * qui corónat te in misericórdia et mise**ra**tiónibus.
5. Qui replet in bonis desi**dé**rium *tu*um: * renovábitur ut áquilæ iu**vén**tus tua:
6. Fáciens miseri**cór**dias Dó*mi*nus: * et iudícium ómnibus iniúriam **pa**tiéntibus.
7. Notas fecit vias **su**as *Mó*ysi, * fíliis Israël volun**tá**tes suas.
8. Miserátor, et mi**sé**ricors Dó*mi*nus: * longánimis, et **mul**tum miséricors.
9. Non in perpétuum **i**rascé*tur*: * neque in ætérnum **co**mminábitur.
10. Non secúndum peccáta nostra **fe**cit *no*bis: * neque secúndum iniquitátes nostras re**trí**buit nobis.
11. Quóniam secúndum altitúdinem **cæ**li a *ter*ra: * corroborávit misericórdiam suam **su**per timéntes se.

2. Preise, meine Seele, den Herrn, * und vergiss nicht all seine Wohltaten.
3. Er ist es, der dir alle Sünden vergibt * und der all deine Gebrechen heilt,
4. der dein Leben vom Untergang erlöst, * der dich krönt mit Barmherzigkeit und Erbarmen,
5. der dein Sehnen mit Gütern erfüllt. * Deine Jugend wird sich erneuern wie die des Adlers.
6. Der Herr übt Barmherzigkeit * und schafft Recht allen, die Unrecht leiden.
7. Er tat Moses seine Wege kund * und den Söhnen Israels seinen Willen.
8. Ein Erbarmer und barmherzig ist der Herr, * langmütig und sehr barmherzig.
9. Nicht für immer wird er zürnen * und nicht auf ewig drohen.
10. Nicht nach unseren Sünden verfuhr er mit uns, * noch hat er uns nach unseren Vergehen vergolten.
11. Denn gemäß der Höhe des Himmels über der Erde, * hat er stark gemacht seine Barmherzigkeit über denen, die ihn fürchten.

12. Quantum distat ortus ab occidénte: * longe fecit a nobis iniquitátes nostras.
13. Quómodo miserétur pater filiórum, misértus est Dóminus timéntibus se: * quóniam ipse cognóvit figméntum nostrum.
14. Recordátus est quóniam pulvis sumus: homo, sicut fænum dies eius, * tamquam flos agri sic efflorébit.
15. Quóniam spíritus pertransíbit in illo, et non subsístet: * et non cognóscet ámplius locum suum.
16. Misericórdia autem Dómini ab ætérno, * et usque in ætérnum super timéntes eum.
17. Et iustítia illíus in filios filiórum, * his qui servant testaméntum eius:
18. Et mémores sunt mandatórum ipsíus, * ad faciéndum ea.
19. Dóminus in cælo parávit sedem suam: * et regnum ipsíus ómnibus dominábitur.
20. Benedícite Dómino, omnes Angeli eius: poténtes virtúte, faciéntes verbum illíus, * ad audiéndam vocem sermónum eius.

12. So weit der Aufgang entfernt ist vom Untergang, * ließ er fern sein von uns all unsere Missetaten.
13. Wie ein Vater sich seiner Kinder erbarmt, so hat sich der Herr erbarmt über denen, die ihn fürchten, * denn er weiß, was wir für ein Gebilde sind.
14. Er denkt daran, dass wir Staub sind; der Mensch, wie Gras sind seine Tage, * wie eine Blume des Feldes, so wird er erblühen.
15. Denn der Geist wird vorübergehn in ihm, und er wird nicht bestehen, * und seinen Ort wird er nicht mehr kennen.
16. Die Barmherzigkeit des Herrn aber währt seit ewig * und bis in Ewigkeit über denen, die ihn fürchten,
17. und seine Gerechtigkeit über die Kindeskinder, * über jene, die bewahren seinen Bund,
18. und die denken an seine Gebote, * um sie zu erfüllen.
19. Der Herr hat im Himmel seinen Thron bereitet, * und sein Königtum herrscht über alles.
20. Preiset den Herrn, all seine Engel, die ihr, gewaltig an Kraft, sein Wort vollbringt, * bereit zu hören auf die Stimme seiner Reden.

21. Benedícite Dómino, omnes vir**tú**tes *e*ius: * minístri eius, qui fácitis volun**tá**tem eius.
22. Benedícite Dómino, ómnia **ó**pera *e*ius: * in omni loco dominatiónis eius, bénedic, ánima **me**a, Dómino.
23. Glória **Pa**tri et Fí*li*o, * et Spi**rí**tui Sancto.
24. Sicut erat in princípio, et **nunc** et *sem*per, * et in sǽcula sæcu**ló**rum. Amen.

21. Preiset den Herrn, all seine Heerscharen, * seine Diener, die ihr seinen Willen tut.
22. Preiset den Herrn, all seine Werke, * an jedem Ort seiner Herrschaft, preise, meine Seele, den Herrn!
23. Ehre sei dem Vater und dem Sohn * und dem Heiligen Geist.
24. Wie es war im Anfang, so auch jetzt und allezeit * und in Ewigkeit. Amen.

12. Dann spricht der Priester:

Lasset uns beten, wie der Herr uns zu beten gelehrt hat.

Und alle beten gemeinsam:

Vater unser im Himmel, / geheiligt werde Dein Name, / Dein Reich komme, / Dein Wille geschehe, / wie im Himmel, so auf Erden; / unser tägliches Brot gib uns heute, / und vergib uns unsere Schuld, / wie auch wir vergeben unseren Schuldigern; / und führe uns nicht in Versuchung, / sondern erlöse uns von dem Bösen.

13. Ohne Orémus betet der Priester:

Omnípotens sempitérne Deus, sanctæ puritátis amátor, qui ánimam huius párvuli (-læ) ad cælórum regnum hódie vocáre dignátus es: dignéris étiam, Dómine,

Allmächtiger, ewiger Gott, Du Freund heiliger Reinheit, der Du heute die Seele dieses Kindes zum himmlischen Reich gerufen hast, lass auch an uns gnädig Barm-

ita nobíscum misericórditer ágere, ut méritis tuæ sanctíssimæ passiónis, et intercessióne beátæ Maríæ semper Vírginis, et ómnium Sanctórum tuórum, in eódem regno nos cum ómnibus Sanctis et eléctis tuis semper fácias congaudére: Qui vivis et regnas in sǽcula sæculórum.
℟. Amen.

herzigkeit walten, o Herr, und gib uns durch die Verdienste Deines heiligen Leidens und auf die Fürsprache der seligen, allzeit jungfräulichen Mutter Maria und all Deiner Heiligen, dass wir dereinst im Himmelreich mit allen Heiligen und Auserwählten uns ewig freuen. Der Du lebst und herrschest in alle Ewigkeit. ℟. Amen.

14. Der Priester legt Inzens ein. Dann besprengt er das Grab mit Weihwasser, indem er spricht:

Vidi aquam egrediéntem de templo, a látere dextro, et omnes, ad quos pervénit aqua ista, salvi facti sunt.

Wasser sah ich hervorquellen aus des Tempels rechter Seite, und alle, zu denen dieses Wasser kam, wurden heil.

Er inzensiert das Grab:

Dirigátur, Dómine, orátio mea, sicut incénsum in conspéctu tuo.

Aufsteige mein Gebet, o Herr, wie Weihrauch vor Dein Angesicht.

Mit einer Schaufel wirft er dreimal Erde in das Grab, wobei er einmal spricht:

De terra plasmásti me: Redémptor meus, resúscita me.

Aus Erde hast Du mich geschaffen: Mein Heiland, erwecke mich.

15. Danach macht er mit der Hand oder mit dem Prozessionskreuz dreimal ein Kreuzzeichen über das Grab, eines zum Haupt, eines in der Mitte und eines zu den Füßen hin, indem er sagt:

Signum ✠ Salvatóris Dómini nostri Iesu Christi, qui in hoc signo ✠ redémit te, sit signátum ✠ super te.	Sei gezeichnet ✠ mit dem Zeichen ✠ unseres Herrn und Heilandes Jesus Christus, der in diesem Zeichen ✠ dich erlöst hat.
Pax tecum.	Der Friede sei mit dir.

16. Nun spricht der Priester:

Lasset uns beten für die Angehörigen dieses Kindes und für alle Verstorbenen.

℣. Herr, erbarme Dich.
℟. Christus, erbarme Dich. Herr, erbarme Dich.

℣. Dass Du die Betrübten trösten wollest.
℟. Wir bitten Dich, erhöre uns.

℣. Dass Du unsere Herzen in Sehnsucht zum Himmel erheben wollest.
℟. Wir bitten Dich, erhöre uns.

℣. Dass Du allen Verstorbenen das ewige Leben schenken wollest.
℟. Wir bitten Dich, erhöre uns.

Allmächtiger, ewiger Gott, Herr über Lebende und Tote, der Du Dich aller erbarmst, von denen Du weißt, dass sie durch Glauben und Werke Dir angehören werden; wir flehen Dich an und bitten Dich: In Deiner väterlichen Milde schenke allen, für die wir hier beten, mag diese Welt sie noch im Fleisch zurückhalten, oder die künftige sie, vom Leib gelöst, bereits aufgenommen haben, Deine Gnade, Verzeihung ihrer Sünden und das ewige Leben. Durch Christus, unsern Herrn. ℟. Amen.

17. Es folgt ein gemeinsam gebetetes Gegrüßet seist du, Maria, oder man singt ein Salve Regina.

Salve, Regína, mater misericórdiæ; vita, dulcédo et spes nostra, salve. Ad te clamámus éxsules filii Hevæ. Ad te suspirámus geméntes et flentes in hac lacrimárum valle. Eia ergo, advocáta nostra, illos tuos misericórdes óculos ad nos convérte. Et Iesum, benedíctum fructum ventris tui, nobis post hoc exsílium osténde. O clemens, o pia, o dulcis Virgo María.

Sei gegrüßt, o Königin, Mutter der Barmherzigkeit, unser Leben, unsre Süßigkeit und unsre Hoffnung, sei gegrüßt. Zu dir rufen wir, elende Kinder Evas. Zu dir seufzen wir trauernd und weinend in diesem Tal der Tränen. Wohlan denn, unsre Fürsprecherin, wende deine barmherzigen Augen uns zu, und nach diesem Elend zeige uns Jesus, die gebenedeite Frucht deines Leibes. O gütige, o milde, o süße Jungfrau Maria.

18. Schließlich gibt der Priester mit der Hand den Segen über die übrigen Gräber des Friedhofs:

✠ Animæ ómnium fidélium defunctórum per misericórdiam Dei requiéscant in pace. ℟. Amen.

✠ Die Seelen aller verstorbenen Christgläubigen mögen durch die Barmherzigkeit Gottes ruhen im Frieden. ℟. Amen.

19. Wo es üblich ist, kann noch ein Lied gesungen werden.

Schließlich treten alle Anwesenden zum Grab und besprengen es mit Weihwasser oder werfen mit der Schaufel ein wenig Erde hinein.

Ritus der Trauung

Die Texte
sowie die Nummern der Rubriken
entsprechen der vom Heiligen Stuhl approbierten
Collectio Rituum, Regensburg 1960

„Der Ehebund, durch den Mann und Frau unter sich die Gemeinschaft des ganzen Lebens begründen, welche durch ihre natürliche Eigenart auf das Wohl der Ehegatten und auf die Zeugung und die Erziehung von Nachkommenschaft hingeordnet ist, wurde zwischen Getauften von Christus dem Herrn zur Würde eines Sakramentes erhoben. Deshalb kann es zwischen Getauften keinen gültigen Ehevertrag geben, ohne dass er zugleich Sakrament ist." (CIC can 1055)

„Die Wesenseigenschaften der Ehe sind die Einheit und die Unauflöslichkeit." (CIC can 1056)

„Die Ehe kommt durch den Konsens der Partner zustande, der zwischen rechtlich dazu befähigten Personen in rechtmäßiger Weise kundgetan wird. Der Konsens kann durch keine menschliche Macht ersetzt werden." (CIC can 1057 §1)

„Der Ehebund wird geschlossen von einem Mann und einer Frau, die getauft und die frei sind, die Ehe zu schließen, und die ihren Konsens freiwillig äußern. ‚Frei sein' heißt: unter keinem Zwang stehen; nicht durch ein Natur- oder Kirchengesetz gehindert sein." (KKK 1625)

„Die Ehe von Katholiken, auch wenn nur ein Partner katholisch ist, richtet sich nicht allein nach dem göttlichen, sondern auch nach dem kirchlichen Recht." (CIC can 1059)

„Gemäß dem in der lateinischen Kirche geltenden Recht bedarf eine Mischehe, um erlaubt zu sein, der ausdrücklichen Erlaubnis der kirchlichen Autorität." (KKK 1635)

„Damit die Brautleute das Sakrament der Ehe fruchtbringend empfangen, wird ihnen dringend empfohlen, zur Beichte und zur Kommunion zu gehen." (CIC can 1065 §2)

„Bevor die Ehe geschlossen wird, muss feststehen, dass der gültigen und erlaubten Eheschließung nichts im Wege steht." (CIC can 1066)

„Nur jene Ehen sind gültig, die geschlossen werden unter Assistenz des Ortsordinarius oder des Ortspfarrers oder eines von einem der beiden delegierten Priesters oder Diakons sowie vor zwei Zeugen.“ (CIC can 1108)

„Aus einer gültigen Ehe entsteht zwischen den Ehegatten ein Band, das seiner Natur nach lebenslang und ausschließlich ist; in einer christlichen Ehe werden zudem die Ehegatten durch ein besonderes Sakrament gestärkt und gleichsam geweiht für die Pflichten und die Würde ihres Standes.“ (CIC can 1134)

„Die Eltern haben die sehr strenge Pflicht und das erstrangige Recht, nach Kräften sowohl für die leibliche, soziale und kulturelle als auch für die sittliche und religiöse Erziehung der Kinder zu sorgen.“ (CIC can 1136)

1. Vorzubereiten sind: Chorhemd und weiße Stola, oder auch ein weißer Chormantel, ein kleines Tablett für die Ringe, Weihwasser mit Aspergill, Rituale, Gewänder für die Ministranten, vor dem Altar eine Kniebank und Sedilien für das Brautpaar.

2. Bräutigam und Braut werden von den Eltern oder von Freunden ehrenvoll zum Altar geleitet, an dem die Trauung gehalten wird. Der Priester schreitet zu den Stufen des Altares, und während alle übrigen knien, beginnt er stehend und zum Altar gewendet:

℣. ✠ Adiutórium nostrum in nómine Dómini. ℟. Qui fecit cælum et terram.	℣. ✠ Unsere Hilfe ist im Namen des Herrn. ℟. Der Himmel und Erde erschaffen hat.
℣. Dómine, exáudi oratiónem meam. ℟. Et clamor meus ad te véniat.	℣. Herr, erhöre mein Gebet. ℟. Und lass mein Rufen zu Dir kommen.
℣. Dóminus vobíscum. ℟. Et cum spíritu tuo.	℣. Der Herr sei mit euch. ℟. Und mit deinem Geiste.

Orémus.

Actiónes nostras, quǽsumus, Dómine, aspirándo præveni et adiuvándo proséquere: ut cuncta nostra orátio et operátio a te semper incípiat, et per te cœpta finiátur. Per Christum, Dóminum nostrum. ℟. Amen.

Lasset uns beten.

Wir bitten Dich, o Herr, komm unserem Handeln durch Deine Eingebung zuvor und begleite es mit Deiner Hilfe, auf dass all unser Beten und Tun stets von Dir seinen Anfang nehme und durch Dich seine Vollendung finde. Durch Christus, unsern Herrn. ℟. Amen.

An dieser Stelle kann eine Ansprache gehalten werden.

Danach erheben sich alle.

Segnung der Ringe

3. Ein Ministrant bringt auf einem kleinen Tablett die Ringe, die der Priester dann segnet, wobei er dem Brautpaar zugewandt steht.

℣. ✠ Adiutórium nostrum in nómine Dómini.
℟. Qui fecit cælum et terram.

℣. ✠ Unsere Hilfe ist im Namen des Herrn.
℟. Der Himmel und Erde erschaffen hat.

℣. Dómine, exáudi oratiónem meam.
℟. Et clamor meus ad te véniat.

℣. Herr, erhöre mein Gebet.
℟. Und lass mein Rufen zu Dir kommen.

℣. Dóminus vobíscum.
℟. Et cum spíritu tuo.

℣. Der Herr sei mit euch.
℟. Und mit deinem Geiste.

Orémus.

Bén ✠ dic, Dómine, ánulos istos, quos nos in tuo nómine bene ✠ díci-

Lasset uns beten.

Segne ✠ Du, o Herr, diese Ringe, die wir in Deinem Namen ✠ seg-

mus, ut, qui eos gestáverint, fidelitátem íntegram ínvicem tenéntes, in pace et voluntáte tua permáneant atque in mútua caritáte semper vivant. Per Christum, Dóminum nostrum. ℟. Amen.

nen, auf dass die sie tragen einander die Treue wahren, in Deinem Frieden und in Deinem Willen bleiben und allezeit einander lieben. Durch Christus, unsern Herrn. ℟. Amen.

Oder wahlweise die folgende Oration:

Orémus.

Creátor et conservátor humáni géneris, datíor grátiæ spirituális, largítor salútis ætérnæ: tu, Dómine, dignáre emíttere bene ✠ dictiónem tuam super hos ánulos; ut, qui ipsos gestáverint, sint armáti per eos virtúte cæléstis defensiónis, et profíciat illis ad vitam ætérnam. Per Christum, Dóminum nostrum. ℟. Amen.

Lasset uns beten.

O Schöpfer und Erhalter des Menschengeschlechtes, Spender geistlicher Gnade, Gewährer ewigen Heils: Du, Herr, gieße aus Deinen ✠ Segen über diese Ringe, auf dass die sie tragen gewappnet seien mit des Himmels starkem Schutz zum ewigen Leben. Durch Christus, unsern Herrn. ℟. Amen.

Dann besprengt er die Ringe mit Weihwasser.

Befragung

4. Nun treten die Trauzeugen hinzu, und der Priester fragt zunächst den Bräutigam:

N., ich frage dich: Hast du vor Gott dein Gewissen geprüft, und bist du frei und ungezwungen hierher gekommen, mit dieser deiner Braut die Ehe einzugehen?

Bräutigam: Ja.

Bist du gewillt, deine künftige Gattin zu lieben, zu ehren und ihr die Treue zu halten, bis der Tod euch scheidet?

Bräutigam: Ja.

Bist du bereit, die Kinder, die Gott euch schenken will, aus seiner Hand anzunehmen und zu erziehen, wie es Pflicht eines christlichen Vaters ist?

Bräutigam: Ja.

Danach befragt der Priester auch die Braut:

N., ich frage auch dich: Hast du vor Gott dein Gewissen geprüft, und bist du frei und ungezwungen hierher gekommen, mit diesem deinem Bräutigam die Ehe einzugehen?

Braut: Ja.

Bist du gewillt, deinen künftigen Gatten zu lieben, zu ehren und ihm die Treue zu halten, bis der Tod euch scheidet?

Braut: Ja.

Bist du bereit, die Kinder, die Gott euch schenken will, aus seiner Hand anzunehmen und zu erziehen, wie es Pflicht einer christlichen Mutter ist?

Braut: Ja.

Übergabe der Ringe

5. Priester:

Da ihr also beide zu einer wahren christlichen Ehe entschlossen seid, so steckt einander den Ring der Treue an und sprecht mir nach.

Der Bräutigam empfängt den Ring für die Braut aus der Hand des Priesters, steckt ihn auf den Ringfinger der Braut und spricht dabei dem Priester nach:

Im Namen des Vaters - und des Sohnes - und des Heiligen Geistes: Trage diesen Ring als Zeichen deiner Treue.

Ebenso empfängt die Braut den Ring für den Bräutigam aus der Hand des Priesters, steckt ihn an den Ringfinger des Bräutigams und spricht dem Priester nach:

Im Namen des Vaters - und des Sohnes - und des Heiligen Geistes: Trage diesen Ring als Zeichen deiner Treue.

Eheschliessung

6. Priester:

Nun schließt den Bund heiliger Ehe. Reicht einander die rechte Hand - Der Priester umgibt beide Hände mit der Stola. - und sprecht mir nach.

Bräutigam: Vor Gottes Angesicht - nehme ich dich, N., - zu meiner Ehefrau.

Braut: Vor Gottes Angesicht - nehme ich dich, N., - zu meinem Ehemann.

Bestätigung

7. Dann spricht der Priester:

Ego auctoritáte Ecclésiæ matrimónium per vos contráctum confírmo et benedíco: In nómine Patris ✠, et Fílii, et Spíritus Sancti. ℟. Amen.

Im Namen der Kirche bestätige ich den Bund, den ihr geschlossen habt, und segne ihn: Im Namen des Vaters ✠ und des Sohnes und des Heiligen Geistes. ℟. Amen.

Euch aber, die ihr hier gegenwärtig seid, nehme ich zu Zeugen dieses heiligen Bundes. Was Gott verbunden hat, soll der Mensch nicht trennen.

Der Priester nimmt die Stola zurück und die Brautleute knien nieder.

Segen

8. Psalm 127

Beáti omnes, qui timent Dóminum, * qui ámbulant in viis eius.
2. Labóres mánuum tuárum quia manducábis: * beátus es, et bene tibi erit.
3. Uxor tua sicut vitis abúndans, * in latéribus domus tuæ.
4. Fílii tui sicut novéllæ olivárum, * in circúitu mensæ tuæ.
5. Ecce, sic benedicétur homo, * qui timet Dóminum.
6. Benedícat tibi Dóminus ex Sion: * et vídeas bona Ierúsalem ómnibus diébus vitæ tuæ.
7. Et vídeas fílios filiórum tuórum, * pacem super Israël.
8. Glória Patri, et Fílio, * et Spirítui Sancto.
9. Sicut erat in princípio, et nunc, et semper, * et in sǽcula sæculórum. Amen.

1. Selig alle, die fürchten den Herrn, * die wandeln auf seinen Wegen.
2. Denn was deine Hände erarbeitet, wirst du genießen; * selig bist du, und gut wird es dir gehen.
3. Deine Frau gleicht einem üppigen Weinstock * an den Wänden deines Hauses.
4. Deine Söhne sind wie junge Ölbäume * rings um deinen Tisch.
5. Siehe, so wird der Mensch gesegnet, * der den Herrn fürchtet.
6. Es segne dich der Herr von Sion aus, * und schauen sollst du die Güter Jerusalems alle Tage deines Lebens,
7. und sehen sollst du die Kinder deiner Kinder, * den Frieden über Israel.
8. Ehre sei dem Vater und dem Sohn * und dem Heiligen Geist.
9. Wie es war im Anfang, so auch jetzt und allezeit * und in Ewigkeit. Amen.

℣. Kýrie, eléison.
℟. Christe, eléison.
Kýrie, eléison.

℣. Herr, erbarme Dich.
℟. Christus, erbarme Dich.
Herr, erbarme Dich.

℣. Pater noster

℣. Vater unser

Man betet still weiter bis:

Et ne nos indúcas in tentatiónem.
℟. Sed líbera nos a malo.

Und führe uns nicht in Versuchung.
℟. Sondern erlöse uns von dem Bösen.

℣. Salvos fac servos tuos.

℣. Deinen Dienern gewähre Heil.

℟. Deus meus, sperántes in te.

℟. Die auf Dich hoffen, mein Gott.

℣. Mitte eis, Dómine, auxílium de sancto.
℟. Et de Sion tuére eos.

℣. Sende ihnen Hilfe, o Herr, vom Heiligtum.
℟. Und vom Sion her beschütze sie.

℣. Dómine, exáudi oratiónem meam.
℟. Et clamor meus ad te véniat.

℣. Herr, erhöre mein Gebet.
℟. Und lass mein Rufen zu Dir kommen.

℣. Dóminus vobíscum.
℟. Et cum spíritu tuo.

℣. Der Herr sei mit euch.
℟. Und mit deinem Geiste.

Orémus.

Omnípotens sempitérne Deus, qui primos paréntes nostros Adam et Evam tua virtúte creásti et in societáte sancta copulásti: corda et córpora horum famulórum tuórum sanctífica, et béne ✠ dic, atque in societáte et amóre veræ dilectiónis coniúnge. Per Christum, Dóminum nostrum. ℟. Amen.

Lasset uns beten.

Allmächtiger ewiger Gott, der Du unsere Stammeltern Adam und Eva durch Deine Macht erschaffen und zum heiligen Bund vereinigt hast, heilige Deine Diener an Leib und Seele und seg ✠ ne sie. Lass sie eins sein in der Gemeinschaft wahrer Liebe. Durch Christus, unsern Herrn. ℟. Amen.

9. Der Priester erhebt die Hände und streckt sie zum Segen über das Brautpaar aus, wobei das Buch von einem Ministranten gehalten wird.

Es segne euch der allmächtige Gott durch das Wort seines Mundes und vereine eure Herzen durch das unvergängliche Band reiner Liebe.
℟. Amen.

Seid gesegnet in euren Kindern, und die Liebe, die ihr ihnen erweiset, sollen sie euch hundertfältig vergelten.
℟. Amen.

Der Friede Christi wohne allezeit in euren Herzen und in eurem Hause. Wahre Freunde mögen euch in Freude und Leid zur Seite stehen. Wer in Not ist, finde bei euch Trost und Hilfe, und der Segen, der den Barmherzigen verheißen ist, komme reich über euer Haus.
℟. Amen.

Gesegnet sei eure Arbeit, und ihre Frucht bleibe euch erhalten. Die Sorge soll euch nicht quälen, noch die Lust des Irdischen euch verführen, sondern euer Herz gedenke allezeit der Schätze, welche bleiben zum ewigen Leben.
℟. Amen.

Der Herr führe euch zu hohen Jahren und schenke euch die Ernte des Lebens. Und nachdem ihr seinem Reiche in Treue gedient, nehme er euch auf in seine ewige Herrlichkeit.

Nun faltet der Priester die Hände.

Durch unsern Herrn Jesus Christus, seinen Sohn, der mit ihm lebt und herrscht in der Einheit des Heiligen Geistes, Gott von Ewigkeit zu Ewigkeit. ℟. Amen.

10. Wenn nun keine hl. Messe folgt, entlässt der Priester das Brautpaar, indem er spricht:

Gehet in Frieden, und der Herr sei allezeit mit euch.
℟. Amen.

Falls das Brautpaar auch feierlich in der hl. Messe gesegnet werden soll, zelebriert nun der Priester die Messe für Braut und Bräutigam, wie sie im Römischen Messbuch enthalten ist, wobei er die dort angegebenen Regeln beachtet.

11. Wenn das Brautpaar nicht gesegnet werden soll, spricht der Priester nach dem Psalm 127 und den dazugehörenden Versikeln wie oben bei Nr. 8 nur die folgende Oration:

Orémus.

Præténde, quǽsumus, Dómine, fidélibus tuis déxteram cæléstis auxílii, ut te toto corde perquírant, et quæ digne póstulant, assequántur. Per Christum, Dóminum nostrum. ℟. Amen.

Lasset uns beten.

Wir bitten Dich, o Herr, strecke aus über Deine Gläubigen vom Himmel her Deine Hand und gewähre ihnen Deine Hilfe, auf dass sie Dich mit ganzem Herzen suchen und erlangen, um was sie geziemend bitten. Durch Christus, unsern Herrn. ℟. Amen.

Danach entlässt der Priester das Brautpaar wie oben bei Nr. 10.

Brautsegen in der heiligen Messe

Die lateinischen Texte stimmen mit dem Missale Romanum überein.
Die deutsche Übersetzung ist zum privaten Gebrauch der Gläubigen gedacht.

Unmittelbar nach dem Pater noster, vor dem Líbera nos, betet der Priester, auf der Epistelseite stehend, zum Brautpaar hingewandt, über die vor dem Altar knienden Brautleute in lateinischer Sprache die beiden folgenden Orationen:

Orémus.

Propitiáre, Dómine, supplicatiónibus nostris: et institútis tuis, quibus propagatiónem humáni géneris ordinásti, benígnus assíste; ut, quod te auctóre iúngitur, te auxiliánte servétur. Per Dóminum nostrum Iesum Christum, Fílium tuum, qui tecum vivit et regnat in unitáte Spíritus Sancti Deus, per ómnia sǽcula sæculórum. ℟. Amen.

Lasset uns beten.

Sei gnädig, Herr, unserem Flehen und stehe der Einrichtung, durch die Du die Mehrung des Menschengeschlechts geordnet hast, gütig bei, damit, was durch Dich verbunden wird, durch Deine Hilfe bewahrt werde. Durch unsern Herrn Jesus Christus, Deinen Sohn, der mit Dir lebt und herrscht in der Einheit des Heiligen Geistes, Gott von Ewigkeit zu Ewigkeit. ℟. Amen.

Orémus.

Deus, qui potestáte virtútis tuæ de níhilo cuncta fecísti: qui dispósitis universitátis exórdiis, hómini, ad imáginem Dei facto, ídeo inseparábile mulíeris adiutórium condidísti, ut femíneo córpori

Lasset uns beten.

Gott, der Du durch die Macht Deiner Stärke alles aus dem Nichts erschaffen hast; der Du, nachdem die Anfänge von allem geordnet waren, für den Mann, der nach dem Bild Gottes erschaffen ist, die Hilfe der Frau so

de viríli dares carne princípium, docens, quod ex uno placuísset instítui, numquam licére disiúngi: Deus, qui tam excelénti mystério coniugálem cópulam consecrásti, ut Christi et Ecclésiæ sacraméntum præsignáres in fœdere nuptiárum: Deus, per quem múlier iúngitur viro, et socíetas principáliter ordináta ea benedictióne donátur, quæ sola nec per originális peccáti pœnam, nec per dilúvii est abláta senténtiam: réspice propítius super hanc fámulam tuam, quæ, maritáli iungénda consórtio, tua se éxpetit protectióne muníri; sit in ea iugum dilectiónis et pacis: fidélis et casta nubat in Christo, imitatríxque sanctárum permáneat feminárum: sit amábilis viro suo, ut Rachel: sápiens, ut Rebécca: longǽva et fidélis, ut Sara: nihil in ea ex áctibus suis ille auctor prævaricatiónis usúrpet: nexa fídei mandatísque permáneat: uni thoro iuncta, contáctus illícitos fúgiat: múniat

untrennbar begründet hast, dass Du dem Leib der Frau seinen Ursprung im Fleisch des Mannes gegeben und so gelehrt hast, dass, was Du aus einem einsetzen wolltest, niemals getrennt werden darf; Gott, der Du die eheliche Vereinigung durch ein so vorzügliches Mysterium geheiligt hast, dass Du das Geheimnis Christi und der Kirche im ehelichen Bund vorausbezeichnet hast; Gott, durch den die Frau mit dem Mann verbunden wird und durch den der ursprünglich begründeten Gemeinschaft jener Segen geschenkt wird, der allein weder durch die Strafe der Ursünde noch durch das Gericht der Sintflut hinweggenommen wurde: Schaue gnädig auf diese Deine Magd, die, um sich in der ehelichen Gemeinschaft zu verbinden, danach verlangt, durch Deinen Schutz gestärkt zu werden. Es ruhe auf ihr das Joch der Liebe und des Friedens: Treu und keusch sei sie vermählt in Christus, und sie bleibe eine Nachahmerin heiliger Frauen: Ihrem Mann sei sie lie-

infirmitátem suam róbore disciplínæ: sit verecúndia gravis, pudóre venerábilis, doctrínis cæléstibus erudíta: sit fecúnda in sóbole: sit probáta et ínnocens: et ad Beatórum réquiem atque ad cæléstia regna pervéniat: et vídeant ambo filios filiórum suórum, usque in tértiam et quartam generatiónem, et ad optátam pervéniant senectútem. Per eúndem Dóminum nostrum Iesum Christum, Fílium tuum, qui tecum vivit et regnat in unitáte Spíritus Sancti Deus, per ómnia sǽcula sæculórum. ℟. Amen.

benswert wie Rachel, sie sei weise wie Rebekka, hochbetagt und treu wie Sarah. Auf keiner ihrer Taten soll jener Urheber der Treulosigkeit je Anspruch erheben. Sie bleibe vereint dem Glauben und den Geboten. Einem Ehebett verbunden, fliehe sie unerlaubte Kontakte. Sie festige ihre Schwachheit mit der Kraft der Disziplin. Ihre Sittsamkeit sei würdevoll, ihr Anstand ehrbar, gebildet in himmlischen Lehren. Sie sei fruchtbar in ihrer Nachkommenschaft, bewährt und unschuldig, und sie gelange zur Ruhe der Heiligen und zum himmlischen Reich. Und beide mögen schauen die Kinder ihrer Kinder bis ins dritte und vierte Geschlecht, und sie mögen zum ersehnten Alter gelangen. Durch ihn, unsern Herrn Jesus Christus, Deinen Sohn, der mit Dir lebt und herrscht in der Einheit des Heiligen Geistes, Gott von Ewigkeit zu Ewigkeit. ℟. *Amen.*

Danach wendet sich der Priester wieder zur Mitte des Altares und fährt fort mit dem Líbera nos. Nachdem er das kostbare Blut kommuniziert hat, reicht er auch dem Brautpaar die heilige Kommunion.

Nach dem Ite, Missa est, bevor er das Volk segnet, wendet sich der Priester zum Brautpaar hin und spricht:

Deus Abraham, Deus Isaac et Deus Iacob sit vobíscum: et ipse adímpleat benedictiónem suam in vobis: ut videátis fílios filiórum vestrórum usque ad tértiam et quartam generatiónem, et póstea vitam ætérnam habeátis sine fine: adiuvánte Dómino nostro Iesu Christo, qui cum Patre et Spíritu Sancto vivit et regnat Deus, per ómnia sǽcula sæculórum. ℟. Amen.

Der Gott Abrahams, der Gott Isaaks und der Gott Jakobs sei mit euch, und er selbst erfülle an euch seinen Segen, so dass ihr die Kinder eurer Kinder seht bis ins dritte und vierte Geschlecht und danach das ewige Leben besitzt ohne Ende durch die Hilfe unseres Herrn Jesus Christus, der mit dem Vater und dem Heiligen Geist lebt und herrscht durch alle Ewigkeit. ℟. Amen.

Der Priester ermahne sie ernsthaft, einander die Treue zu wahren, keusch zu leben, und dass der Mann die Frau und die Frau den Mann liebe, und dass sie in der Gottesfurcht bleiben.

Schließlich besprengt er das Brautpaar mit Weihwasser, betet das Pláceat tibi, sancta Trínitas, gibt den Segen und liest das Schlussevangelium.

Segnungen von Jubelpaaren

nach 25 oder 50 Ehejahren

Die lateinischen Texte stimmen mit dem Rituale Romanum überein.
Die deutsche Übersetzung ist zum privaten Gebrauch der Gläubigen gedacht.

1. Wenn Eheleute nach 25 oder 50 Ehejahren ihren Dank in der Kirche sagen möchten, feiert der Priester für sie eine hl. Messe. Dies kann eine Votivmesse zu Ehren der allerheiligsten Dreifaltigkeit oder zu Ehren der allerseligsten Jungfrau Maria sein, nicht jedoch die Votivmesse für Braut und Bräutigam. In der hl. Messe kann die Oration zur Danksagung (sub unica conclusione) hinzugefügt werden.

2. Nach dem Schlussevangelium legt der Priester den Manipel ab und betet dem Ehepaar zugewandt:

Ant. Ecce sic benedicétur omnis homo, qui timet Dóminum.

Seht, so wird jeder Mensch gesegnet, der den Herrn fürchtet.

Psalm 127

Beáti omnes, qui timent Dóminum, * qui ámbulant in viis eius.

1. Selig alle, die fürchten den Herrn, * die wandeln auf seinen Wegen.

2. Labóres mánuum tuárum quia manducábis: * beátus es, et bene tibi erit.

2. Denn was deine Hände erarbeitet, wirst du genießen; * selig bist du, und gut wird es dir gehen.

3. Uxor tua sicut vitis abúndans, * in latéribus domus tuæ.

3. Deine Frau gleicht einem üppigen Weinstock * an den Wänden deines Hauses.

4. Fílii tui sicut novéllæ olivárum, * in circúitu mensæ tuæ.

4. Deine Söhne sind wie junge Ölbäume * rings um deinen Tisch.

5. Ecce, sic benedicétur homo, * qui timet Dóminum.

5. Siehe, so wird der Mensch gesegnet, * der den Herrn fürchtet.

6. Benedícat tibi Dóminus ex Sion: * et vídeas bona Ierúsalem ómnibus diébus vitæ tuæ.
7. Et vídeas fílios filiórum tuórum, * pacem super Israël.
8. Glória Patri, et Fílio, * et Spirítui Sancto.
9. Sicut erat in princípio, et nunc, et semper, * et in sǽcula sæculórum. Amen.

6. Es segne dich der Herr von Sion aus, * und schauen sollst du die Güter Jerusalems alle Tage deines Lebens,
7. und sehen sollst du die Kinder deiner Kinder, * den Frieden über Israel.
8. Ehre sei dem Vater und dem Sohn * und dem Heiligen Geist.
9. Wie es war im Anfang, so auch jetzt und allezeit * und in Ewigkeit. Amen.

Oder wahlweise den folgenden Psalm:

Psalm 116

Laudáte Dóminum, omnes gentes: * laudáte eum, omnes pópuli:
2. Quóniam confirmáta est super nos misericórdia eius: * et véritas Dómini manet in ætérnum.
3. Glória Patri, et Fílio, * et Spirítui Sancto.
4. Sicut erat in princípio, et nunc, et semper, * et in sǽcula sæculórum. Amen.

1. Lobet den Herrn, alle Völker; * lobet ihn, alle Nationen,
2. denn erstarkt ist über uns seine Barmherzigkeit, * und die Wahrheit des Herrn währet ewig.
3. Ehre sei dem Vater und dem Sohn * und dem Heiligen Geist.
4. Wie es war im Anfang, so auch jetzt und allezeit * und in Ewigkeit. Amen.

Ant. Ecce sic benedicétur omnis homo, qui timet Dóminum.

Seht, so wird jeder Mensch gesegnet, der den Herrn fürchtet.

℣. Mitte eis, Dómine, auxílium de sancto.
℟. Et de Sion tuére eos.

℣. Sende ihnen Hilfe, o Herr, vom Heiligtum.
℟. Und vom Sion her beschütze sie.

℣. Dómine, exáudi oratiónem meam.
℟. Et clamor meus ad te véniat.

℣. Dóminus vobíscum.
℟. Et cum spíritu tuo.

Orémus.

Prætênde, Dómine, fidélibus tuis déxteram cæléstis auxílii, ut te toto corde perquírant et quæ digne póstulant, ássequi mereántur.

Omnípotens sempitérne Deus, réspice propítius super hos fámulos tuos, ad templum sanctum tuum pro gratiárum actióne lætos accedéntes: et præsta; ut, in te solum confidéntes, grátiæ tuæ dona percípiant, caritátem in unitáte servent, et post huius vitæ decúrsum ad ætérnæ beatitúdinis gáudia (una com prole sua) perveníre mereántur. Per Christum Dóminum nostrum. ℟. Amen.

℣. Herr, erhöre mein Gebet.
℟. Und lass mein Rufen zu Dir kommen.

℣. Der Herr sei mit euch.
℟. Und mit deinem Geiste.

Lasset uns beten.

Strecke aus, Herr, über Deine Gläubigen Deine hilfreiche Rechte, auf dass sie Dich aus ganzem Herzen suchen und das, was sie zu Recht erbitten, zu erlangen vermögen.

Allmächtiger ewiger Gott, schaue gnädig auf diese Deine Diener, die freudig zur Danksagung in Deinen heiligen Tempel gekommen sind, und gewähre, dass sie, die auf Dich allein vertrauen, Deine Gnadengaben empfangen, die Liebe in Einheit bewahren und nach dem Lauf dieses Lebens (gemeinsam mit ihren Kindern) zu den Freuden der ewigen Glückseligkeit gelangen. Durch Christus, unsern Herrn. ℟. Amen.

3. Danach singt man den Hymnus Te Deum wie auf Seite 174, dem der Priester folgende Gebete hinzufügt:

℣. Benedicámus Patrem et Fílium cum Sancto Spíritu.
℟. Laudémus et superexaltémus eum in sǽcula.

℣. Lasst uns preisen den Vater und den Sohn mit dem Heiligen Geist,
℟. ihn loben und hoch erheben in Ewigkeit.

℣. Dómine exáudi oratiónem meam.
℟. Et clamor meus ad te véniat.

℣. Herr, erhöre mein Gebet,
℟. und lass mein Rufen zu Dir kommen.

℣. Dóminus vobíscum.
℟. Et cum spíritu tuo.

℣. Der Herr sei mit euch.
℟. Und mit deinem Geiste.

Orémus.

Deus, cuius misericórdiæ non est númerus, et bonitátis infinítus est thesáurus: piíssimæ Maiestáti tuæ pro collátis donis grátias ágimus, tuam semper cleméntiam exorántes, ut, qui peténtibus postuláta concédis, eósdem non déserens, ad prǽmia futúra dispónas.

Lasset uns beten.

Gott, dessen Erbarmen ohne Maß und dessen Güte ein unendlicher Schatz ist, Deiner gütigsten Majestät sagen wir Dank für die gewährten Gnaden, indem wir allzeit Deine Güte bitten, dass Du, der den Flehenden das Erbetene gewährst, sie nicht verlassen und für die ewigen Güter bereiten wollest.

Deus, qui corda fidélium Sancti Spíritus illustratióne docuísti: da nobis in eódem Spíritu recta sápere; et de eius semper consolatióne gaudére.

Gott, der Du die Herzen der Gläubigen durch die Erleuchtung des Heiligen Geistes belehrt hast, lass uns in demselben Geist das, was recht ist, erkennen und seines Trostes uns allezeit erfreuen.

Deus, qui néminem in te sperántem nímium afflígi permíttis, sed pium précibus præstas audítum: pro postulatiónibus nostris, votísque suscéptis grátias ágimus; te piíssime deprecántes, ut a cunctis semper muniámur advérsis. Per Christum Dóminum nostrum. ℟. Amen.

Gott, der Du nicht erlaubst, dass jene, die auf Dich hoffen, zu sehr bedrängt werden, sondern ihren Bitten gütig Gehör schenkst; wir sagen Dir Dank für alles, was wir aufgrund unserer Bitten und Wünsche erlangt haben, und flehen Dich in Liebe an, dass wir allzeit vor allen Widerwärtigkeiten geschützt seien. Durch Christus, unsern Herrn. ℟. Amen.

4. Am Ende besprengt der Priester das Jubelpaar mit Weihwasser und spricht über sie den Segen:

Benedíctio Dei omnipoténtis, Patris, et Fílii ✠ et Spíritus Sancti, descéndat super vos, et máneat semper. ℟. Amen.

Der Segen des allmächtigen Gottes, des Vaters und des Sohnes und des Heiligen Geistes, komme über euch und bleibe bei euch allezeit. ℟. Amen.

Abschließend sagt er:

Ite in pace, et Dóminus sit semper vobíscum. ℟. Amen.

Geht hin in Frieden, und der Herr sei allezeit mit euch. ℟. Amen.

Segnungen und Weihungen im Kirchenjahr

Segnung von Wein

am Fest des hl. Apostels Johannes

Die lateinischen Texte stimmen mit dem Rituale Romanum überein.
Die deutsche Übersetzung ist zum privaten Gebrauch der Gläubigen gedacht.

Am Ende der hl. Messe, nach dem Schlussevangelium, legt der Priester nur den Manipel ab. Dann segnet er den Wein, der vom Volk gebracht wurde, zum Gedenken und zu Ehren des hl. Apostels Johannes, der unbeschadet vergifteten Wein getrunken hat.

Psalm 22

Dóminus regit me, et nihil mihi déerit: * in loco páscuæ ibi me collocávit.

2. Super aquam refectiónis educávit me: * ánimam meam convértit.

3. Dedúxit me super sémitas iustítiæ, * propter nomen suum.

4. Nam, et si ambulávero in médio umbræ mortis, non timébo mala: * quóniam tu mecum es.

5. Virga tua, et báculus tuus: * ipsa me consoláta sunt.

6. Parásti in conspéctu meo mensam, * advérsus eos, qui tríbulant me.

7. Impinguásti in óleo caput meum: * et calix meus inébrians quam præclárus est!

1. Der Herr leitet mich, und nichts wird mir mangeln, * auf einem Weideplatz, dort ließ er mich lagern.

2. Beim Wasser der Erquickung zog er mich auf, * meine Seele hat er bekehrt.

3. Er hat mich geleitet auf Pfade der Gerechtigkeit * um seines Namens willen.

4. Denn muss ich auch wandeln inmitten von Todesschatten, will ich kein Unheil fürchten, * denn Du bist bei mir.

5. Dein Stab und Dein Stock, * sie haben mich getröstet.

6. Vor meinem Angesicht hast Du den Tisch bereitet * wider jene, die mich bedrängen.

7. Mit Öl hast Du mein Haupt gesalbt, * und mein berauschender Kelch, wie herrlich ist er!

8. Et misericórdia tua subsequétur me * ómnibus diébus vitæ meæ:
9. Et ut inhábitem in domo Dómini, * in longitúdinem diérum.
10. Glória Patri et Fílio, * et Spirítui Sancto.
11. Sicut erat in princípio, et nunc et semper, * et in sǽcula sæculórum. Amen.

8. Und Dein Erbarmen wird mir folgen * alle Tage meines Lebens,
9. dass ich wohnen darf im Haus des Herrn * für die Länge der Tage.
10. Ehre sei dem Vater und dem Sohn * und dem Heiligen Geist.
11. Wie es war im Anfang, so auch jetzt und allezeit * und in Ewigkeit. Amen.

℣. Kýrie, eléison.
℟. Christe, eléison.
Kýrie, eléison.

℣. Herr, erbarme Dich.
℟. Christus, erbarme Dich.
Herr, erbarme Dich.

℣. Pater noster

℣. Vater unser

Man betet still weiter bis:

Et ne nos indúcas in tentatiónem.
℟. Sed líbera nos a malo.

Und führe uns nicht in Versuchung.
℟. Sondern erlöse uns von dem Bösen.

℣. Salvos fac servos tuos.

℣. Deinen Dienern gewähre Heil.

℟. Deus meus, sperántes in te.

℟. Denn sie hoffen auf Dich, mein Gott.

℣. Mitte eis, Dómine, auxílium de sancto.
℟. Et de Sion tuére eos.

℣. Sende ihnen Hilfe, o Herr, vom Heiligtum.
℟. Und vom Sion her beschütze sie.

℣. Nihil profíciat inimícus in eis.

℣. Nichts vermöge der Feind wider sie.

℟. Et fílius iniquitátis non appónat nocére eis.

℣. Et si mortíferum quid bíberint.
℟. Non eis nocébit.

℣. Dómine, exáudi oratiónem meam.
℟. Et clamor meus ad te véniat.

℣. Dóminus vobíscum.
℟. Et cum spíritu tuo.

Orémus.

Dómine, sancte Pater omnípotens ætérne Deus: qui Fílium tuum tibi coætérnum et consubstantiálem de cælis descéndere, et de sacratíssima Vírgine María in hoc témpore plenitúdinis incarnári voluísti, ut ovem pérditam et errántem quæreret, et in húmeris própriis ad ovíle reportáret; nec non ut eum, qui in latrónes íncidit, a vúlnerum suórum dolóre, infúndens ipsi vinum et óleum, curáret; béne ✠ dic et sanctí ✠ fica hoc vinum: quod de vite in potum hóminum pro-

℟. Und der Sohn der Bosheit schade ihnen nicht.

℣. Und wenn sie etwas Tödliches trinken.
℟. Wird es ihnen nicht schaden.

℣. Herr, erhöre mein Gebet.
℟. Und lass mein Rufen zu Dir kommen.

℣. Der Herr sei mit euch.
℟. Und mit deinem Geiste.

Lasset uns beten.

Herr, heiliger Vater, allmächtiger ewiger Gott, der Du wolltest, dass Dein Dir gleichewiger und wesensgleicher Sohn vom Himmel herabsteige, und aus der allerseligsten Jungfrau Maria in der Fülle der Zeit Fleisch werde, um das verlorene und umherirrende Schaf zu suchen und es auf seinen eigenen Schultern zum Schafstall zurückzubringen, und auch um den, der unter die Räuber gefallen war, ihm Wein und Öl eingießend, vom Schmerz seiner Wunden zu heilen;

duxísti, et præsta: ut, quisquis in hac sacra solemnitáte de eo súmpserit vel bíberit, salútem ánimæ et córporis consequátur: et si in peregrinatióne fúerit, ab eódem, tua grátia mediánte, confortétur; ut via eius in omni prosperitáte dirigátur. Per eúndem Christum Dóminum nostrum. ℟. Amen.

segne und heilige diesen Wein, den Du vom Weinstock zum Trank für die Menschen hervorgebracht hast, und gewähre, dass jeder, der an diesem Fest davon nimmt oder trinkt, Heil für Seele und Leib erlange, und wenn er in der Fremde ist, er davon mit Hilfe Deiner Gnade gestärkt werde, auf dass sein Weg in allem Wohlergehen gelenkt werde. Durch ihn, Christus, unseren Herrn. ℟. Amen.

Orémus.

Dómine Iesu Christe, qui te vitem veram, et sanctos Apóstolos tuos pálmites appellári, et de ómnibus te diligéntibus víneam eléctam plantáre voluísti; béne ✠ dic hoc vinum, et virtútem ei tuæ benedictiónis infúnde: ut, quicúmque ex eo súmpserit vel bíberit, intercedénte dilécto discípulo tuo Ioánne Apóstolo et Evangelísta, síngulis morbis et venénis pestíferis effugátis, sanitátem inde córporis et ánimæ consequátur: Qui

Lasset uns beten.

Herr Jesus Christus, der Du Dich selber den wahren Weinstock und Deine Apostel Rebzweige nennen und aus all jenen, die Dich lieben, einen erlesenen Weinberg pflanzen wolltest; segne diesen Wein und gieße ihm die Kraft Deines Segens ein, auf dass, wer immer davon nimmt oder trinkt, durch den Beistand Deines geliebten Jüngers, des Apostels und Evangelisten Johannes, allen Krankheiten und verderb-

vivis et regnas in sǽcula sæculórum. ℟. Amen.

lichen Giften entrinne und daraus Heil für Leib und Seele erlange. Der Du lebst und herrschest in alle Ewigkeit. ℟. Amen.

Orémus.

Deus, qui humáno géneri panem in cibum, et vinum in potum procreásti, ut panis corpus confórtet, et vinum cor hóminis lætíficet; quique beáto Ioánni prædilécto discípulo tuo tantam grátiam contulísti, ut non solum haustum venéni illǽsus eváderet, sed étiam in tua virtúte venéno prostrátos a morte resuscitáret: præsta ómnibus hoc vinum bibéntibus, ut spirituálem lætítiam et vitam cónsequi mereántur ætérnam. Per Dóminum. ℟. Amen.

Lasset uns beten.

Gott, der Du für das Menschengeschlecht das Brot zur Speise und den Wein zum Trank erschaffen hast, damit das Brot den Leib stärke und der Wein des Menschen Herz erfreue, und der Du Deinem vielgeliebten Jünger Johannes so viel Gnade erwiesen hast, dass er nicht nur den Gifttrank unbeschadet überstand, sondern auch in Deiner Kraft durch Gift Niedergestreckte vom Tod erweckt hat; gewähre allen, die von diesem Wein trinken, dass sie geistliche Freude und das ewige Leben zu erlangen vermögen. Durch unseren Herrn. ℟. Amen.

Und er besprengt den Wein mit Weihwasser.

Wasserweihe zur Vigil von Epiphanie

Die lateinischen Texte und die Noten
stimmen mit dem Rituale Romanum überein.
Die deutsche Übersetzung ist zum privaten Gebrauch der Gläubigen gedacht.

Zum Gedächtnis an die Taufe Jesu im Jordan wird am Vortag des Festes der Erscheinung des Herrn feierlich Wasser geweiht.

Der Priester ist bekleidet mit weißer Stola und weißem Rauchmantel. Diakon und Subdiakon tragen weiße Dalmatik bzw. Tunicella. Die Akolythen mit Kerzen und das Prozessionskreuz gehen voran zu einem Ort nahe beim Hochaltar, wo für die Weihe ein Gefäß mit Wasser und eine Schale mit Salz bereit stehen.

Zunächst singen alle kniend die Allerheiligenlitanei.

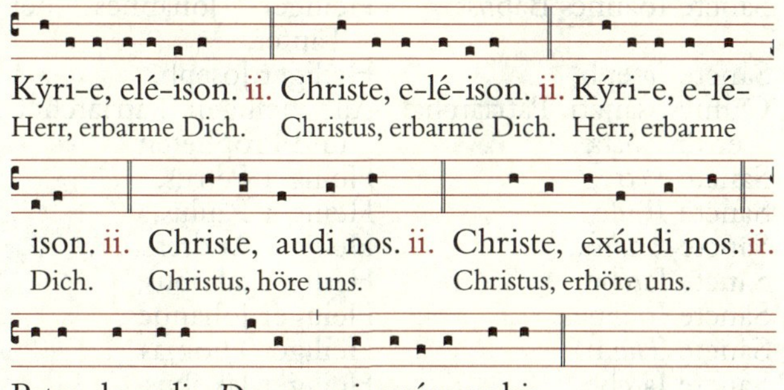

Fili, Redémptor mundi, *De*us,	Gott Sohn, Erlöser der Welt,
Spíritus Sancte, *De*us,	Gott Heiliger Geist,
Sancta Trínitas, unus *De*us,	Heilige Dreifaltigkeit, ein einiger Gott,

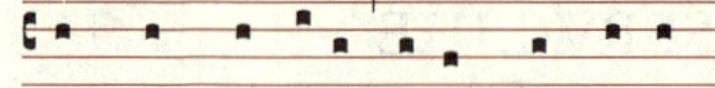

Sancta Ma-*rí*-a, ora pro nobis.
Heilige Maria, bitte für uns.

Sancta Dei *Gé*netrix,	Heilige Gottesgebärerin,
Sancta Virgo *vír*ginum,	Heilige Jungfrau der Jungfrauen,
Sancte *Mí*chaël,	Heiliger Michael,
Sancte *Gá*briël,	Heiliger Gabriel,
Sancte *Rá*phaël,	Heiliger Raphael,
Omnes sancti Angeli et Arch*án*geli,	Alle heiligen Engel und Erzengel,
oráte pro nobis.	bittet für uns.
Omnes sancti beatórum Spiritúum *ór*dines,	Alle heiligen Chöre der seligen Geister,
Sancte Ioánnes Bap*tís*ta,	Heiliger Johannes der Täufer,
Sancte *Io*seph,	Heiliger Joseph,
Omnes sancti Patriárchæ et Pro*phé*tæ,	Alle heiligen Patriarchen und Propheten,
Sancte *Pe*tre,	Heiliger Petrus,
Sancte *Pau*le,	Heiliger Paulus,
Sancte An*dré*a,	Heiliger Andreas,
Sancte Ia*có*be,	Heiliger Jakobus,
Sancte Io*án*nes,	Heiliger Johannes,
Sancte *Tho*ma,	Heiliger Thomas,
Sancte Ia*có*be,	Heiliger Jakobus,
Sancte Phi*líp*pe,	Heiliger Philippus,
Sancte Bartholo*mǽ*e,	Heiliger Bartholomäus,
Sancte Mat*thǽ*e,	Heiliger Matthäus,
Sancte *Si*mon,	Heiliger Simon,
Sancte Thad*dǽ*e,	Heiliger Thaddäus,
Sancte Mat*thí*a,	Heiliger Matthias,
Sancte *Bár*naba,	Heiliger Barnabas,

Sancte *Lu*ca,	Heiliger Lukas,
Sancte *Mar*ce,	Heiliger Markus,
Omnes sancti Apóstoli et Evange*lís*tæ,	Alle heiligen Apostel und Evangelisten,
Omnes sancti Discípuli *Dó*mini,	Alle heiligen Jünger des Herrn,
Omnes sancti Inno*cén*tes,	Alle heiligen Unschuldigen Kinder,
Sancte *Sté*phane,	Heiliger Stephanus,
Sancte Lau*rén*ti,	Heiliger Laurentius,
Sancte Vin*cén*ti,	Heiliger Vincentius,
Sancti Fabiáne et Sebasti*á*ne,	Heiliger Fabian und Sebastian,
Sancti Ioánnes et *Pau*le,	Heiliger Johannes und Paulus,
Sancti Cosma et Dami*á*ne,	Heiliger Kosmas und Damian,
Sancti Gervási et Prot*á*si,	Heiliger Gervasius und Protasius,
Omnes sancti *Már*tyres,	Alle heiligen Martyrer,
Sancte Sil*vés*ter,	Heiliger Silvester,
Sancte Gre*gó*ri,	Heiliger Gregorius,
Sancte Am*bró*si,	Heiliger Ambrosius,
Sancte Augus*tí*ne,	Heiliger Augustinus,
Sancte Hie*ró*nyme,	Heiliger Hieronymus,
Sancte Mar*tí*ne,	Heiliger Martinus,
Sancte Nico*lá*e,	Heiliger Nikolaus,
Omnes sancti Pontífices et Confes*só*res,	Alle heiligen Bischöfe und Bekenner,
Omnes sancti Doc*tó*res,	Alle heiligen Kirchenlehrer,
Sancte An*tó*ni,	Heiliger Antonius,
Sancte Bene*díc*te,	Heiliger Benediktus,
Sancte Ber*nár*de,	Heiliger Bernardus,
Sancte Do*mí*nice,	Heiliger Dominikus,
Sancte Fran*cís*ce,	Heiliger Franziskus,

Omnes sancti Sacerdótes et Le*ví*tæ,	Alle heiligen Priester und Leviten,
Omnes sancti Mónachi et Ere*mí*tæ,	Alle heiligen Mönche und Einsiedler,
Sancta María Magda*lé*na,	Heilige Maria Magdalena,
Sancta *A*gatha,	Heilige Agatha,
Sancta *Lú*cia,	Heilige Lucia,
Sancta *A*gnes,	Heilige Agnes,
Sancta Cæ*cí*lia,	Heilige Cäcilia,
Sancta Catha*rí*na,	Heilige Katharina,
Sancta Anas*tá*sia,	Heilige Anastasia,
Omnes sanctæ Vírgines et *Ví*duæ,	Alle heiligen Jungfrauen und Witwen,
Omnes Sancti et Sanctæ *De*i,	Alle Heiligen Gottes,
intercédite pro nobis.	tretet für uns ein.

Propí-*ti*-us **es**to, parce no-bis, Dómine.
Sei uns gnädig, verschone uns, o Herr.

Propí-*ti*-us **es**to, exáu-di nos Dómine.
Sei uns gnädig, erhöre uns, o Herr.

Ab *om*ni **ma**-lo, lí-be- ra nos Dómine.
Von allem Übel, erlöse uns, o Herr.

Ab om*ni* pec**cá**to,	Von aller Sünde,
Ab *i*ra **tu**a,	Von Deinem Zorne,
A subitánea et impro*ví*sa **mor**te,	Von einem jähen und unversehenen Tode,
Ab insídi*is* di**á**boli,	Von den Nachstellungen des Teufels,
Ab ira, et ódio, et omni mala *vo*lun**tá**te,	Von Zorn, Hass und allem bösen Willen,
A spíritu forni*ca*ti**ó**nis,	Vom Geist der Unzucht,

A fúlgure et *tem*pes**tá**te,	Von Blitz und Ungewitter,
A flagéllo *ter*ræ**mó**tus,	Von der Geißel des Erdbebens,
A peste, fam*e* et **bel**lo,	Von Pest, Hunger und Krieg,
A mor*te* per**pé**tua,	Vom ewigen Tode,
Per mystérium sanctæ incarnati*ó*nis **tu**æ,	Durch das Geheimnis Deiner heiligen Menschwerdung,
Per ad*vén*tum **tu**um,	Durch Deine Ankunft,
Per nativi*tá*tem **tu**am,	Durch Deine Geburt,
Per baptísmum et sanctum ieiú*ni*um **tu**um,	Durch Deine Taufe und Dein heiliges Fasten,
Per crucem et passi*ó*nem **tu**am,	Durch Dein Kreuz und Leiden,
Per mortem et sepul*tú*ram **tu**am,	Durch Deinen Tod und Dein Begräbnis,
Per sanctam resurrecti*ó*nem **tu**am,	Durch Deine heilige Auferstehung,
Per admirábilem ascensi*ó*nem **tu**am,	Durch Deine wunderbare Himmelfahrt,
Per advéntum Spíritus Sanc*ti* Pa**rá**cliti,	Durch die Ankunft des Hl. Geistes, des Trösters,
In di*e* iu**dí**cii,	Am Tage des Gerichtes,

Pec*ca*-**tó**res, te rogámus audi nos.
Wir armen Sünder, wir bitten Dich erhöre uns.

Ut no*bis* **par**cas,	Dass Du uns verschonest,
Ut nobis *in***dúl**geas,	Dass Du uns vergebest,
Ut ad veram pœniténtiam nos perdúcere *dig***né**ris,	Dass Du uns zu wahrer Buße führen wollest,
Ut Ecclésiam tuam sanctam régere et conserváre *dig***né**ris,	Dass Du Deine heilige Kirche regieren und erhalten wollest,

Ut Domnum Apostólicum et omnes ecclesiásticos órdines in sancta religióne conserváre _dig_**né**ris,	Dass Du den Apostolischen Oberhirten und alle Stände der Kirche in der heiligen Religion erhalten wollest,
Ut inimícos sanctæ Ecclésiæ humiliáre _dig_**né**ris,	Dass Du die Feinde der heiligen Kirche demütigen wollest,
Ut régibus et princípibus christiánis pacem et veram concórdiam donáre _dig_**né**ris,	Dass Du den christlichen Königen und Fürsten Frieden und wahre Eintracht schenken wollest,
Ut cuncto pópulo christiáno pacem et unitátem largíri _dig_**né**ris,	Dass Du dem ganzen christlichen Volke Frieden und Einigkeit verleihen wollest,
Ut omnes errántes ad unitátem Ecclésiæ revocáre, et infidéles univérsos ad Evangélii lumen perdúcere _dig_**né**ris,	Dass Du alle Irrenden zur Einheit der Kirche zurückrufen und alle Ungläubigen zum Lichte des Evangeliums führen wollest,
Ut nosmetípsos in tuo sancto servítio confortáre et conserváre _dig_**né**ris,	Dass Du uns in Deinem heiligen Dienste stärken und erhalten wollest,
Ut mentes nostras ad cæléstia desidéri_a_ **é**rigas,	Dass Du unsre Herzen zu himmlischen Begierden erhebest,
Ut ómnibus benefactóribus nostris sempitérna bona _re_**trí**buas,	Dass Du all unsre Wohltäter mit den ewigen Gütern belohnest,
Ut ánimas nostras, fratrum, propinquórum et benefactórum nostrórum ab ætérna damnatióne _e_**rí**pias,	Dass Du unsre Seelen und die Seelen unsrer Brüder, Verwandten und Wohltäter vor der ewigen Verdammnis bewahrest,

Ut fructus terræ dare et conserváre *dig***né**ris,	Dass Du die Früchte der Erde geben und erhalten wollest,
Ut ómnibus fidélibus defúnctis réquiem ætérnam donáre *dig***né**ris,	Dass Du allen verstorbenen Gläubigen die ewige Ruhe verleihen wollest,

Der Zelebrant erhebt sich und singt, zum Wasser hingewandt, die beiden folgenden Segnungen, wobei er zur zweiten seine Stimme um einen Ton erhöht:

Ut hanc aquam bene ✠ dícere *dig***né**ris,	Dass Du dieses Wasser segnen wollest,
Ut hanc aquam bene ✠ dícere et sancti ✠ ficáre *dig***né**ris,	Dass Du dieses Wasser segnen und heiligen wollest,

Die Vorsänger fahren fort:

Ut nos exaudíre *dig***né**ris, Fi*li* **De**i,	Dass Du uns erhören wollest, Sohn Gottes,

Agnus Dei, qui tollis peccáta mundi, parce **no**bis Dómine.
Lamm Gottes, das Du hinwegnimmst die Sünden der Welt, verschone uns, o Herr.
Agnus Dei, qui tollis peccáta mundi, exáu**di** nos Dómine.
Lamm Gottes, das Du hinwegnimmst die Sünden der Welt, erhöre uns, o Herr.
Agnus Dei, qui tollis peccáta mundi, mise**ré**re nobis.
Lamm Gottes, das Du hinwegnimmst die Sünden der Welt, erbarme Dich unser.

Christe, audi nos. Christe exáudi nos.
Christus, höre uns. Christus erhöre uns.

Kýri-e, elé-ison. Christe, elé-ison. Kýri-e, e-lé-i-son.
Herr, erbarme Dich. Christus, erbarme Dich. Herr, erbarme Dich.

℣. Pater noster

℣. Vater unser

Man betet still weiter bis:

Et ne nos indúcas in tentatiónem.
℟. Sed líbera nos a malo.

Und führe uns nicht in Versuchung.
℟. Sondern erlöse uns von dem Bösen.

Danach singt man die folgenden Psalmen:

Psalm 28

VI.

Afférte Dómino, fí-li-**i** De- i: * afférte Dómino fí-li-*os* **a**-rí-etum.
Bringt dar dem Herrn, ihr Söhne Gottes; * bringt dar dem Herrn junge Widder.

2. Afférte Dómino glóriam et honórem, afférte Dómino glóriam nómi**ni** eius; * adoráte Dóminum in átrio *sanc***to** eius.
3. Vox Dómini super aquas, Deus maiestátis **in**tónuit; * Dóminus super *a***qua**s multas.
4. Vox Dómini in **vir**túte, * vox Dómini in mag*ni*-**fi**céntia.
5. Vox Dómini confrin-gén**tis** cedros * et confrínget Dóminus *ce***dros** Líbani.

2. Bringt dar dem Herrn Ruhm und Ehre, bringt dar dem Herrn den Ruhm seines Namens, * betet an den Herrn in seinem heiligen Hof.
3. Die Stimme des Herrn ist über den Wassern, der Gott der Hoheit hat gedonnert, * der Herr über vielen Wassern.
4. Die Stimme des Herrn in Kraft, * die Stimme des Herrn in Hoheit.
5. Die Stimme des Herrn, der Zedern zerschmettert, * und zerschmettern wird der Herr die Zedern des Libanon.

6. Et commínuet eas tamquam vítu**lum** Líbani; * et diléctus, quemádmodum fílius *u***ni**córnium.
7. Vox Dómini intercidéntis flam**mam** ignis; * vox Dómini concutiéntis desértum et commovébit Dóminus de*sér***tum** Cades.
8. Vox Dómini præparántis cervos et revelábit **con**dénsa: * et in templo eius omnes *di***cent** glóriam.
9. Dóminus dilúvium inhabitá**re** facit * et sedébit Dóminus rex *in* **æ**térnum.
10. Dóminus virtútem pópulo su**o** dabit, * Dóminus benedícet pópulo su*o* **in** pace.
11. Glória Patri **et** Fílio, * et Spirí*tu***i** Sancto.
12. Sicut erat in princípio, et nunc **et** semper, * et in sǽcula sæcu*ló***rum**. Amen.

6. Und zermalmen wird er sie wie das Kalb des Libanon, * und der Geliebte wird sein wie ein Sohn von Einhörnern.
7. Die Stimme des Herrn, der die Flamme des Feuers zerteilt, * die Stimme des Herrn, der die Wüste erschüttert, und erschüttern wird der Herr die Wüste Kades.
8. Die Stimme des Herrn, der Hirsche in Wehen bringt und das Dickicht der Wälder lichtet, * und in seinem Tempel sagen alle Lob.
9. Der Herr macht die Wasserflut bewohnbar, * und der Herr wird thronen als König in Ewigkeit.
10. Der Herr wird Kraft geben seinem Volk, * der Herr wird segnen sein Volk in Frieden.
11. Ehre sei dem Vater und dem Sohn * und dem Heiligen Geist.
12. Wie es war im Anfang, so auch jetzt und allezeit * und in Ewigkeit. Amen.

Psalm 45

1. Deus noster refúgium **et** virtus; * adiútor in tribulatiónibus, quæ invené*runt* **nos** nimis.
2. Proptérea non timébimus, dum turbábi**tur** terra: * et transferéntur montes *in* **cor** maris.

1. Unser Gott ist Zuflucht und Stärke, * ein Helfer in Drangsalen, die uns hart getroffen.
2. Deshalb fürchten wir uns nicht, wenn auch die Erde bebt * und Berge versetzt werden ins Herz des Meeres.

3. Sonuérunt et turbátæ sunt aquæ **e**órum; * conturbáti sunt montes in fortitú*di***ne** eius.
4. Flúminis ímpetus lætíficat civitá**tem** Dei; * sanctificávit tabernáculum su*um* **Al**tíssimus.
5. Deus in médio eius, non com**mo**vébitur; * adiuvábit eam Deus ma*ne* **di**lúculo.
6. Conturbátæ sunt gentes et inclináta **sunt** regna; * dedit vocem suam, mo*ta* **est** terra.
7. Dóminus virtútum **no**bíscum, * suscéptor noster *De***us** Iacob.
8. Veníte et vidéte ópera Dómini, quæ pósuit prodígia su**per** terram: * áuferens bella usque ad *fi***nem** terræ.
9. Arcum cónteret et confrín**get** arma, * et scuta com*bú***ret** igni.
10. Vacáte et vidéte, quóniam ego **sum** Deus; * exaltábor in géntibus et exaltá*bor* **in** terra.
11. Dóminus virtútum **no**bíscum, * suscéptor noster *De***us** Iacob.
12. Glória Patri **et** Fílio, * et Spirí*tu***i** Sancto.
13. Sicut erat in princípio, et nunc **et** semper, * et in sǽcula sæcu*ló***rum**. Amen.

3. Es tosten und wallten auf ihre Wasser, * die Berge erbebten durch seine Kraft.
4. Des Flusses Strom erfreut die Gottesstadt, * der Allerhöchste hat sein Zelt geheiligt.
5. Gott ist in ihrer Mitte, sie wird nicht wanken, * helfen wird ihr Gott frühmorgens bei der Dämmerung.
6. Erschüttert wurden Völker und Königreiche gebeugt. * Er ließ seine Stimme erschallen, da bebte die Erde.
7. Der Herr der Heerscharen ist mit uns, * unser Schutzherr ist der Gott Jakobs.
8. Kommt und schaut die Werke des Herrn, welche Wunder er auf Erden gewirkt hat, * der hinwegnimmt die Kriege bis ans Ende der Erde.
9. Den Bogen zerbricht er und zerschlägt die Waffen, * und die Schilde verbrennt er im Feuer.
10. Haltet inne und schaut, denn ich bin Gott; * ich werde erhöht bei den Völkern, und ich werde erhöht auf der Erde.
11. Der Herr der Heerscharen ist mit uns, * unser Beistand ist der Gott Jakobs.
12. Ehre sei dem Vater und dem Sohn * und dem Heiligen Geist.
13. Wie es war im Anfang, so auch jetzt und allezeit * und in Ewigkeit. Amen.

Psalm 146

1. Laudáte Dóminum, quóniam bonus **est** psalmus; * Deo nostro sit iucúnda decóra*que* **lau**dátio.
2. Ædíficans Ierúsa**lem** Dóminus, * dispersiónes Israélis *con***gre**gábit.
3. Qui sanat contrí**tos** corde * et álligat contritió*nes* **e**órum.
4. Qui númerat multitúdinem **stel**lárum * et ómnibus eis nó*mi***na** vocat.
5. Magnus Dóminus noster et magna vir**tus** eius, * et sapiéntiæ eius *non* **est** númerus.
6. Suscípiens mansué**tos** Dóminus: * humílians autem peccatóres us*que* **ad** terram.
7. Præcínite Dómino in confes**si**óne, * psállite Deo nos*tro* **in** cíthara.
8. Qui óperit cæ**lum** núbibus * et parat *ter***ræ** plúviam.
9. Qui prodúcit in mónti**bus** fœnum * et herbam servi*tú***ti** hóminum;
10. Qui dat iuméntis escam **ip**sórum * et pullis corvórum invocán*ti***bus** eum.

1. Lobet den Herrn, denn gut ist ein Psalm, * unserem Gott sei sein lieblicher und schöner Lobgesang.
2. Der Herr ist es, der Jerusalem aufbaut, * die Zerstreuungen Israels wird er sammeln,
3. der die heilt, die zerknirschten Herzens sind * und ihre Wunden verbindet,
4. der die Menge der Sterne zählt * und sie alle mit Namen ruft.
5. Groß ist unser Herr und groß ist seine Macht, * und seiner Weisheit ist kein Maß.
6. Der Herr ist es, der die Sanftmütigen aufnimmt, * die Sünder aber erniedrigt bis zur Erde.
7. Spielt vor dem Herrn mit Lobpreis, * spielt unserem Gott mit der Zither,
8. der den Himmel mit Wolken bedeckt * und für die Erde Regen bereitet,
9. der auf den Bergen Gras hervorbringt * und Kraut zum Dienst der Menschen,
10. der dem Vieh seine Nahrung gibt * und den Jungen der Raben, die zu ihm rufen.

11. Non in fortitúdine equi voluntátem **ha**bébit * nec in tíbiis viri beneplácitum *e***rit** ei;
12. Beneplácitum est Dómino super timén**tes** eum * et in eis, qui sperant super misericór*di***a** eius.
13. Glória Patri **et** Fílio, * et Spirí*tu***i** Sancto.
14. Sicut erat in princípio, et nunc **et** semper, * et in sǽcula sæcu*ló***rum**. Amen.

11. Nicht an der Kraft des Pferdes wird er Freude haben, * noch an den Schenkeln des Mannes wird sein Wohlgefallen sein.
12. Wohlgefallen hat der Herr an denen, die ihn fürchten, * und an denen, die auf seine Barmherzigkeit hoffen.
13. Ehre sei dem Vater und dem Sohn * und dem Heiligen Geist.
14. Wie es war im Anfang, so auch jetzt und allezeit * und in Ewigkeit. Amen.

Danach betet der Priester einen Exorzismus.

Insbesondere bei den Exorzismen ist zu beachten, dass die Übersetzung nur zum Verständnis, jedoch keinesfalls zum Gebrauch der Gläubigen gedacht ist.

Exorcizámus te, omnis immúnde spíritus, omnis satánica potéstas, omnis incúrsio infernális adversárii, omnis légio, omnis congregátio et secta diabólica, in nómine et virtúte Dómini nostri Iesu ✠ Christi, eradicáre et effugáre a Dei Ecclésia, ab ómnibus ad imáginem Dei cónditis ac pretióso divíni Agni sánguine redémptis ✠. Non ultra áudeas, serpens callidíssime, decípere humánum genus,

Wir beschwören dich, unreiner Geist, jede teuflische Macht, jeden Einfluss des höllischen Feindes, jede teuflische Heerschar und Bande, im Namen und in der Kraft unseres Herrn Jesus Christus: Verschwinde und hebe dich hinweg von der Kirche Gottes, von allen, die nach Gottes Ebenbild geschaffen und durch das kostbare Blut des göttlichen Lammes erlöst sind. Wage ferner nicht, du hinterlistige Schlange, das Menschengeschlecht zu be-

Dei Ecclésiam pérsequi, ac Dei eléctos excútere et cribráre sicut tríticum ✠. Imperat tibi Deus altissímus ✠, cui in magna tua supérbia te símilem habéri adhuc præsúmis; qui omnes hómines vult salvos fieri, et ad agnitiónem veritátis veníre. Imperat tibi Deus Pater ✠. Imperat tibi Deus Fílius ✠. Imperat tibi Deus Spíritus Sanctus ✠. Imperat tibi maiéstas Christi, ætérnum Dei Verbum caro factum ✠, qui pro salúte géneris nostri tua invídia pérditi, humiliávit semetípsum factus obédiens usque ad mortem; qui Ecclésiam suam ædificávit supra firmam petram, et portas ínferi advérsus eam numquam esse prævalitúras edíxit et cum ea ipse permansúrus ómnibus diébus usque ad consummatiónem sǽculi. Imperat tibi sacraméntum Crucis ✠, omniúmque christiánæ fídei Mysteriórum virtus ✠. Imperat tibi excélsa Dei Génetrix Virgo María ✠, quæ superbíssimum caput tuum

trügen, die Kirche Gottes zu verfolgen und die Auserwählten Gottes zu schütteln und zu beuteln wie den Weizen. Gott, der Allerhöchste, gebietet dir, denn in deinem großen Übermut maßest du dir immer noch an, ihm gleich zu gelten; er aber will, dass alle Menschen selig werden und zur Erkenntnis der Wahrheit kommen. Gott Vater gebietet dir, Gott Sohn gebietet dir, Gott der Heilige Geist gebietet dir. Es gebietet dir die Majestät Christi, Gottes ewiges Wort, das Fleisch geworden ist für das Heil unseres Geschlechtes, das durch deinen Neid verloren war. Er erniedrigte sich selbst und übte Gehorsam bis zum Tod. Er baute seine Kirche auf festem Felsen und verkündete, die Pforten der Hölle würden sie niemals überwältigen, denn er selbst werde bei ihr bleiben alle Tage bis ans Ende der Welt. Es gebietet dir das Heiligtum des Kreuzes und die Kraft aller Geheimnisse des christlichen Glaubens. Es gebietet dir die hehre Jungfrau und Gottesmutter Maria, denn sie hat

a primo instánti immaculátæ suæ conceptiónis in sua humilitáte contrívit. Imperat tibi fides sanctórum Apostolórum Petri et Pauli, et ceterórum Apostolórum ✠. Imperat tibi Mártyrum sanguis, ac pia Sanctórum et Sanctárum ómnium intercéssio ✠.

vom ersten Augenblick ihrer unbefleckten Empfängnis dein stolzes Haupt in ihrer Demut zertreten. Es gebietet dir der Glaube der heiligen Apostel Petrus und Paulus und aller übrigen Apostel. Es gebietet dir das Blut der Martyrer und die fromme Fürbitte aller Heiligen.

Ergo, draco maledícte et omnis légio diabólica, adiurámus te per Deum ✠ vivum, per Deum ✠ verum, per Deum ✠ sanctum, per Deum, qui sic diléxit mundum, ut Fílium suum unigénitum daret, ut omnis qui credit in eum non péreat, sed hábeat vitam ætérnam; cessa decípere humánas creatúras, eísque ætérnæ perditiónis venénum propináre: désine Ecclésiæ nocére, et eius libertáti láqueos inícere. Vade, sátana, invéntor et magíster omnis falláciæ, hostis humánæ salútis. Da locum Christo, in quo nihil inveRísti de opéribus tuis; da locum Ecclésiæ, uni, sanctæ, cathólicæ et apostólicæ, quam Christus

Also beschwören wir dich, verfluchter Drache und deine ganze teuflische Heerschar, durch den lebendigen Gott, durch den wahren Gott, durch den heiligen Gott; denn also hat er die Welt geliebt, dass er seinen eingeborenen Sohn dahingab, auf dass niemand, der an ihn glaubt, verloren gehe, sondern das ewige Leben habe. Höre auf, die Menschen zu betrügen und ihnen das Gift des ewigen Verderbens zu reichen. Höre auf, der Kirche zu schaden und ihre Freiheit in Fesseln zu schlagen! Fort mit dir, Satan, Erfinder und Meister jeden Truges, Feind des menschlichen Heiles! Gib Raum unserem Herrn Jesus Christus, denn an ihm hast du nichts gefunden von deinen Werken;

ipse acquisívit sánguine suo. Humiliáre sub poténti manu Dei; contremísce et éffuge, invocáto a nobis sancto et terríbili nómine Iesu, quem ínferi tremunt, cui Virtútes et Potestátes et Dominatiónes subiéctæ sunt; quem Chérubim et Séraphim indeféssis vócibus laudant, dicéntes: Sanctus, Sanctus, Sanctus Dóminus Deus Sábaoth.

gib Raum der einen, heiligen, katholischen und apostolischen Kirche, denn Christus selbst hat sie gewonnen durch sein Blut. Demütige dich unter der mächtigen Hand Gottes; erzittere und entweiche, da wir den heiligen furchtbaren Namen Jesu anrufen: Vor ihm bebt die Hölle, ihm sind die Kräfte und Mächte und Herrschaften unterworfen; ihn preisen die Cherubim und die Seraphim mit nimmer ermüdender Stimme rufend: Heilig, heilig, heilig ist der Herr, der Gott Sabaoth.

Danach singt die Schola die folgende Antiphon:

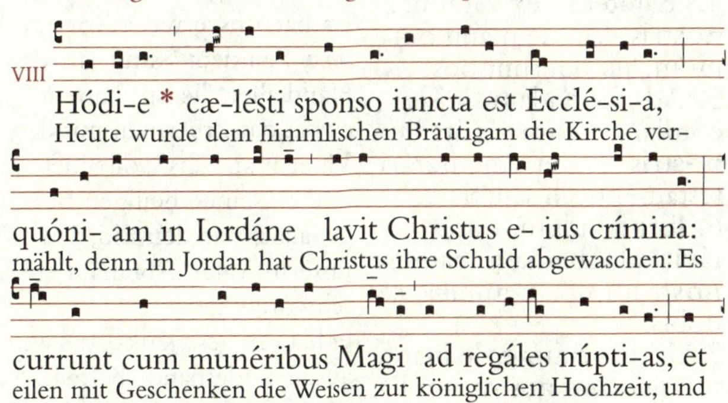

ex aqua facto vino, lætántur convívæ, allelú-ia.
an dem zu Wein gewordenen Wasser erfreuen sich die Gäste, alleluja.

Findet die Weihe am Vormittag statt, singt man den Lobgesang des Zacharias *(Lk 1, 68-79)*. Währenddessen kann, wie zu den feierlichen Laudes, der Altar inzensiert werden.

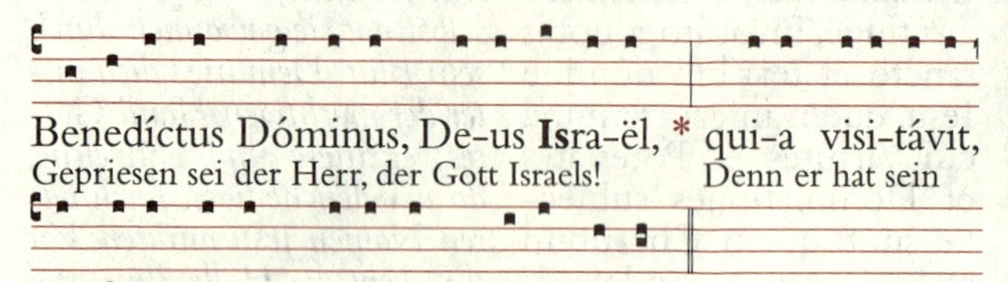

Benedíctus Dóminus, De-us **Is**ra-ël, * qui-a visi-távit,
Gepriesen sei der Herr, der Gott Israels! Denn er hat sein

et fecit redempti-ónem *ple*bis su-æ.
Volk besucht und ihm Erlösung geschaffen;

2. Et eréxit cornu salútis **no**bis: * in domo David, p*úe*ri sui.

er hat uns einen starken Retter erweckt * im Hause seines Knechtes David.

3. Sicut locútus est per os sanc**tó**rum, * qui a sǽculo sunt, Prophe*tá*rum eius:

So hat er verheißen von alters her * durch den Mund seiner heiligen Propheten.

4. Salútem ex inimícis **nos**tris, * et de manu ómnium, *qui* odérunt nos:

Er hat uns errettet vor unsern Feinden * und aus der Hand aller, die uns hassen;

5. Ad faciéndam misericórdiam cum pátribus **nos**tris: * et memorári testaménti *sui* sancti.

er hat das Erbarmen mit den Vätern an uns vollendet † und an seinen heiligen Bund gedacht, * an den Eid, den er unserm Vater Abraham geschworen hat;

6. Iusiurándum, quod iurávit ad Abraham, patrem **nos**trum, * datú*rum* se nobis:

7. Ut sine timóre, de manu inimicórum nostrórum libe**rá**ti, * servi*á*mus illi.

er hat uns geschenkt, dass wir, aus Feindeshand befreit, † ihm furchtlos dienen in Heiligkeit und Gerechtigkeit * vor seinem Angesicht all unsre Tage.

8. In sanctitáte, et iustítia coram **ip**so, * ómnibus di*é*bus nostris.

9. Et tu, puer, prophéta Altíssimi vo**cá**beris: * præíbis enim ante fáciem Dómini paráre *vi*as eius:
Und du Kind, wirst Prophet des Höchsten heißen; † denn du wirst dem Herrn vorangehn * und ihm den Weg bereiten.

10. Ad dandam sciéntiam salútis plebi **e**ius: * in remissiónem peccató*rum* eórum:
Du wirst sein Volk mit der Erfahrung des Heils beschenken * in der Vergebung der Sünden.

11. Per víscera misericórdiæ Dei **nos**tri: * in quibus visitávit nos, óri*ens* ex alto:
Durch die barmherzige Liebe unseres Gottes * wird uns besuchen das aufstrahlende Licht aus der Höhe,

12. Illumináre his, qui in ténebris, et in umbra mortis **se**dent: * ad dirigéndos pedes nostros in *vi*am pacis.
um allen zu leuchten, die in Finfsternis sitzen und im Schatten des Todes * und unsre Schritte zu lenken auf den Weg des Friedens.

13. Glória Patri et **Fí**lio, * et Spirí*tu*i Sancto.
Ehre sei dem Vater und dem Sohn * und dem Heiligen Geist.

14. Sicut erat in princípio, et nunc et **sem**per, * et in sǽcula sæcu*ló*rum. Amen.
Wie es war im Anfang, so auch jetzt und allezeit * und in Ewigkeit. Amen.

Findet die Weihe am Nachmittag statt, singt man den Lobgesang der Gottesmutter Maria *(Lk 1, 46-55)*. Währenddessen kann, wie zur Vesper, der Altar inzensiert werden.

Magní- ficat * ánima *me*-a Dóminum.
Meine Seele preist die Größe des Herrn,

2. Et exsultávit spíritus **me**-us * in Deo salu*tá*ri me-o.
und mein Geist jubelt über Gott, meinen Retter.

3. Quia respéxit humilitátem ancíllæ **su**æ: * ecce enim ex hoc beátam me dicent omnes gene*ra*tiónes,
4. Quia fecit mihi magna qui **po**tens est, * et sanctum *no*men eius,
5. Et misericórdia eius a progénie in pro**gé**nies * timén*ti*bus eum.
6. Fecit poténtiam bráchio **su**o; * dispérsit supérbos mente *cor*dis sui.
7. Depósuit poténtes de **se**de, * et exal*tá*vit húmiles.
8. Esuriéntes implévit **bo**nis, * et dívites dimí*sit* inánes.
9. Suscépit Israël, púerum **su**um, * recordátus misericór*di*æ suæ.
10. Sicut locútus est ad patres **nos**tros, * Abraham et sémini ei*us* in sǽcula.
11. Glória Patri et **Fí**lio, * et Spirí*tu*i Sancto.
12. Sicut erat in princípio, et nunc et **sem**per, * et in sǽcula sæcu*ló*rum. Amen.

Denn auf die Demut seiner Magd hat er geschaut. * Siehe, von nun an preisen mich selig alle Geschlechter!
Denn der Mächtige hat Großes an mir getan, * und sein Name ist heilig.
Er erbarmt sich von Geschlecht zu Geschlecht * über alle, die ihn fürchten.
Er vollbringt mit seinem Arm machtvolle Taten; * er zerstreut, die im Herzen voll Hochmut sind;
er stürzt die Mächtigen vom Thron * und erhöht die Niedrigen.
Die Hungernden beschenkt er mit seinen Gaben * und lässt die Reichen leer ausgeh'n.
Er nimmt sich seines Knechtes Israel an * und denkt an sein Erbarmen,
das er unsern Vätern verheißen hat, * Abraham und seinen Nachkommen auf ewig.
Ehre sei dem Vater und dem Sohn * und dem Heiligen Geist,
wie es war im Anfang, so auch jetzt und alle Zeit * und in Ewigkeit. Amen.

Man wiederholt die Antiphon Hódie.

Danach singt der Priester die folgende Oration:

℣. Dóminus vobíscum.
℟. Et cum spíritu tuo.

℣. Der Herr sei mit euch.
℟. Und mit deinem Geiste.

Orémus.

Deus, qui hodiérna die Unigénitum tuum géntibus stella duce revelásti, concéde propítius, ut qui iam te ex fide cognóvimus, usque ad contemplándam spéciem tuæ celsitúdinis perducámur. Per eúndem Dóminum nostrum Iesum Christum, Fílium tuum: Qui tecum vivit et regnat in unitáte Spíritus Sancti Deus: per ómnia sǽcula sæculórum.
℟. Amen.

Lasset uns beten.

Gott, der Du am heutigen Tag Deinen Eingeborenen den vom Stern geführten Heiden geoffenbart hast, gewähre gnädig, dass wir, die wir Dich bereits aus dem Glauben erkannt haben, bis zur vollen Anschauung der Schönheit Deiner Hoheit gelangen. Durch ihn, unseren Herrn Jesus Christus, Deinen Sohn, der mit Dir lebt und herrscht in der Einheit des Heiligen Geistes, Gott von Ewigkeit zu Ewigkeit.
℟. Amen.

Nun segnet der Priester das Salz:

℣. Adiutórium nostrum in nómine Dómini.
℟. Qui fecit cælum et terram.

℣. Unsere Hilfe ist im Namen des Herrn.
℟. Der Himmel und Erde erschaffen hat.

Exorcízo te, creatúra salis, per Deum ✠ vivum, per Deum ✠ verum, per Deum ✠ sanctum: per Deum qui te per Eliséum prophétam in aquam mitti iussit, ut sanarétur stérilitas aquæ: ut efficiáris sal

Ich beschwöre dich, du Geschöpf Salz, durch den lebendigen Gott, durch den wahren Gott, durch den heiligen Gott, durch Gott, der dem Propheten Elisäus befahl, dich ins Wasser zu werfen, um die Unfruchtbarkeit des Wassers zu heilen:

exorcizátum in salútem credéntium; et sis ómnibus suméntibus te sánitas ánimæ et córporis; et effúgiat, atque discédat a loco, in quo aspérsum fúeris, omnis phantásia, et nequítia, vel versútia diabólicæ fraudis, omnísque spíritus immúndus, adiurátus per eum, qui ventúrus est iudicáre vivos et mórtuos, et sæculum per ignem.
℟. Amen.

du sollst ein Salz werden, vom Bösen gereinigt, zum Heile der Gläubigen, du sollst allen, die dich genießen, zur Gesundheit des Leibes und der Seele dienen; von dem Orte, an dem du ausgestreut wirst, soll fliehen und entweichen jeder Gedanke und jede Bosheit oder Hinterlist teuflischen Truges und jeder unreine Geist; denn wir beschwören ihn durch den, der kommen soll zu richten die Lebenden und die Toten und die Welt durch Feuer. ℟. *Amen.*

Orémus.

Imménsam cleméntiam tuam, omnípotens ætérne Deus, humíliter implorámus, ut hanc creatúram salis, quam in usum géneris humáni tribuísti, bene ✠ dícere, et sancti ✠ ficáre tua pietáte dignéris: ut sit ómnibus suméntibus salus mentis et córporis; et quidquid ex eo tactum vel respérsum fúerit, cáreat omni immundítia, omníque impugnatióne spiritális nequítiæ. Per Christum Dóminum nostrum. ℟. Amen.

Lasset uns beten.

Deine unermessliche Güte flehen wir in Demut an, allmächtiger, ewiger Gott: Segne und heilige in Deiner Vaterhuld dieses Salz, das Du erschaffen und das Du den Menschen zum Nutzen gespendet hast. Lass es allen, die davon nehmen, zum Heile sein an Seele und Leib. Was davon berührt oder damit bestreut wird, sei frei von aller Unreinheit und von jeglicher Anfechtung des bösen Geistes. Durch Christus, unsern Herrn.
℟. Amen.

Dann segnet der Priester das Wasser:

Exorcízo te, creatúra aquæ, in nómine Dei ✠ Patris omnipoténtis, et in nómine Iesu ✠ Christi, Fílii eius, Dómini nostri, et in virtúte Spíritus ✠ Sancti: ut fias aqua exorcizáta ad effugándam omnem potestátem inimíci, et ipsum inimícum eradicáre et explantáre váleas cum ángelis suis apostáticis, per virtútem eiúsdem Dómini nostri Iesu Christi: qui ventúrus est iudicáre vivos et mórtuos, et sæculum per ignem. ℟. Amen.

Ich beschwöre dich, du Geschöpf Wasser, im Namen Gottes, des allmächtigen Vaters und im Namen seines Sohnes Jesus Christus, unseres Herrn, und in der Kraft des Heiligen Geistes, damit du ein Wasser werdest, gereinigt vom Bösen, um alle Macht des Feindes fernzuhalten, und vermögest, den Feind selbst völlig zu bannen samt seinen abtrünnigen Engeln durch die Kraft unseres Herrn Jesus Christus, der da kommen soll zu richten die Lebenden und die Toten und die Welt im Feuer. ℟. *Amen.*

Orémus.

Deus, qui ad salútem humáni géneris, máxima quæque sacraménta in aquárum substántia condidísti: adésto propítius invocatiónibus nostris, et eleménto huic multímodis purificatiónibus præparáto, virtútem tuæ bene ✠ dictiónis infúnde; ut creatúra tua, mystériis tuis sérviens, ad abigéndos dæmones, morbósque pel-

Lasset uns beten.

O Gott, Du hast die größten Heilswerke für das Menschengeschlecht an die Natur des Wassers gebunden: Sei gnädig nahe unserm Flehen und senke in dieses Element, das für die verschiedensten Reinigungen bestimmt ist, die Kraft Deines Segens, damit Dein Geschöpf im Dienste Deiner Geheimnisse die göttliche

léndos, divínæ grátiæ sumat effectum; ut, quidquid in dómibus vel in locis fidélium hæc unda respérserit, cáreat omni immundítia, liberétur a noxa: non illic resídeat spíritus péstilens, non aura corrúmpens: discédant omnes insídiæ laténtis inimíci: et si quid est, quod aut incolumitáti habitántium ínvidet aut quiéti, aspersióne huius aquæ effúgiat: ut salúbritas per invocatiónem sancti tui nóminis expetíta ab ómnibus sit impugnatiónibus defénsa. Per Christum Dóminum nostrum. ℟. Amen.

Gnadenkraft empfange, die bösen Geister zu vertreiben und Krankheiten fernzuhalten. Was immer in Haus und Wohnung der Gläubigen mit diesem Wasser besprengt wird, soll frei bleiben von Unreinheit und bewahrt werden vor Schaden. Der Hauch ansteckender Krankheit habe dort keinen Platz, keinen Platz verderbliche Luft. Fern sollen bleiben alle Nachstellungen des heimtückischen Feindes. Was immer das Wohl oder die Ruhe der Bewohner gefährdet, soll weichen, wenn es mit diesem Wasser besprengt wird, damit das Wohlergehen, das wir durch die Anrufung Deines heiligen Namens erflehen, von aller Anfechtung frei sei. Durch Christus, unsern Herrn. ℟. Amen.

Nun streut der Priester in Kreuzesform Salz in das Wasser:

Commíxtio salis et aquæ páriter fiat, in nómine Pa ✠ tris, et Fí ✠ lii, et Spíritus ✠ Sancti. ℟. Amen.

Die Mischung von Salz und Wasser geschehe im Namen des Vaters und des Sohnes und des Heiligen Geistes. ℟. Amen.

℣. Dóminus vobíscum.
℟. Et cum spíritu tuo.

℣. Der Herr sei mit euch.
℟. Und mit deinem Geiste.

Orémus.

Deus, invíctæ virtútis auctor, et insuperábilis impérii rex, ac semper magníficus triumphátor: qui advérsæ dominatiónis vires réprimis: qui inimíci rugiéntis sævítiam súperas: qui hostíles nequítias poténter expúgnas: te, Dómine, treméntes et súpplices deprecámur ac pétimus: ut hanc creatúram salis et aquæ dignánter aspícias, benígnus illústres, pietátis tuæ rore sanctífices; ut, ubicúmque fúerit aspérsa, per invocatiónem sancti nóminis tui, omnis infestátio immúndi spíritus abigátur, terrórque venenósi serpéntis procul pellátur: et præséntia Sancti Spíritus nobis, misericórdiam tuam poscéntibus, ubíque adésse dignétur. Per Dóminum nostrum Iesum Christum, Fílium tuum: Qui tecum vivit et regnat in unitáte Spíritus Sancti Deus: per ómnia sǽcula sæculórum. ℟. Amen.

Lasset uns beten.

O Gott, Du Urheber unbesiegter Kraft, Du unüberwindlicher König des Reiches und allzeit erhabener Herrscher, Du brichst die Kraft der gegnerischen Gewalt, Du überwindest den grausam wütenden Feind und vertreibst mit mächtiger Hand seine Bosheit: Dich, Herr, bitten wir und flehen wir in tiefer Ehrfurcht an: Schau dieses Salz und Wasser, das Du geschaffen, gnädig an, überstrahle es in Güte und heilige es mit dem Tau Deiner Gnade. Wo immer es hingesprengt wird, möge durch die Anrufung Deines heiligen Namens abgewehrt werden jeder Anschlag des unreinen Geistes und weit vertrieben werden die Schrecknis der giftigen Schlange; der Heilige Geist aber sei uns allerorten nahe, die wir um Dein Erbarmen flehen. Durch unsern Herrn Jesus Christus, Deinen Sohn, der mit Dir lebt und herrscht in der Einheit des Heiligen Geistes, Gott von Ewigkeit zu Ewigkeit. ℟. Amen.

Nach der Segnung besprengt der Priester das Volk mit dem geweihten Wasser. Abschließend singt man das Te Deum.

Te Deum

T
e Deum laudamus: * te Dóminum confitémur.
Dich, Gott, loben wir, Dich, den Herrn, preisen wir.
Te ætérnum Patrem omnis terra venerátur. Tibi omnes
Dich, den ewigen Vater, verehrt der ganze Erdkreis. Dir rufen alle
Ange-li, tibi Cæli, et univérsæ Potestátes: Tibi Chéru-
Engel zu, Dir die Himmel und alle Mächte. Dir rufen die
bim et Séraphim incessábili voce proclámant: Sanctus,
Cherubim und Seraphim mit nie versagender Stimme zu: Heilig,
Sanctus, Sanctus Dóminus, De-us Sábaoth. Pleni sunt
heilig, heilig ist der Herr, Gott Sabaoth. Voll sind Him-
cæli et terra maiestátis glóri-æ tu-æ. Te glori-ósus
mel und Erde von der Majestät Deiner Herrlichkeit. Dich lobt der
Apostolórum chorus: Te Prophetárum laudábi-lis nú-
glorreiche Chor der Apostel, Dich der Propheten lobwürdige Zahl,
merus, Te Mártyrum candidátus laudat exércitus. Te per
Dich der Martyrer weiß gekleidetes Heer.

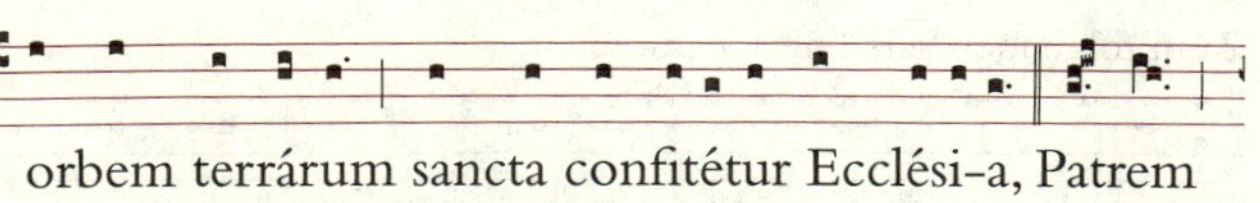

orbem terrárum sancta confitétur Ecclési-a, Patrem
Die heilige Kirche auf dem Erdenrund bekennt Dich, den Vater

imménsæ maiestátis; Venerándum tu-um verum et
unermesslicher Majestät, Deinen zu verehrenden wahren und

únicum Fíli-um; Sanctum quoque Paráclitum Spíritum.
einzigen Sohn, auch den Heiligen Geist, den Beistand.

Tu Rex glóriæ, Christe. Tu Patris sempitérnus es Fílius.
Du König der Herrlichkeit, Christus, Du bist des Vaters ewiger Sohn.

Tu, ad liberándum susceptúrus hóminem, non horru-
Da Du die Menschennatur annehmen wolltest, um sie zu befreien, scheutest

ísti Vírginis úterum. Tu, devícto mortis acúleo, aperu-
Du nicht der Jungfrau Schoß. Als Du den Stachel des Todes besiegtest, hast Du

ísti credéntibus regna cælórum. Tu ad déxteram De-i
den Gläubigen das Himmelreich erschlossen. Du sitzest zur Rechten Gottes,

sedes, in glóri-a Patris. Iudex créderis esse ventúrus.
in der Herrlichkeit des Vaters. An Dich glauben wir als künftigen Richter.

Zum folgenden Vers kniet man nieder:

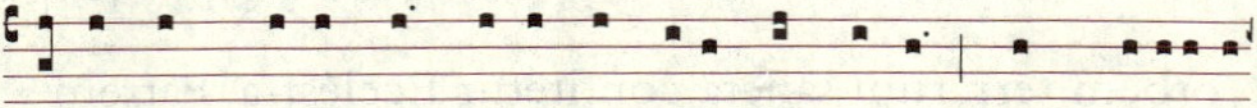

Te ergo quǽsumus, tu-is fámulis súbveni, quos pretióso
Dich also bitten wir, steh Deinen Dienern bei, die Du mit Deinem

sánguine redemísti. Ætérna fac cum Sanctis tu-is in
kostbaren Blut erlöst hast. Lass uns in der ewigen Herrlichkeit zu

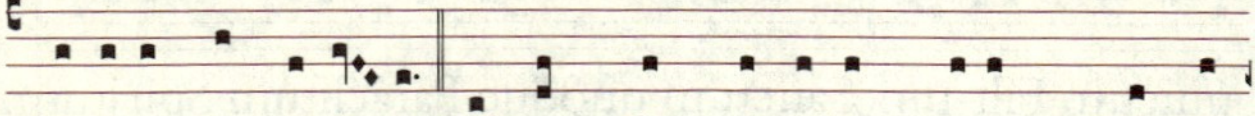

glóri-a numerá-ri. Salvum fac pópulum tuum, Dómi-
Deinen Heiligen gezählt werden. Rette Dein Volk, Herr,

ne, et bénedic hereditáti tu-æ. Et rege eos, et extólle
und segne Dein Erbe, und leite sie und erhöhe sie

illos usque in ætérnum. Per síngulos di-es benedíci-
bis in Ewigkeit. Durch alle Tage preisen wir Dich,

mus te. Et laudámus nomen tu-um in sǽculum, et in
und wir loben Deinen Namen in Ewigkeit und von Ewig-

sǽculum sǽculi. Dignáre, Dómine, di-e isto sine pec-
keit zu Ewigkeit. Bewahre uns gnädig, Herr, an diesem Tag

cáto nos custodíre. Miserére nostri, Dómine, miserére
ohne Sünde. Erbarme Dich unser, Herr, erbarme Dich

℣. Dóminus vobíscum.
℟. Et cum spíritu tuo.

℣. Der Herr sei mit euch.
℟. Und mit deinem Geiste.

Orémus.

Deus, cuius misericórdiæ non est númerus, et bonitátis infinítus est thesáurus: † piíssimæ Maiestáti tuæ pro collátis donis grátias ágimus, tuam semper cleméntiam exorántes, * ut, qui peténtibus postuláta concédis, eósdem non déserens, ad prǽmia futúra dispónas. Per Christum Dóminum nostrum. ℟. Amen.

Lasset uns beten.

Gott, dessen Erbarmen ohne Maß und dessen Güte ein unendlicher Schatz ist, Deiner gütigsten Majestät sagen wir Dank für die gewährten Gnaden, indem wir allzeit Deine Güte bitten, dass Du, der den Flehenden das Erbetene gewährst, sie nicht verlassen und für die ewigen Güter bereiten wollest. Durch Christus, unsern Herrn. ℟. Amen.

Segnung von Kreide

zu Epiphanie

Die lateinischen Texte stimmen mit dem Rituale Romanum überein.
Die deutsche Übersetzung
ist zum privaten Gebrauch der Gläubigen gedacht.

℣. Adiutórium nostrum in nómine Dómini.
℟. Qui fecit cælum et terram.

℣. Dóminus vobíscum.
℟. Et cum spíritu tuo.

Orémus.

Béne ✠ dic, Dómine Deus, creatúram istam cretæ: ut sit salutáris humáno géneri, et præsta per invocatiónem nóminis tui sanctíssimi, ut, quicúmque ex ea súmpserint, vel in ea in domus suæ pórtis scrípserint nómina sanctórum tuórum Gásparis, Melchióris et Baltássar, per eórum intercessiónem et mérita, córporis sanitátem, et ánimæ tutélam percípiant. Per Christum, Dóminum nostrum. ℟. Amen.

℣. Unsere Hilfe ist im Namen des Herrn.
℟. Der Himmel und Erde erschaffen hat.

℣. Der Herr sei mit euch.
℟. Und mit deinem Geiste.

Lasset uns beten.

Segne, Herr und Gott dieses Geschöpf Kreide, auf dass es dem Menschengeschlecht zum Heil gereiche, und gewähre durch die Anrufung Deines heiligsten Namens, dass alle, die davon nehmen oder damit die Namen Deiner Heiligen Kaspar, Melchior und Balthasar auf die Tür ihres Hauses schreiben, durch deren Beistand und Verdienste Gesundheit des Leibes und Schutz für ihre Seele erlangen. Durch Christus, unsern Herrn. ℟. Amen.

Der Priester besprengt sie mit Weihwasser.

Segnung von Wohnungen

zu Epiphanie

Die lateinischen Texte stimmen mit dem Rituale Romanum überein.
Die deutsche Übersetzung
ist zum privaten Gebrauch der Gläubigen gedacht.

Beim Eintritt spricht der Priester:

℣. Pax huic dómui.

℟. Et ómnibus habitántibus in ea.

℣. Der Friede sei mit diesem Haus.

℟. Und mit allen, die darin weilen.

Ant. Ab Oriénte venérunt Magi in Béthlehem, adoráre Dóminum: et apértis thesáuris suis pretiósa múnera obtulérunt, aurum Regi magno, thus Deo vero, myrrham sepultúræ eius. Allelúia.

Aus dem Morgenland kamen die Weisen nach Bethlehem, um den Herrn anzubeten. Sie öffneten ihre Schätze und brachten kostbare Geschenke dar: Gold dem großen König, Weihrauch dem wahren Gott, Myrrhe für sein Begräbnis, alleluja.

Nun betet oder singt man versweise abwechselnd den Lobgesang der Gottesmutter *(Lk 1, 46-55)*.

Magníficat * ánima mea Dóminum.
2. Et exsultávit spíritus meus: * in Deo, salutári meo.
3. Quia respéxit humilitátem ancíllæ suæ: * ecce enim ex hoc beátam me dicent omnes generatiónes.

Meine Seele preist die Größe des Herrn, * und mein Geist jubelt über Gott, meinen Retter.
Denn auf die Demut seiner Magd hat er geschaut. * Siehe, von nun an preisen mich selig alle Geschlechter!

4. Quia fecit mihi magna, qui potens est: * et sanctum nomen eius.
5. Et misericórdia eius, a progénie in progénies: * timéntibus eum.
6. Fecit poténtiam in brácchio suo: * dispérsit supérbos mente cordis sui.
7. Depósuit poténtes de sede: * et exaltávit húmiles.
8. Esuriéntes implévit bonis: * et dívites dimísit inánes.
9. Suscépit Israël púerum suum: * recordátus misericórdiæ suæ.
10. Sicut locútus est ad patres nostros: * Abraham, et sémini eius in sǽcula.
11. Glória Patri et Fílio, * et Spirítui Sancto.
12. Sicut erat in princípio, et nunc et semper, * et in sǽcula sæculórum. Amen.

Denn der Mächtige hat Großes an mir getan, * und sein Name ist heilig.
Er erbarmt sich von Geschlecht zu Geschlecht * über alle, die ihn fürchten.
Er vollbringt mit seinem Arm machtvolle Taten; * er zerstreut, die im Herzen voll Hochmut sind;
er stürzt die Mächtigen vom Thron * und erhöht die Niedrigen.
Die Hungernden beschenkt er mit seinen Gaben * und lässt die Reichen leer ausgehn.
Er nimmt sich seines Knechtes Israel an * und denkt an sein Erbarmen,
das er unsern Vätern verheißen hat, * Abraham und seinen Nachkommen auf ewig.
Ehre sei dem Vater und dem Sohn * und dem Heiligen Geist,
wie es war im Anfang, so auch jetzt und alle Zeit * und in Ewigkeit. Amen.

Unterdessen besprengt der Priester die Wohnung mit Weihwasser.

Anschließend wiederholen alle gemeinsam die Antiphon:

Ant. Ab Oriénte venérunt Magi in Béthlehem, adoráre Dóminum: et apértis thesáuris suis pretiósa múnera obtulérunt, aurum Regi magno, thus Deo vero, myrrham sepultúræ eius. Allelúia.	Aus dem Morgenland kamen die Weisen nach Bethlehem, um den Herrn anzubeten. Sie öffneten ihre Schätze und brachten kostbare Geschenke dar: Gold dem großen König, Weihrauch dem wahren Gott, Myrrhe für sein Begräbnis, alleluja.

Danach stimmt der Priester an:

℣. Pater noster	℣. Vater unser

Man betet still weiter bis:

Et ne nos indúcas in tentatiónem.	Und führe uns nicht in Versuchung.
℟. Sed líbera nos a malo.	℟. Sondern erlöse uns von dem Bösen.
℣. Omnes de Saba vénient.	℣. Alle von Saba kommen.
℟. Aurum et thus deferéntes.	℟. Gold und Weihrauch zu bringen.
℣. Dómine, exáudi oratiónem meam.	℣. Herr, erhöre mein Gebet.
℟. Et clamor meus ad te véniat.	℟. Und lass mein Rufen zu Dir kommen.
℣. Dóminus vobíscum.	℣. Der Herr sei mit euch.
℟. Et cum spíritu tuo.	℟. Und mit deinem Geiste.

Orémus.

Deus, qui hodiérna die Unigénitum tuum géntibus stella duce revelásti: concéde propítius; ut, qui iam te ex fide cognóvimus, usque ad contemplándam spéciem tuæ celsitúdinis perducámur. Per eúndem Dóminum nostrum Iesum Christum, Fílium tuum: Qui tecum vivit et regnat in unitáte Spíritus Sancti Deus: per ómnia sǽcula sæculórum. ℟. Amen.

Lasset uns beten.

Gott, der Du am heutigen Tag Deinen Eingeborenen den vom Stern geführten Heiden geoffenbart hast, gewähre gnädig, dass wir, die wir Dich bereits aus dem Glauben erkannt haben, bis zur vollen Anschauung der Schönheit Deiner Hoheit gelangen. Durch ihn, unseren Herrn Jesus Christus, Deinen Sohn, der mit Dir lebt und herrscht in der Einheit des Heiligen Geistes, Gott von Ewigkeit zu Ewigkeit. ℟. Amen.

Es folgt ein Responsorium. Dazu betet der Priester:

Illumináre, illumináre, Ierúsalem, quia venit lux tua: Et glória Dómini super te orta est

Werde licht, werde licht, Jerusalem, denn es kommt dein Licht, und die Herrlichkeit des Herrn geht über dir auf.

Alle wiederholen gemeinsam:

Illumináre, illumináre, Ierúsalem, quia venit lux tua: Et glória Dómini super te orta est

Werde licht, werde licht, Jerusalem, denn es kommt dein Licht, und die Herrlichkeit des Herrn geht über dir auf.

Der Priester allein:

Et ambulábunt gentes in lúmine tuo, et reges in splendóre ortus tui.

Und Völker werden wandeln in deinem Licht und Könige im Glanz deines Aufgangs.

Und alle gemeinsam:

Et glória Dómini super te orta est.

Und die Herrlichkeit des Herrn geht über dir auf.

Schließlich spricht der Priester das eigentliche Segensgebet:

Orémus.

Béne ✠ dic, Dómine, Deus omnípotens, domum istam: ut sit in ea sánitas, cástitas, victória, virtus, humílitas, bónitas, et mansuetúdo, plenitúdo legis, et gratiárum áctio Deo Patri, et Fílio, et Spirítui Sancto; et hæc benedíctio máneat super hanc domum et super habitántes in ea nunc et in ómnia sǽcula sæculórum. ℟. Amen.

Lasset uns beten.

Segne, Herr, allmächtiger Gott, dieses Haus, auf dass darin wohnen Gesundheit, Keuschheit, Sieg und Tugend, Demut, Güte, Sanftmut, die Fülle des Gesetzes und Dankbarkeit gegen Gott, den Vater und den Sohn und den Heiligen Geist, und dieser Segen bleibe über diesem Haus und seinen Bewohnern jetzt und in alle Ewigkeit. ℟. Amen.

Es ist ein schöner Brauch, mit geweihter Kreide den Segen über die Schwelle der Wohnungstür zu schreiben:

+
20 + C + M + B + 17

Christus Mansiónem Benedícat
Christus segne dieses Haus!

Segnung von Kerzen

am Fest des hl. Blasius

Die lateinischen Texte stimmen mit dem Rituale Romanum überein.
Die deutsche Übersetzung
ist zum privaten Gebrauch der Gläubigen gedacht.

℣. Adiutórium nostrum in nómine Dómini.
℟. Qui fecit cælum et terram.

℣. Dóminus vobíscum.
℟. Et cum spíritu tuo.

Orémus.

Omnípotens et mitíssime Deus, qui ómnium mundi rerum diversitátes solo Verbo creásti, et ad hóminum reformatiónem illud idem Verbum, per quod facta sunt ómnia, incarnári voluísti: qui magnus es, et imménsus, terríbilis atque laudábilis, ac fáciens mirabília: pro cuius fídei confessióne gloriósus Martyr et Póntifex Blásius, diversórum tormentórum génera non pavéscens, martýrii palmam felíciter est adéptus: quique eídem, inter céteras grátias, hanc prærogatívam contulísti, ut quoscúmque gútturis morbos tua virtúte cu-

℣. Unsere Hilfe ist im Namen des Herrn.
℟. Der Himmel und Erde erschaffen hat.

℣. Der Herr sei mit euch.
℟. Und mit deinem Geiste.

Lasset uns beten.

Allmächtiger und mildreichster Gott, der Du all die verschiedenen Dinge auf Erden bloß durch Dein Wort erschaffen hast und der Du wolltest, dass zur Erneuerung der Menschen dasselbe Wort, durch das alles geschaffen ist, Mensch werde; der Du groß bist und unermesslich, furchtbar und lobwürdig, und der Du Wunder wirkst; um dessen Glauben zu bekennen der glorreiche Martyrer und Bischof Blasius, die verschiedenen Arten von Qualen nicht fürchtend, glücklich die Palme des Martyriums erlangt

ráret; maiestátem tuam supplíciter exorámus, ut non inspéctu reátus nostri, sed eius placátus méritis et précibus, hanc ceræ creatúram bene ✠ dícere, ac sancti ✠ ficáre tua venerábili pietáte dignéris, tuam grátiam infundéndo; ut omnes, quorum colla per eam ex bona fide tacta fúerint, a quocúmque gútturis morbo ipsíus passiónis méritis liberéntur, et in Ecclésia sancta tua sani et hílares tibi gratiárum réferant actiónes, laudéntque nomen tuum gloriósum, quod est benedíctum in sǽcula sæculórum. Per Dóminum nostrum Iesum Christum, Fílium tuum: Qui tecum vivit et regnat in unitáte Spíritus Sancti Deus: per ómnia sǽcula sæculórum. ℟. Amen.

hat und der Du demselben neben anderen Gnaden den Vorzug verliehen hast, alle Krankheiten des Halses durch Deine Kraft zu heilen; Deine Majestät bitten wir demütig, Du wollest, ungeachtet unserer Schuld, sondern durch seine Verdienste und Gebete versöhnt, diese Kreatur Kerze in Deiner ehrwürdigen Vaterliebe segnen und heiligen und ihr Deine Gnade eingießen, damit alle, deren Hals mit ihr in gutem Glauben berührt wird, durch die Verdienste seines Leidens von jeglicher Krankheit des Halses befreit werden, und in Deiner heiligen Kirche gesund und heiter Dir Dank sagen und Deinen glorreichen Namen loben, der gepriesen sei in alle Ewigkeit. Durch unsern Herrn Jesus Christus, Deinen Sohn, der mit Dir lebt und herrscht in der Einheit des Heiligen Geistes, Gott von Ewigkeit zu Ewigkeit. ℟. Amen.

Der Priester besprengt sie mit Weihwasser.

Hierauf nimmt der Priester zwei Kerzen und hält sie gekreuzt an den Hals der vor ihm knienden Gläubigen, indem er spricht:

Per intercessiónem sancti Blásii, Epíscopi et Mártyris, líberet te Deus a malo gútturis, et a quólibet álio malo. In nómine Patris, et Fílii, ✠ et Spíritus Sancti. ℟. Amen.

Auf die Fürsprache des heiligen Bischofs und Martyrers Blasius befreie dich Gott von allen Übeln des Halses und von jeglichem Übel. Im Namen des Vaters, und des Sohnes und des Heiligen Geistes. ℟. Amen.

Segnung von Brot und Früchten

am Fest der hl. Agatha

Die lateinischen Texte stimmen mit dem Rituale überein.
Die deutsche Übersetzung ist zum privaten Gebrauch der Gläubigen gedacht.

Brot und Früchte werden auf einen kleinen Tisch gelegt.

℣. Adiutórium nostrum in nómine Dómini.
℟. Qui fecit cælum et terram.

℣. Unsere Hilfe ist im Namen des Herrn.
℟. Der Himmel und Erde erschaffen hat.

Psalm 66

Deus misereátur nostri, et benedícat nobis: * illúminet vultum suum super nos, et misereátur nostri.
2. Ut cognoscámus in terra viam tuam, * in ómnibus géntibus salutáre tuum.
3. Confiteántur tibi pópuli, Deus: * confiteántur tibi pópuli omnes.
4. Læténtur et exsúltent gentes: * quóniam iúdicas pópulos in æquitáte, et gentes in terra dírigis.
5. Confiteántur tibi pópuli, Deus, confiteántur tibi pópuli omnes: * terra dedit fructum suum.
6. Benedícat nos Deus, Deus noster, benedícat nos Deus: * et métuant eum omnes fines terræ.

1. Gott erbarme sich unser und segne uns, * er lasse sein Angesicht leuchten über uns und erbarme sich unser,
2. damit wir auf Erden Deinen Weg erkennen, * unter allen Völkern Dein Heil.
3. Preisen sollen Dich die Völker, Gott, * preisen sollen Dich alle Völker.
4. Freuen sollen sich und jubeln die Heiden, * denn Du richtest die Völker in Gerechtigkeit und lenkst die Nationen auf Erden.
5. Preisen sollen Dich die Völker, Gott, preisen sollen Dich alle Völker; * die Erde gab ihre Frucht.
6. Es segne uns Gott, unser Gott, es segne uns Gott, * und fürchten sollen ihn alle Enden der Erde.

7. Glória Patri et Fílio, * et Spirítui Sancto.

8. Sicut erat in princípio, et nunc et semper, * et in sǽcula sæculórum. Amen.

℣. Kýrie, eléison.
℟. Christe, eléison.
Kýrie, eléison.

℣. Pater noster

Man betet still weiter bis:

Et ne nos indúcas in tentatiónem.
℟. Sed líbera nos a malo.

℣. Adiutórium nostrum in nómine Dómini.
℟. Qui fecit cælum et terram.

℣. Sit nomen Dómini benedíctum.
℟. Ex hoc nunc et usque in sǽculum.

℣. Ora pro nobis, beáta Agatha.
℟. Ut digni efficiámur promissiónibus Christi.

℣. Dómine, exáudi oratiónem meam.
℟. Et clamor meus ad te véniat.

7. Ehre sei dem Vater und dem Sohn * und dem Heiligen Geist.

8. Wie es war im Anfang, so auch jetzt und allezeit * und in Ewigkeit. Amen.

℣. Herr, erbarme Dich.
℟. Christus, erbarme Dich.
Herr, erbarme Dich.

℣. Vater unser

Und führe uns nicht in Versuchung.
℟. Sondern erlöse uns von dem Bösen.

℣. Unsere Hilfe ist im Namen des Herrn.
℟. Der Himmel und Erde erschaffen hat.

℣. Der Name des Herrn sei gepriesen.
℟. Von nun an bis in Ewigkeit.

℣. Bitte für uns, heilige Agatha.
℟. Auf dass wir würdig werden der Verheißungen Christi.

℣. Herr, erhöre mein Gebet.
℟. Und lass mein Rufen zu Dir kommen.

℣. Dóminus vobíscum.
℟. Et cum spíritu tuo.

℣. Der Herr sei mit euch.
℟. Und mit deinem Geiste.

Orémus.

Dómine Iesu Christe, Fili Dei vivi, qui es panis vivus, qui de cælo descendísti, béne ✠ dic et sanctí ✠ fica hos panes hic pósita in honórem beátæ Agathæ Vírginis et Mártyris tuæ deportáta: et concéde per intercessiónem eiúsdem Vírginis et Mártyris, ut ubicúmque contra ignem comburéntem missa vel pósita fúerint, íllico ignis evanéscat, et pénitus exstinguátur. Qui vivis et regnas cum Deo Patre in unitáte Spíritus Sancti Deus, per ómnia sǽcula sæculórum.
℟. Amen.

Lasset uns beten.

Herr Jesus Christus, Sohn des lebendigen Gottes, der Du das lebendige Brot bist, das vom Himmel herabgekommen ist; segne und heilige diese Brote, die zur Ehre der heiligen Jungfrau und Martyrin Agatha hierher gebracht wurden, und gewähre auf die Fürsprache derselben Jungfrau und Martyrin, dass überall, wo sie gegen Feuer gebraucht werden, das Feuer erlösche und gänzlich ersticke. Der Du lebst und herrschest mit Gott dem Vater in der Einheit des Heiligen Geistes, Gott, von Ewigkeit zu Ewigkeit. ℟. Amen.

Benedíctio Dei omnipoténtis, Patris ✠, et Fílii ✠, et Spíritus ✠ Sancti, per intercessiónem beátæ Agathæ Vírginis et Mártyris descéndat et máneat super hos panes, et super omnes ex eis gustántes.
℟. Amen.

Der Segen des allmächtigen Gottes, des Vaters und des Sohnes und des Heiligen Geistes, komme auf die Fürsprache der heiligen Jungfrau und Martyrin Agatha über diese Brote und über alle, die davon kosten. ℟. Amen.

Der Priester besprengt die Brote mit Weihwasser.

Palmsonntag

Die lateinischen Texte stimmen mit dem Missale Romanum überein.
Die deutsche Übersetzung ist zum privaten Gebrauch der Gläubigen gedacht.

Das Aspérges entfällt. Die rote Farbe der Gewänder weist darauf hin, dass die Kirche heute Christus als König huldigt. Falls die Gläubigen die Zweige nicht schon in ihren Händen tragen, stehen diese in einem Korb zur Segnung bereit.

Segnung der Zweige

Der Priester – mit rotem Rauchmantel bekleidet – und die Leviten treten zum Altar, wozu die Schola singt:

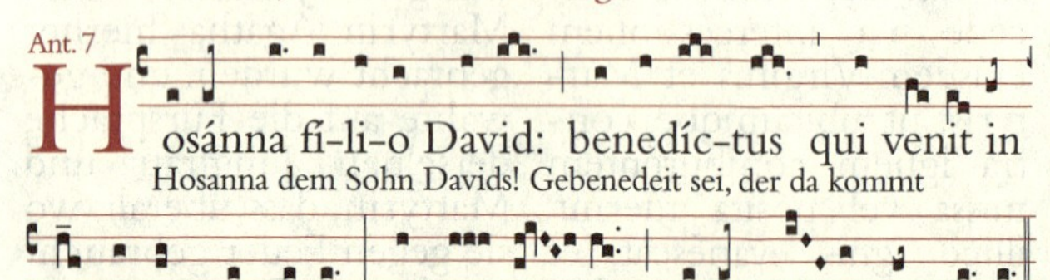

nómine Dómini. Rex Is-ra- ël: Hosánna in excélsis.
im Namen des Herrn. Du König Israels: Hosanna in der Höhe!

Die folgende Oration singt der Priester mit gefalteten Händen und segnet die Zweige:

℣. Dóminus vobíscum.
℟. Et cum spíritu tuo.

℣. Der Herr sei mit euch.
℟. Und mit deinem Geiste.

Orémus.

Béne ✠ dic, quǽsumus, Dómine, hos palmárum (seu olivárum aut aliárum árborum) ramos: et præsta; ut, quod pópulus tuus in tui veneratiónem hodiérna die corporáliter agit, hoc spirituáliter summa devotióne perfíciat, de

Lasset uns beten.

Segne, so bitten wir, Herr, diese Zweige und gib, dass Dein Volk, was es am heutigen Tag zu Deiner Ehre äußerlich tut, auch geistig mit höchster Hingabe vollziehe, indem es den Sieg über den Feind erstreitet und das Werk der

hoste victóriam reportándo et opus misericórdiæ summópere diligéndo. Per Christum, Dóminum nostum. ℟. Amen.

Barmherzigkeit über alles liebt. Durch Christus, unsern Herrn. ℟. Amen.

Der Priester besprengt die Zweige dreimal mit Weihwasser. Dann legt er Inzens ein und beweihräuchert sie.

Verteilung der Zweige

Anwesende Kleriker empfangen die Palmzweige am Altar, die Gläubigen bei der Kommunionbank, während die Schola singt:

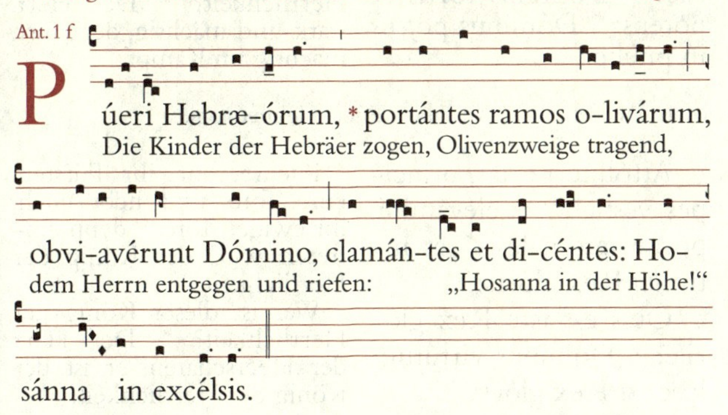

Psalm 23, 1-2 und 7-10

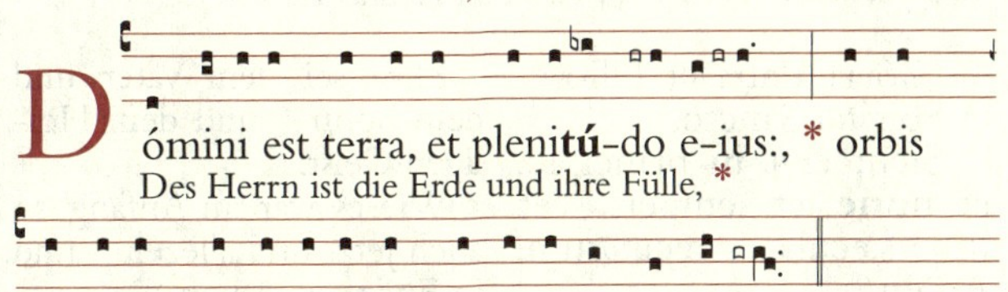

terrárum, et univérsi qui hábi-*tant* in e- o.
der Erdkreis und alle, die ihn bewohnen.

Quia ipse super mária fun**dá**vit eum: * et super flúmina præpa*rá*vit eum.

Denn er hat ihn über Meere gegründet * und über Flüssen ihn bereitet.

Man wiederholt die Antiphon Púeri Hebræórum.

Attóllite portas, príncipes, vestras, † et elevámini, portæ **æ**ternáles: * et intro*íbit* Rex glóriæ.

Quis est iste Rex glóriæ? † Dóminus **for**tis et potens: * Dóminus po*tens* in prælio.

Richtet auf, ihr Fürsten, eure Tore, und hebt euch, ihr ewigen Tore, * denn eintreten wird der König der Herrlichkeit.

Wer ist dieser König der Herrlichkeit? * Der Herr, stark und mächtig, der Herr, mächtig im Kampf.

Man wiederholt die Antiphon Púeri Hebræórum.

Attóllite portas, príncipes, vestras, † et elevámini, portæ **æ**ternáles: * et introí*bit* Rex glóriæ.

Quis est **is**te Rex glóriæ? * Dóminus virtútum ipse *est* Rex glóriæ.

Richtet auf, ihr Fürsten, eure Tore, und hebt euch, ihr ewigen Tore, * denn eintreten wird der König der Herrlichkeit.

Wer ist dieser König der Herrlichkeit? * Der Herr der Heerscharen, er ist der König der Herrlichkeit.

Man wiederholt die Antiphon Púeri Hebræórum.

Glória **Pa**tri et Fílio, * et Spirít*u*i Sancto,

Sicut erat in princípio, et **nunc**, et semper, * et in sǽcula sæcu*ló*rum. Amen.

Ehre sei dem Vater und dem Sohn * und dem Heiligen Geist.

Wie es war im Anfang, so auch jetzt und allezeit * und in Ewigkeit. Amen.

Man wiederholt die Antiphon Púeri Hebræórum.

Ant. 1 f

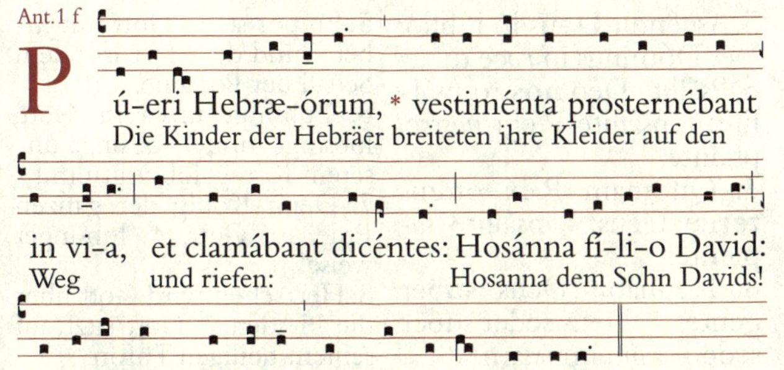

benedíctus qui venit in nómine Dómini.
Gebenedeit sei, der da kommt im Namen des Herrn!

Die Antiphon wird nach jedem zweiten Psalmvers wiederholt.

Psalm 46

De-o in voce exsul*ta*-ti-ó-nis.
Gott zu mit jauchzender Stimme,

2. Quóniam Dóminus ex**cél**sus, terríbilis: * Rex magnus super *om*nem terram.

2. denn der Herr, der Erhabene, ist furchtgebietend, * ein großer König über die ganze Erde.

3. Subiécit **pó**pulos nobis: * et gentes sub pé*di*bus nostris.

3. Er hat uns Völker unterworfen * und Volksstämme unter unsere Füße.

4. Elégit nobis heredi**tá**tem suam: * spéciem Iacob, *quam* diléxit.

4. Er hat uns erwählt zu seinem Erbe, * die Schönheit Jakobs, die er liebte.

5. Ascéndit **De**us in iúbilo: * et Dóminus in *vo*ce tubæ.
6. Psállite Deo **nos**tro, psállite: * psállite Regi *nos*tro, psállite.
7. Quóniam Rex omnis **ter**ræ Deus: * psállite *sa*piénter.
8. Regnábit Deus **su**per gentes: * Deus sedet super sedem *sanc*tam suam.
9. Príncipes populórum congregáti sunt cum **De**o Abraham: * quóniam dii fortes terræ veheménter *e*leváti sunt.
10. Glória **Pa**tri et Fílio, * et Spirí*tu*i Sancto,
11. Sicut erat in princípio, et **nunc**, et semper, * et in sǽcula sæcu*ló*rum. Amen.

5. Empor steigt Gott mit Jubel * und der Herr mit dem Schall der Posaune.
6. Lobsingt unserem Gott, lobsingt ihm, * lobsingt unserem König, lobsingt ihm!
7. Denn König der ganzen Erde ist Gott, * lobsinget weise!
8. Herrschen wird Gott über die Heiden, * Gott sitzt auf seinem heiligen Thron.
9. Die Fürsten der Völker sind versammelt mit dem Gott Abrahams, * denn der Erde starke Götter sind gar hoch erhaben.
10. Ehre sei dem Vater und dem Sohn * und dem Heiligen Geist.
11. Wie es war im Anfang, so auch jetzt und allezeit * und in Ewigkeit. Amen.

Evangelium

Nach der Verteilung der Zweige wäscht sich der Priester die Hände. Dann tritt er zum Altar, küsst ihn in der Mitte und legt Inzens ein. Während des Evangeliums hält man die Zweige hoch, um Christus zu ehren, und - wie in der Prozession - das Volk von Jerusalem darzustellen.

✠ Sequéntia sancti Evangélii secúndum Matthǽum
Matth. 21, 1-9

In illo témpore: Cum appropinquásset Iesus Ierosólymis, et venísset Béthphage ad montem Olivéti: tunc

✠ Aus dem heiligen Evangelium nach Matthäus
Mt 21, 1-9

In jener Zeit, als Jesus sich Jerusalem näherte und nach Betfage am Ölberg kam, sandte er zwei seiner

misit duos discípulos suos, dicens eis: „Ite in castéllum, quod contra vos est, et statim inveniétis ásinam alligátam et pullum cum ea: sólvite et addúcite mihi: et si quis vobis áliquid díxerit, dícite, quia Dóminus his opus habet, et conféstim dimíttet eos". Hoc autem totum factum est, ut adimplerétur, quod dictum est per Prophétam, dicéntem: Dícite fíliæ Sion: Ecce, Rex tuus venit tibi mansuétus, sedens super ásinam et pullum, fílium subiugális. Eúntes autem discípuli, fecérunt, sicut præcépit illis Iesus. Et adduxérunt ásinam et pullum: et imposuérunt super eos vestiménta sua, et eum désuper sedére fecérunt. Plúrima autem turba stravérunt vestiménta sua in via: álii autem cædébant ramos de arbóribus, et sternébant in via: turbæ autem, quæ præcedébant et quæ sequebántur, clamábant, dicéntes: „Hosánna fílio David: benedíctus, qui venit in nómine Dómini".

Jünger voraus und sagte zu ihnen: „Geht in das Dorf, das vor euch liegt, und ihr werdet sogleich eine Eselin angebunden finden und ein Fohlen bei ihr. Bindet sie los und führt sie zu mir. Und wenn jemand etwas zu euch sagt, so sprecht: Der Herr bedarf ihrer; und sogleich wird er sie freigeben." Dies alles aber ist geschehen, damit erfüllt werde, was durch den Propheten gesagt worden ist [Zach 9, 9]: „Sagt der Tochter Sion: Siehe, dein König kommt zu dir, sanftmütig und sitzend auf einer Eselin, auf einem Fohlen, dem Jungen eines Lasttiers." Die Jünger gingen hin und taten, wie Jesus es ihnen geboten hatte. Und sie führten die Eselin und das Fohlen herbei, legten ihre Gewänder über sie und ließen ihn darauf sitzen. Eine große Volksmenge aber breitete ihre Gewänder auf dem Weg aus; andere hieben Zweige von den Bäumen und streuten sie auf den Weg. Die Scharen aber, die ihm vorangingen und folgten, riefen: „Hosanna dem Sohn Davids! Gebenedeit sei, der da kommt im Namen des Herrn!"

Es wird noch einmal Inzens eingelegt und der Diakon (oder der Priester) singt dem Volk zugewandt:

Prozession

℣. Procedámus in pace. ℣. Lasst uns ziehen in Frieden.
℟. In nómine Christi. Amen. ℟. Im Namen Christi. Amen.

Die Prozession wird angeführt vom Thuriferar. Es folgt, begleitet von zwei Akolythen (bzw. Ministranten), das unverhüllte Prozessionskreuz, welches von einem Subdiakon oder Akolythen (bzw. Ministranten) getragen wird. Danach kommen der Priester und das Volk mit den Palmzweigen.

Es ist möglich, zur Prozession auch passende volkssprachliche Lieder zu singen, beispielsweise:

1. Singt dem König Freudenpsalmen, Völker, ebnet seine Bahn: Sion, streu ihm deine Palmen, sieh, dein König naht heran! Der aus Davids Stamm geboren, Gottes Sohn von Ewigkeit; uns zum Heiland auserkoren: er sei hochgebenedeit!
2. David sah, im Geist entzücket, den Messias schon von fern, der die ganze Welt beglücket, den Gesalbten, unsern Herrn. Tochter Sion, streu ihm Palmen, breite deine Kleider aus, sing ihm Lieder, sing ihm Psalmen, heut beglückt der Herr dein Haus!
3. Sieh, Jerusalem, dein König, sieh, voll Sanftmut kommt er an! Völker, seid ihm untertänig, er hat allen wohlgetan! Den die Himmel hoch verehren, dem der Chor der Engel singt, dessen Ruhm sollt ihr vermehren, da er euch den Frieden bringt!
4. Geister, die im Himmel wohnen, preist den großen König heut; und ihr Völker aller Zonen, singt: Er sei gebenedeit! Singt: Hosanna in den Höhen, hochgepriesen Gottes Sohn! Mögen Welten einst vergehen, ewig fest besteht sein Thron.

[Melodie: Lobe den Herren]

1. Öffne die Tore, Jerusalem, grüß ihn mit Palmen. / Siehe, dein König naht, sing ihm die herrlichsten Psalmen. / Gib ihm Geleit, / denn er ist sanft und bereit, / sterbend den Tod zu zermalmen.

2. Breit vor ihm Kleider aus, Sion, und ruf mit den Kindern: / „Hoch sei gepriesen, der Herr, der sich beugt zu den Sündern." / Sei nicht verzagt, / was dich auch kümmert und plagt; / er kommt, die Leiden zu lindern.

3. Öffne die Tore, Jerusalem, eil ihm entgegen. Folge ihm willig auf seinen hochheiligen Wegen. Siehe, am Ziel, / wohin er führen dich will, wandelt sich alles in Segen.

4. Er ist das Leben, und mag er auch sterbend erliegen, / durch seinen Tod wird er Hölle und Sünde besiegen. / Er wird erstehn / und dann dich selber erhöhn, / dich in Glückseligkeit wiegen.

Der folgende Gesang wird vielerorts nach altem Brauch am noch verschlossenen Portal der Kirche gesungen.

Nun klopft, wo dieser Brauch noch gepflegt wird, der Subdiakon (oder der Kreuzträger) mit dem Schaft des Kreuzes drei Mal gegen die verschlossene Kirchentüre, die daraufhin von innen her zum Einzug geöffnet wird.

Dazu sagt Papst Benedikt XVI.: „In der früheren Liturgie des Palmsonntags pochte beim Ankommen am Kirchengebäude der Priester mit dem Vortragekreuz mächtig an die verschlossene Kirchentür, die sich auf das Pochen des Kreuzes hin auftat. Das war ein schönes Bild für das Geheimnis Jesu Christi selbst, der mit dem Stab seines Kreuzes, mit der Kraft seiner sich verschenkenden Liebe von der Welt her an das Tor Gottes klopfte; von einer Welt her, die den Zugang zu Gott nicht finden konnte. Mit dem Kreuz hat Jesus die Tür Gottes, die Tür zwischen Gott und Mensch aufgestoßen. Sie steht offen. Aber der Herr klopft mit seinem Kreuz auch umgekehrt an die Türen dieser Welt, an die Türen unserer Herzen, die so oft und so weithin für Gott verschlossen sind. Und er sagt uns gleichsam: Wenn schon die Gottesbeweise der Schöpfung dich nicht für Gott auftun können, wenn schon das Wort der Schrift und die Botschaft der Kirche dich unberührt lassen – sieh doch mich an, den Gott, der für dich zu einem Leidenden geworden ist, der selber mitleidet – sieh, dass ich leide um dich, und tu dich auf für mich, deinen Herrn und deinen Gott." (Predigt zum Palmsonntag am 1. April 2007)

Während die Prozession in die Kirche eintritt, singt die Schola:

Resp. 2

Ingredi- énte Dó-mino in sanctam ci- vi-
Als der Herr in die Heilige Stadt einzog,

tá- tem, Hebræ-ó- rum pú-e- ri resurrecti- ónem
riefen die Kinder der Hebräer, bereits die Auferstehung

vitæ pro- nunti- án- tes, * Cum ramis palmá- rum
des Lebens kündend, mit Palmzweigen:

Hosánna, clamá- bant, in ex-cél- sis.
„Hosanna in der Höhe!"

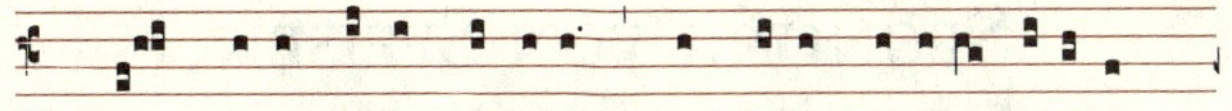

℣. Cumque audísset pópulus, quod Iesus veníret Ierosó-
Als das Volk hörte, dass Jesus nach Jerusalem komme,

ly-mam, exi-érunt ób- vi-am e- i. * Cum ramis
zogen sie hinaus, ihm entgegen.

Ist der Zelebrant am Altar angekommen, singt er nach der üblichen Reverenz mit gefalteten Händen die Oration zum Abschluss der Prozession:

℣. Dóminus vobíscum.
℟. Et cum spíritu tuo.

℣. Der Herr sei mit euch.
℟. Und mit deinem Geiste.

Orémus.

Dómine Iesu Christe, Rex ac Redémptor noster, in cuius honórem, hos ramos gestántes, solémnes laudes decantávimus: concéde propítius; ut, quocúmque hi rami deportáti fúerint, ibi tuæ benedictiónis grátia descéndat, et, quavis dæmonum iniquitáte vel illusióne profligáta, déxtera tua prótegat, quos redémit. Qui vivis et regnas in sæcula sæculórum. ℟. Amen.

Lasset uns beten.

Herr Jesus Christus, unser König und Erlöser, zu dessen Ehre wir, diese Zweige tragend, feierliches Lob gesungen haben, gewähre gnädig, dass, wohin immer diese Zweige gebracht werden, die Gnade Deines Segens herniedersteige, und, nachdem jede Bosheit und aller Trug der Dämonen besiegt ist, Deine Rechte jene schütze, die sie erlöst hat, der Du lebst und herrschst in alle Ewigkeit. ℟. Amen.

Nun kleiden sich der Priester und die Leviten zur Feier der hl. Messe in violette Gewänder.

SEGNUNG VON SPEISEN

INSBESONDERE ZU OSTERN

Die lateinischen Texte stimmen mit dem Rituale Romanum überein.
Die deutsche Übersetzung ist zum privaten Gebrauch der Gläubigen gedacht.

SEGNUNG VON FLEISCHSPEISEN

℣. Adiutórium nostrum in nómine Dómini.
℟. Qui fecit cælum et terram.

℣. Dóminus vobíscum.
℟. Et cum spíritu tuo.

Orémus.

Deus, qui per fámulum tuum Móysen, in liberatióne pópuli tui de Ægýpto, agnum occídi iussísti in similitúdinem Dómini nostri Iesu Christi, et utrósque postes domórum de sánguine eiúsdem agni perúngi præcepísti: tu bene ✠ dícere, et sancti ✠ ficáre dignéris hanc creatúram carnis, quam nos fámuli tui ad laudem tuam súmere desiderámus, per resurrectiónem eiúsdem Dómini nostri Iesu Christi: Qui tecum vivit et regnat in sǽcula sæculórum. ℟. Amen.

℣. Unsere Hilfe ist im Namen des Herrn.
℟. Der Himmel und Erde erschaffen hat.

℣. Der Herr sei mit euch.
℟. Und mit deinem Geiste.

Lasset uns beten.

Gott, der Du bei der Befreiung Deines Volkes aus Ägypten durch Deinen Diener Moses befohlen hast, als Vorbild unseres Herrn Jesus Christus ein Lamm zu schlachten, und der Du angeordnet hast, mit dem Blut dieses Lammes beide Türpfosten der Häuser zu bestreichen, segne und heilige gnädig dieses Geschöpf Fleisch, das wir, Deine Diener, Dir zum Lobe genießen wollen, durch die Auferstehung unseres Herrn Jesus Christus, der mit Dir lebt und herrscht in alle Ewigkeit. ℟. Amen.

Der Priester besprengt die Speisen mit Weihwasser.

SEGNUNG VON EIERN

℣. Adiutórium nostrum in nómine Dómini.
℟. Qui fecit cælum et terram.
℣. Dóminus vobíscum.
℟. Et cum spíritu tuo.

Orémus.

Subvéniat quǽsumus Dómine, tuæ bene ✠ dictiónis grátia huic ovórum creatúræ: ut cibus salúbris fiat fidélibus tuis, in tuárum gratiárum actióne suméntibus, ob resurrectiónem Dómini nostri Iesu Christi: Qui tecum vivit et regnat in sǽcula sæculórum. ℟. Amen.

℣. Unsere Hilfe ist im Namen des Herrn.
℟. Der Himmel und Erde erschaffen hat.
℣. Der Herr sei mit euch.
℟. Und mit deinem Geiste.

Lasset uns beten.

Es komme, so bitten wir, Herr, die Gnade Deines Segens auf diese Geschöpfe Eier herab, auf dass sie für Deine Gläubigen eine heilbringende Speise seien, wenn sie sie dankbar genießen ob der Auferstehung unseres Herrn Jesus Christus, der mit Dir lebt und herrscht in alle Ewigkeit. ℟. Amen.

Der Priester besprengt die Eier mit Weihwasser.

SEGNUNG VON BROT

℣. Adiutórium nostrum in nómine Dómini.
℟. Qui fecit cælum et terram.
℣. Dóminus vobíscum.
℟. Et cum spíritu tuo.

Orémus.

Dómine Iesu Christe, panis Angelórum, panis vivus ætérnæ vitæ,

℣. Unsere Hilfe ist im Namen des Herrn.
℟. Der Himmel und Erde erschaffen hat.
℣. Der Herr sei mit euch.
℟. Und mit deinem Geiste.

Lasset uns beten.

Herr Jesus Christus, Du Brot der Engel, Du lebendiges Brot des ewi-

bene ✠ dícere dignáre panem istum, sicut benedixísti quinque panes in desérto: ut omnes ex eo gustántes, inde córporis et ánimæ percípiant sanitátem: Qui vivis et regnas in sǽcula sæculórum.
℟. Amen.

gen Lebens: Segne gnädig dieses Brot, wie Du die fünf Brote in der Wüste gesegnet hast, auf dass alle, die davon genießen, daraus Gesundheit des Leibes und der Seele erlangen. Der Du lebst und herrschest in alle Ewigkeit. ℟. Amen.

Der Priester besprengt das Brot mit Weihwasser.

Allgemeine Segnung von Esswaren

℣. Adiutórium nostrum in nómine Dómini.
℟. Qui fecit cælum et terram.
℣. Dóminus vobíscum.
℟. Et cum spíritu tuo.

℣. Unsere Hilfe ist im Namen des Herrn.
℟. Der Himmel und Erde erschaffen hat.
℣. Der Herr sei mit euch.
℟. Und mit deinem Geiste.

Orémus.

Béne ✠ dic, Dómine, creatúram istam, ut sit remédium salutáre géneri humáno: et præsta per invocatiónem sancti nóminis tui; ut, quicúmque ex ea súmpserint, córporis sanitátem, et ánimæ tutélam percípiant. Per Christum, Dóminum nostrum.
℟. Amen.

Lasset uns beten.

Segne, Herr, dieses Geschöpf, auf dass es den Menschen ein Mittel des Heiles sei, und gewähre um der Anrufung Deines Namens willen, dass alle, die davon essen, Gesundheit des Leibes und Schutz für die Seele erlangen. Durch Christus, unsern Herrn. ℟. Amen.

Der Priester besprengt sie mit Weihwasser.

Segnung von Wohnungen

in der österlichen Zeit

Die lateinischen Texte stimmen mit dem Rituale Romanum überein.
Die deutsche Übersetzung
ist zum privaten Gebrauch der Gläubigen gedacht.

1. Beim Eintritt spricht der Priester:

℣. Pax huic dómui.	℣. Der Friede sei mit diesem Haus.
℟. Et ómnibus habitántibus in ea.	℟. Und mit allen, die darin weilen.

2. Danach besprengt er die wichtigsten Räume des Hauses mit Weihwasser und betet dabei die folgende Antiphon:

Ant. Vidi aquam egrediéntem de templo, a látere dextro, allelúia: et omnes, ad quos pervénit aqua ista, salvi facti sunt, et dicent: allelúia, allelúia.	Ich sah Wasser hervortreten aus dem Tempel von der rechten Seite, alleluja, und alle, zu denen dieses Wasser gelangte, wurden gerettet, und sie sagten: alleluja, alleluja.
Ps. 117, 1 Confitémini Dómino, quóniam bonus: quóniam in sǽculum misericórdia eius.	Preiset den Herrn, denn er ist gut, denn ewig währt seine Barmherzigkeit.
℣. Glória Patri, et Fílio, et Spirítui Sancto:	℣. Ehre sei dem Vater und dem Sohn und dem Heiligen Geist:
℟. Sicut erat in princípio, et nunc, et semper, et in sǽcula sæculórum. Amen.	℟. Wie es war im Anfang, so auch jetzt und allezeit und in Ewigkeit. Amen.

Die Antiphon Vidi aquam wird wiederholt.

℣. Osténde nobis, Dómine, misericórdiam tuam.
℟. Et salutáre tuum da nobis.

℣. Dómine, exáudi oratiónem meam.
℟. Et clamor meus ad te véniat.

℣. Dóminus vobíscum.
℟. Et cum spíritu tuo.

Orémus.

Exáudi nos, Dómine sancte, Pater omnípotens, ætérne Deus: et sicut domos Hebræórum in éxitu de Ægýpto, agni sánguine linítas (quod pascha nostrum, in quo immolátus est Cristus, figurábat), ab Angelo percutiénte custodísti; ita míttere dignéris sanctum Angelum tuum de cælis, qui custódiat, fóveat, prótegat, vísitet, atque deféndat omnes habitántes in hoc habitáculo. Per Christum, Dóminum nostrum. ℟. Amen.

℣. Zeige, Herr, uns Deine Huld.
℟. Und schenke uns Dein Heil.

℣. Herr, erhöre mein Gebet.
℟. Und lass mein Rufen zu Dir kommen.

℣. Der Herr sei mit euch.
℟. Und mit deinem Geiste.

Lasset uns beten.

Erhöre uns, Herr, heiliger Vater, allmächtiger, ewiger Gott: Und wie Du beim Auszug aus Ägypten die Häuser der Hebräer, die mit dem Blut des Lammes bestrichen waren (welches unser Pascha, in dem Christus geopfert wurde, bedeutete), vor dem tötenden Engel bewahrt hast, so sende gnädig Deinen Engel vom Himmel her, dass er alle, die in diesem Hause wohnen, schütze, hüte, schirme, heimsuche und verteidige. Durch Christus, unsern Herrn.
℟. Amen.

Segnung von Kräutern

am Fest Mariä Himmelfahrt

Die lateinischen Texte stimmen mit dem Rituale Romanum überein.
Die deutsche Übersetzung
ist zum privaten Gebrauch der Gläubigen gedacht.

Die Kräuter werden unmittelbar vor der hl. Messe gesegnet.

Der Priester steht mit Albe und weißer Stola vor dem Altar und betet, dem Volk zugewandt:

℣. Adiutórium nostrum in nómine Dómini.
℟. Qui fecit cælum et terram.

℣. Unsere Hilfe ist im Namen des Herrn.
℟. Der Himmel und Erde erschaffen hat.

Psalm 64

Te decet hymnus, Deus, in Sion: * et tibi reddétur votum in Ierúsalem.
2. Exáudi oratiónem meam: * ad te omnis caro véniet.
3. Verba iniquórum prævaluérunt super nos: * et impietátibus nostris tu propitiáberis.
4. Beátus, quem elegísti, et assumpsísti: * inhabitábit in átriis tuis.
5. Replébimur in bonis domus tuæ: * sanctum est templum tuum, mirábile in æquitáte.

1. Dir gebührt ein Loblied, Gott, auf Sion, * und Dir werde ein Gelübde erfüllt in Jerusalem.
2. Erhöre mein Gebet, * zu Dir wird alles Fleisch kommen.
3. Worte von Frevlern überwältigten uns, * doch unserer Ruchlosigkeiten wirst Du Dich erbarmen.
4. Selig ist, wen Du erwählt und angenommen hast, * er wird wohnen in Deinen Höfen.
5. Wir werden satt werden von den Gütern Deines Hauses, * heilig ist Dein Tempel, wunderbar in Gerechtigkeit.

6. Exáudi nos, Deus, salutáris noster, * spes ómnium fínium terræ, et in mari longe.
7. Præparans montes in virtúte tua, accínctus poténtia: * qui contúrbas profúndum maris sonum flúctuum eius.
8. Turbabúntur gentes, et timébunt qui hábitant términos a signis tuis: * éxitus matutíni, et véspere delectábis.
9. Visitásti terram, et inebriásti eam: * multiplicásti locupletáre eam.
10. Flumen Dei replétum est aquis, parásti cibum illórum: * quóniam ita est præparátio eius.
11. Rivos eius inébria, multíplica genímina eius: * in stillicídiis eius lætábitur gérminans.
12. Benedíces corónæ anni benignitátis tuæ: * et campi tui replebúntur ubertáte.
13. Pinguéscent speciósa desérti: * et exsultatióne colles accingéntur.

6. Erhöre uns, Gott, unser Heil, * Du Hoffnung aller Enden der Erde und weit auf dem Meer,
7. der Du Berge bereitest in Deiner Kraft, umgürtet mit Macht, * der Du aufwühlst die Tiefe des Meeres, das Brausen seiner Fluten.
8. Aufgewühlt werden die Heidenvölker, und vor Deinen Zeichen werden sich fürchten die Bewohner der äußersten Enden, * die Ausgänge des Morgens und des Abends wirst Du erfreuen.
9. Heimgesucht hast Du die Erde und sie berauscht, * in vielfältiger Weise hast Du sie reich gemacht.
10. Der Strom Gottes ist gefüllt mit Wasser, bereitet hast Du ihre Speise, * denn so ist sie angerichtet.
11. Tränke ihre Furchen, mehre ihre Erträge, * an ihren herabfallenden Tropfen wird der Keim sich freuen.
12. Du segnest den Kranz des Jahres Deiner Güte, * und Deine Felder werden erfüllt mit Überfluss.
13. Prangen werden die Auen der Wüste, * und mit Jubel werden die Hügel umgürtet.

14. Indúti sunt aríetes óvium, et valles abundábunt fruménto: * clamábunt, étenim hymnum dicent. Glória Patri.

14. Bekleidet haben sich die Böcke der Schafe, und die Täler werden überreich sein an Frucht, * sie werden jauchzen, ja, Dir ein Loblied singen. - Ehre sei dem Vater.

℣. Dóminus dabit benignitátem.
℟. Et terra nostra dabit fructum suum.

℣. Der Herr gibt seinen Segen.
℟. Und unsere Erde gibt ihren Ertrag.

℣. Rigans montes de superióribus suis.
℟. De fructu óperum tuórum satiábitur terra.

℣. Die Berge tränkt er von seinen Höhen.
℟. Von der Frucht Deiner Werke wird gesättigt die Erde.

℣. Prodúcens fænum iuméntis.
℟. Et herbam servitúti hóminum.

℣. Du lässt Gras wachsen für das Vieh.
℟. Und Kraut zum Dienst für die Menschen.

℣. Ut edúcas panem de terra.
℟. Et vinum lætíficet cor hóminis.

℣. Um Brot hervorzubringen aus der Erde.
℟. Und dass Wein erfreue des Menschen Herz.

℣. Ut exhílaret fáciem in óleo.
℟. Et panis cor hóminis confírmet.

℣. Um das Gesicht zu erheitern mit Öl.
℟. Und dass Brot des Menschen Herz stärke.

℣. Misit verbum suum, et sanávit eos.
℟. Et erípuit eos de ómnibus interitiónibus eórum.

℣. Er sandte sein Wort und heilte sie.
℟. Und er entriss sie ihrem Untergang.

℣. Dómine, exáudi oratiónem meam.
℟. Et clamor meus ad te véniat.

℣. Dóminus vobíscum.
℟. Et cum spíritu tuo.

Orémus.

Omnípotens sempitérne Deus, qui cælum, terram, mare, visibília et invisibília verbo tuo ex níhilo creásti, quique herbas, arborésque ad usus hóminum animaliúmque terram gígnere, et unumquódque iuxta seméntem in semetípso fructum habére præcepísti; atque non solum ut herbæ animántibus ad victum, sed ægris étiam corpóribus prodéssent ad medicaméntum, tua ineffábili pietáte concessísti: te súpplici mente et ore deprecámur, ut has divérsi géneris herbas et fructus tua cleméntia bene ✠ dícas, et supra naturálem a te índitam virtútem eis benedictiónis tuæ novæ grátiam infúndas; ut ad usum homínibus et iuméntis in nómine tuo applicátæ,

℣. Herr, erhöre mein Gebet.
℟. Und lass mein Rufen zu Dir kommen.

℣. Der Herr sei mit euch.
℟. Und mit deinem Geiste.

Lasset uns beten.

Allmächtiger, ewiger Gott, der Du Himmel, Erde und Meer, Sichtbares und Unsichtbares durch Dein Wort aus dem Nichts erschaffen hast und der Du befohlen hast, dass die Erde Kräuter und Bäume zum Nutzen von Mensch und Vieh hervorbringe, und der Du angeordnet hast, dass jede Pflanze Frucht bringe nach ihrer Art, und der Du in Deiner Liebe gewährt hast, dass die Kräuter nicht bloß den Lebewesen zur Nahrung, sondern auch dem kranken Leib zur Heilung dienen: Wir bitten Dich demütig mit Geist und Mund, dass Du diese verschiedenen Arten von Kräutern und Früchten in Deiner Milde segnest und ihnen über ihre von Dir gegebene natürli-

ómnium morbórum et adversitátum efficiántur præsídium. Per Dóminum nostrum Iesum Christum, Fílium tuum: Qui tecum vivit et regnat in unitáte Spíritus Sancti Deus, per ómnia sǽcula sæculórum. ℟. Amen.

che Kraft hinaus die Gnade Deines neuen Segens eingießest, damit sie, zum Nutzen von Mensch und Vieh in Deinem Namen angewandt, ein Schutz werden gegen alle Krankheiten und Widrigkeiten. Durch unseren Herrn Jesus Christus, Deinen Sohn, der mit Dir lebt und herrscht in der Einheit des Heiligen Geistes, Gott von Ewigkeit zu Ewigkeit. ℟. Amen.

Orémus.

Deus, qui per Móysen fámulum tuum mandásti fíliis Israël, ut manípulos novórum frúctuum benedicéndos deférrent ad sacerdótes, tolleréntque fructus árboris pulchérrimæ, et lætaréntur coram te, Dómino Deo suo: adésto propítius invocatiónibus nostris, et infúnde tuæ bene ✠ dictiónis abundántiam super nos, et super manípulos novárum frugum, novárum herbárum, et frúctuum collectiónem, quæ cum gratiárum actióne

Lasset uns beten.

Gott, der Du durch Deinen Diener Moses den Kindern Israels geboten hast, dass sie Garben von der neuen Frucht zur Segnung zu den Priestern bringen und dass sie die schönsten Früchte der Bäume nehmen und sich freuen vor Dir, dem Herrn, ihrem Gott: Stehe unseren Bitten gnädig bei und gieße die Fülle Deines Segens über uns und über die Garben der neuen Früchte, der neuen Kräuter und der Ansammlung von Früchten, die

tibi repræsentámus, et in nómine tuo in hac solemnitáte bene ✠ dícimus; et concéde, ut homínibus, pecóribus, pecúdibus et iuméntis contra morbos, pestes, úlcera, maleficia, incantatiónes, venefícia serpéntum, et aliórum venenosórum animálium et bestiárum morsus, nec non quæcúmque venéna, remédium præstent; atque contra diabólicas illusiónes, et machinatiónes, et fraudes tutámen ferant, in quocúmque loco pósitum vel portátum aut hábitum áliquid ex eis fúerit: quátenus cum manípulis bonórum óperum, méritis beátæ Maríæ Vírginis, cuius Assumptiónis festum cólimus, quo ipsa assúmpta est, súscipi mereámur. Per Dóminum nostrum Iesum Christum, Fílium tuum: Qui tecum vivit et regnat in unitáte Spíritus Sancti Deus, per ómnia sǽcula sæculórum.
℟. Amen.

wir unter Danksagung Dir darbringen und die wir in Deinem Namen an diesem Festtag segnen, und gewähre, dass sie für Menschen, Vieh, Kleinvieh und Lasttiere gegen Krankheiten, Seuchen, Geschwüre, Übeltaten, Beschwörungen, Schlangenbisse und Bisse anderer giftiger Tiere und Bestien, wie auch gegen jegliches Gift, ein Heilmittel seien und gegen teuflische Täuschung und List und Betrug Abwehr bieten, an welchen Ort auch immer etwas davon gelegt oder gebracht oder verwahrt wird. Wir aber mögen mit Garben von guten Werken durch die Verdienste der allerseligsten Jungfrau Maria, deren Himmelfahrtsfest wir begehen, an welchem sie aufgenommen wurde, aufgenommen zu werden verdienen. Durch unseren Herrn Jesus Christus, Deinen Sohn, der mit Dir lebt und herrscht in der Einheit des Heiligen Geistes, Gott von Ewigkeit zu Ewigkeit. ℟. Amen.

Orémus.

Deus, qui virgam Iesse, Genetrícem Fílii tui Dómini nostri Iesu Christi, hodiérna die ad cælórum fastígia ídeo evexísti, ut per eius suffrágia et patrocínia fructum ventris illíus, eúmdem Fílium tuum, mortalitáti nostræ communicáres: te súpplices exorámus; ut eiúsdem Fílii tui virtúte, eiúsque Genetrícis glorióso patrocínio istórum terræ frúctuum præsídiis per temporálem ad ætérnam salútem disponámur. Per eúndem Dóminum nostrum Iesum Christum, Fílium tuum: Qui tecum vivit et regnat in unitáte Spíritus Sancti Deus, per ómnia sǽcula sæculórum. ℟. Amen.

Lasset uns beten.

Gott, der Du den Spross aus Jesse, die Mutter Deines Sohnes, unseres Herrn Jesus Christus, am heutigen Tag so sehr zur Höhe des Himmels erhoben hast, dass Du durch ihre Hilfe und ihren Beistand die Frucht ihres Leibes, diesen Deinen Sohn, unserer Sterblichkeit mitteilst, wir bitten Dich inständig, dass wir in der Kraft Deines Sohnes und durch den glorreichen Beistand seiner Mutter mit Hilfe dieser Früchte der Erde durch das zeitliche Heil zum ewigen disponiert werden. Durch unseren Herrn Jesus Christus, Deinen Sohn, der mit Dir lebt und herrscht in der Einheit des Heiligen Geistes, Gott von Ewigkeit zu Ewigkeit. ℟. Amen.

Et benedíctio Dei omnipoténtis, Patris, et Fílii ✠ et Spíritus Sancti, descéndat super has creatúras, et máneat semper. ℟. Amen.

Und der Segen des allmächtigen Gottes, des Vaters und des Sohnes und des Heiligen Geistes komme herab auf diese Geschöpfe und bleibe darauf allezeit. ℟. Amen.

Der Priester besprengt die Kräuter und Früchte mit Weihwasser und beweihräuchert sie.

Auswahl gebräuchlicher Segnungen

Segnung von Wasser

Die lateinischen Texte stimmen mit dem Rituale Romanum überein.
Die deutsche Übersetzung ist zum privaten Gebrauch der Gläubigen gedacht.

1. Der Priester trägt über dem Talar ein Chorhemd und eine violette Stola. Zunächst spricht er:

℣. Adiutórium nostrum in nómine Dómini.
℟. Qui fecit cælum et terram.

℣. Unsere Hilfe ist im Namen des Herrn.
℟. Der Himmel und Erde erschaffen hat.

2. Dann betet er den Exorzismus über das Salz:

Exorcízo te, creatúra salis, per Deum ✠ vivum, per Deum ✠ verum, per Deum ✠ sanctum: per Deum qui te per Eliséum prophétam in aquam mitti iussit, ut sanarétur sterílitas aquæ: ut efficiáris sal exorcizátum in salútem credéntium; et sis ómnibus suméntibus te sánitas ánimæ et córporis; et effúgiat, atque discédat a loco, in quo aspérsum fúeris, omnis phantásia, et nequítia, vel versútia diabólicæ fraudis, omnísque spíritus immúndus, adiurátus per eum, qui ventúrus est iudicáre vivos et mórtuos, et sǽculum per ignem.
℟. Amen.

Ich beschwöre dich, du Geschöpf Salz, durch den lebendigen Gott, durch den wahren Gott, durch den heiligen Gott, durch Gott, der dem Propheten Elisäus befahl, dich ins Wasser zu werfen, um die Unfruchtbarkeit des Wassers zu heilen: Du sollst ein Salz werden, vom Bösen gereinigt, zum Heile der Gläubigen, du sollst allen, die dich genießen, zur Gesundheit des Leibes und der Seele dienen; von dem Orte, an dem du ausgestreut wirst, soll fliehen und entweichen jeder Gedanke und jede Bosheit oder Hinterlist teuflischen Truges und jeder unreine Geist; denn wir beschwören ihn durch den, der kommen soll zu richten die Lebenden und die Toten und die Welt durch Feuer. ℟. *Amen.*

Orémus.

Imménsam cleméntiam tuam, omnípotens ætérne Deus, humíliter implorámus, ut hanc creatúram salis, quam in usum géneris humáni tribuísti, bene ✠ dícere, et sancti ✠ ficáre tua pietáte dignéris: ut sit ómnibus suméntibus salus mentis et córporis; et quidquid ex eo tactum vel respérsum fúerit, cáreat omni immundítia, omníque impugnatióne spiritális nequítiæ. Per Christum Dóminum nostrum.

℟. Amen.

Lasset uns beten.

Deine unermessliche Güte flehen wir in Demut an, allmächtiger, ewiger Gott: Segne und heilige in Deiner Vaterhuld dieses Salz, das Du erschaffen und das Du den Menschen zum Nutzen gespendet hast. Lass es allen, die davon nehmen, zum Heile sein an Seele und Leib. Was davon berührt oder damit bestreut wird, sei frei von aller Unreinheit und von jeglicher Anfechtung des bösen Geistes. Durch Christus, unsern Herrn.

℟. Amen.

Daach segnet der Priester das Wasser:

Exorcízo te, creatúra aquæ, in nómine Dei ✠ Patris omnipoténtis, et in nómine Iesu ✠ Christi, Fílii eius, Dómini nostri, et in virtúte Spíritus ✠ Sancti: ut fias aqua exorcizáta ad effugándam omnem potestátem inimíci, et ipsum inimícum eradicáre et explantáre váleas cum ángelis suis apostáticis, per virtútem eiúsdem Dómini nostri Iesu Christi: qui

Ich beschwöre dich, du Geschöpf Wasser, im Namen Gottes, des allmächtigen Vaters und im Namen seines Sohnes Jesus Christus, unseres Herrn, und in der Kraft des Heiligen Geistes, damit du ein Wasser werdest, gereinigt vom Bösen, um alle Macht des Feindes fernzuhalten, und vermögest, den Feind selbst völlig zu bannen samt seinen abtrünnigen Engeln durch die Kraft unseres

ventúrus est iudicáre vivos et mórtuos, et sǽculum per ignem. ℟. Amen.

Herrn Jesus Christus, der da kommen soll zu richten die Lebenden und die Toten und die Welt im Feuer. ℟. Amen.

Orémus.

Deus, qui ad salútem humáni géneris, máxima quæque sacraménta in aquárum substántia condidísti: adésto propítius invocatiónibus nostris, et eleménto huic multímodis purificatiónibus præparáto, virtútem tuæ bene ✠ dictiónis infúnde; ut creatúra tua, mystériis tuis sérviens, ad abigéndos dǽmones, morbósque pelléndos, divínæ grátiæ sumat effféctum; ut, quidquid in dómibus vel in locis fidélium hæc unda respérserit, cáreat omni immundítia, liberétur a noxa: non illic resídeat spíritus péstilens, non aura corrúmpens: discédant omnes insídiæ laténtis inimíci: et si quid est, quod aut incolumitáti habitántium ínvidet aut quiéti, aspersióne huius aquæ effúgiat: ut salúbritas per invocatiónem sancti tui nóminis expetíta ab

Lasset uns beten.

O Gott, Du hast die größten Heilswerke für das Menschengeschlecht an die Natur des Wassers gebunden: Sei gnädig nahe unserm Flehen und senke in dieses Element, das für die verschiedensten Reinigungen bestimmt ist, die Kraft Deines Segens, damit Dein Geschöpf im Dienste Deiner Geheimnisse die göttliche Gnadenkraft empfange, die bösen Geister zu vertreiben und Krankheiten fernzuhalten. Was immer in Haus und Wohnung der Gläubigen mit diesem Wasser besprengt wird, soll frei bleiben von Unreinheit und bewahrt werden vor Schaden. Der Hauch ansteckender Krankheit habe dort keinen Platz, keinen Platz verderbliche Luft. Fern sollen bleiben alle Nachstellungen des heimtückischen Feindes.

ómnibus sit impugnatiónibus defénsa. Per Christum Dóminum nostrum. ℟. Amen.

Was immer das Wohl oder die Ruhe der Bewohner gefährdet, soll weichen, wenn es mit diesem Wasser besprengt wird, damit das Wohlergehen, das wir durch die Anrufung Deines heiligen Namens erflehen, von aller Anfechtung frei sei. Durch Christus, unsern Herrn. ℟. Amen.

3. Nun streut der Priester in Kreuzesform Salz in das Wasser und spricht dabei:

Commíxtio salis et aquæ páriter fiat, in nómine Pa ✠ tris, et Fí ✠ lii, et Spíritus ✠ Sancti. ℟. Amen.

Die Mischung von Salz und Wasser geschehe im Namen des Vaters und des Sohnes und des Heiligen Geistes. ℟. Amen.

℣. Dóminus vobíscum.
℟. Et cum spíritu tuo.

℣. Der Herr sei mit euch.
℟. Und mit deinem Geiste.

Orémus.

Deus, invíctæ virtútis auctor, et insuperábilis impérii rex, ac semper magníficus triumphátor: qui advérsæ dominatiónis vires réprimis: qui inimíci rugiéntis sævítiam súperas: qui hostíles nequítias poténter expúgnas: te, Dómine, treméntes et súpplices deprecámur ac

Lasset uns beten.

O Gott, Du Urheber unbesiegter Kraft, Du unüberwindlicher König des Reiches und allzeit erhabener Herrscher, Du brichst die Kraft der gegnerischen Gewalt, Du überwindest den grausam wütenden Feind und vertreibst mit mächtiger Hand seine Bosheit: Dich,

pétimus: ut hanc creatúram salis et aquæ dignánter aspícias, benígnus illústres, pietátis tuæ rore sanctífices; ut, ubicúmque fúerit aspérsa, per invocatiónem sancti nóminis tui, omnis infestátio immúndi spíritus abigátur, terrórque venenósi serpéntis procul pellátur: et præséntia Sancti Spíritus nobis, misericórdiam tuam poscéntibus, ubíque adésse dignétur. Per Dóminum nostrum Iesum Christum, Fílium tuum: Qui tecum vivit et regnat in unitáte Spíritus Sancti Deus: per ómnia sǽcula sæculórum. ℟. Amen.

Herr, bitten wir und flehen wir in tiefer Ehrfurcht an: Schau dieses Salz und Wasser, das Du geschaffen, gnädig an, überstrahle es in Güte und heilige es mit dem Tau Deiner Gnade. Wo immer es hingesprengt wird, möge durch die Anrufung Deines heiligen Namens abgewehrt werden jeder Anschlag des unreinen Geistes und weit vertrieben werden die Schrecknis der giftigen Schlange; der Heilige Geist aber sei uns allerorten nahe, die wir um Dein Erbarmen flehen. Durch unsern Herrn Jesus Christus, Deinen Sohn, der mit Dir lebt und herrscht in der Einheit des Heiligen Geistes, Gott von Ewigkeit zu Ewigkeit. ℟. Amen.

4. Nach der Segnung besprengt der Priester (je nach den Umständen) das Volk mit dem geweihten Wasser.

Segnung von Kindern

in einer Kirche

Die lateinischen Texte stimmen mit dem Rituale Romanum überein.
Die deutsche Übersetzung
ist zum privaten Gebrauch der Gläubigen gedacht.

Der Priester betet den Kindern zugewandt:

℣. Adiutórium nostrum in nómine Dómini.
℟. Qui fecit cælum et terram.

℣. Unsere Hilfe ist im Namen des Herrn.
℟. Der Himmel und Erde erschaffen hat.

Ant. Laudáte, púeri, Dóminum: laudáte nomen Dómini. †

Lobet, ihr Kinder, den Herrn, lobet den Namen des Herrn. †

Psalm 112

Laudáte, púeri, Dóminum: * laudáte nomen Dómini.
2. † Sit nomen Dómini benedíctum, * ex hoc nunc, et usque in sǽculum.
3. A solis ortu usque ad occásum, * laudábile nomen Dómini.
4. Excélsus super omnes gentes Dóminus, * et super cælos glória eius.
5. Quis sicut Dóminus, Deus noster, qui in altis hábitat, * et humília réspicit in cælo et in terra?
6. Súscitans a terra ínopem, * et de stércore érigens páuperem:

1. Lobet, ihr Kinder, den Herrn, * lobet den Namen des Herrn.
2. † Der Name des Herrn sei gepriesen, * von nun an und bis in Ewigkeit.
3. Vom Aufgang der Sonne bis zum Untergang, * ist lobwürdig der Name des Herrn.
4. Erhaben über alle Völker ist der Herr * und über die Himmel seine Herrlichkeit.
5. Wer ist wie der Herr, unser Gott, der in den Höhen wohnt * und auf das Kleine schaut im Himmel und auf Erden?
6. Der den Hilflosen von der Erde aufrichtet * und aus dem Schmutz den Armen erhebt,

7. Ut cóllocet eum cum princípibus, * cum princípibus pópuli sui.
8. Qui habitáre facit stérilem in domo, * matrem filiórum lætántem.
9. Glória Patri et Fílio, * et Spirítui Sancto.
10. Sicut erat in princípio, et nunc et semper, * et in sǽcula sæculórum. Amen.

Man wiederholt die Antiphon:

Laudáte, púeri, Dóminum: laudáte nomen Dómini.

℣. Sínite párvulos veníre ad me.
℟. Tálium est enim regnum cælórum.
℣. Angeli eórum.
℟. Semper vident fáciem Patris.
℣. Nihil profíciat inimícus in eis.
℟. Et fílius iniquitátis non appónat nocére eis.
℣. Dómine, exáudi oratiónem meam.
℟. Et clamor meus ad te véniat.
℣. Dóminus vobíscum.
℟. Et cum spíritu tuo.

7. dass er ihn aufstelle mit Fürsten, * mit den Fürsten seines Volkes.
8. Er lässt die Unfruchtbare im Haus wohnen * als frohe Mutter von Kindern.
9. Ehre sei dem Vater und dem Sohn * und dem Heiligen Geist.
10. Wie es war im Anfang, so auch jetzt und allezeit * und in Ewigkeit. Amen.

Lobet, ihr Kinder, den Herrn, lobet den Namen des Herrn.

℣. Lasset die Kinder zu mir kommen,
℟. denn ihrer ist das Himmelreich.
℣. Ihre Engel
℟. schauen immerdar das Angesicht des Vaters.
℣. Nichts vermöge der Feind wider sie,
℟. und der Sohn der Bosheit schade ihnen nicht.
℣. Herr, erhöre mein Gebet.
℟. Und lass mein Rufen zu Dir kommen.
℣. Der Herr sei mit euch.
℟. Und mit deinem Geiste.

Orémus.

Dómine Iesu Christe, qui párvulos tibi oblátos et ad te veniéntes compléxus es, manúsque super illos impónens benedixísti eis, atque dixísti: Sínite párvulos veníre ad me, et nolíte prohibére eos, tálium est enim regnum cælórum, et Angeli eórum semper vident fáciem Patris mei; réspice, quǽsumus, ad puerórum præséntium innocéntiam, et ad eórum paréntum devotiónem, et cleménter eos hódie per ministérium nostrum béne ✠ dic; ut in tua grátia et misericórdia semper profíciant, te sápiant, te díligant, te tímeant, et mandáta tua custódiant, et ad finem optátum felíciter pervéniant: per te, Salvátor mundi: Qui cum Patre, et Spíritu Sancto vivis et regnas Deus, in sǽcula sæculórum. ℟. Amen.

Lasset uns beten.

Herr Jesus Christus, der Du die Kinder, die man zu Dir brachte und die zu Dir kamen, umarmt und sie gesegnet hast, indem Du ihnen die Hände auflegtest und sagtest: Lasst die Kleinen zu mir kommen und wehrt es ihnen nicht, denn solcher ist das Himmelreich, und: Ihre Engel schauen immerdar das Angesicht meines Vaters; schau, so bitten wir, auf die Unschuld dieser hier gegenwärtigen Kinder und auf die Frömmigkeit ihrer Eltern, und segne ✠ sie heute milde durch mich, Deinen Diener, damit sie in Deiner Gnade und Barmherzigkeit immerdar fortschreiten, an Dir Freude haben, Dich lieben, Dich fürchten und Deine Gebote halten und glücklich zum ersehnten Ziel gelangen, durch Dich, Erlöser der Welt, der Du mit dem Vater und dem Heiligen Geist lebst und herrschest, Gott, in alle Ewigkeit.

℟. Amen.

Orémus.

Defénde, quǽsumus, Dómine, beáta María semper Vírgine intercedénte, istam ab omni adversitáte famíliam: et toto corde tibi prostrátam, ab hóstium propítius tuére cleménter insídiis. Per Christum, Dóminum nostrum. ℟. Amen.

Lasset uns beten.

Bewahre, so bitten wir, Herr, auf die Fürsprache der seligen immerwährenden Jungfrau Maria diese Schar vor allem Unglück; und schütze sie, die sich aus ganzem Herzen vor Dir niederwirft, gnädig vor allen Nachstellungen der Feinde. Durch Christus, unsern Herrn. ℟. Amen.

Orémus.

Deus, qui ineffábili providéntia sanctos Angelos tuos ad nostram custódiam míttere dignáris: largíre supplícibus tuis; et eórum semper protectióne def, deféndi, et ætérna societáte gaudére. Per Christum, Dóminum nostrum. ℟. Amen.

Lasset uns beten.

Gott, der Du in unaussprechlicher Vorsehung Deine heiligen Engel zu unserem Schutz sendest, gewähre denen, die Dich anflehen, dass sie stets unter ihrem Schutz bewahrt seien und sich ihrer ewigen Gemeinschaft erfreuen. Durch Christus, unsern Herrn. ℟. Amen.

Dann macht der Priester mit der rechten Hand ein Kreuzzeichen über die Kinder und segnet sie:

Benedícat vos Deus, et custódiat corda vestra, et intelligéntias vestras, Pater, et Fílius, ✠ et Spíritus Sanctus. ℟. Amen.

Es segne ✠ euch Gott, und es behüte eure Herzen und euren Sinn der Vater und der Sohn und der Heilige Geist. ℟. Amen.

Schließlich besprengt er sie mit Weihwasser.

Segnung von Wohnungen

außerhalb der österlichen Zeit

Die lateinischen Texte stimmen mit dem Rituale Romanum überein.
Die deutsche Übersetzung ist zum privaten Gebrauch der Gläubigen gedacht.

1. Beim Eintritt spricht der Priester:

℣. Pax huic dómui.

℟. Et ómnibus habitántibus in ea.

℣. Der Friede sei mit diesem Haus.

℟. Und mit allen, die darin weilen.

2. Danach besprengt er die wichtigsten Räume des Hauses mit Weihwasser und betet dabei die folgende Antiphon:

Ant. Aspérges me, Dómine, hyssópo, et mundábor: lavábis me, et super nivem dealbábor.

Ps. 117, 1 Miserére mei, Deus, secúndum magnam misericórdiam tuam.

℣. Glória Patri, et Fílio, et Spirítui Sancto:

℟. Sicut erat in princípio, et nunc, et semper, et in sǽcula sæculórum. Amen.

Ant. Besprenge mich, Herr, und ich werde rein, wasche mich, und ich werde weißer als Schnee.

Erbarme Dich meiner, o Gott, nach Deiner großen Barmherzigkeit.

℣. Ehre sei dem Vater und dem Sohn und dem Heiligen Geist:

℟. Wie es war im Anfang, so auch jetzt und allezeit und in Ewigkeit. Amen.

Die Antiphon Aspérges me wird wiederholt.

Danach betet er:

℣. Dómine, exáudi oratiónem meam.

℟. Et clamor meus ad te véniat.

℣. Herr, erhöre mein Gebet.

℟. Und lass mein Rufen zu Dir kommen.

℣. Dóminus vobíscum.
℟. Et cum spíritu tuo.

Orémus.

Exáudi nos, Dómine sancte, Pater omnípotens, ætérne Deus: et míttere dignéris sanctum Angelum tuum de cælis, qui custódiat, fóveat, prótegat, vísitet, atque defféndat omnes habitántes in hoc habitáculo. Per Christum, Dóminum nostrum.
℟. Amen.

℣. Der Herr sei mit euch.
℟. Und mit deinem Geiste.

Lasset uns beten.

Erhöre uns, Herr, heiliger Vater, allmächtiger, ewiger Gott, und sende gnädig Deinen Engel vom Himmel her, dass er alle, die in diesem Hause wohnen, schütze, hüte, schirme, heimsuche und verteidige. Durch Christus, unsern Herrn.
℟. Amen.

Segensgebet für Wohnungen und Häuser

℣. Adiutórium nostrum in nómine Dómini.
℟. Qui fecit cælum et terram.
℣. Dóminus vobíscum.
℟. Et cum spíritu tuo.

Orémus.

Béne ✠ dic, Dómine, Deus omnípotens, domum istam: ut sit in ea sánitas, cástitas, victória, vírtus, humílitas, bónitas, et mansuetúdo, plenitúdo legis, et gratiárum ác-

℣. Unsere Hilfe ist im Namen des Herrn.
℟. Der Himmel und Erde erschaffen hat.
℣. Der Herr sei mit euch.
℟. Und mit deinem Geiste.

Lasset uns beten.

Segne, Herr, allmächtiger Gott, dieses Haus, auf dass darin wohnen Gesundheit, Keuschheit, Sieg und Tugend, Demut, Güte, Sanftmut, die Fülle des Gesetzes und Dank-

tio Deo Patri, et Fílio, et Spirítui Sancto; et hæc benedíctio máneat super hanc domum et super habitántes in ea nunc et in ómnia sǽcula sæculórum. ℟. Amen.

barkeit gegen Gott, den Vater und den Sohn und den Heiligen Geist, und dieser Segen bleibe über diesem Haus und seinen Bewohnern jetzt und in alle Ewigkeit. ℟. Amen.

Der Priester besprengt die Wohnung mit Weihwasser.

Anderes Segensgebet für Wohnungen und Häuser

℣. Adiutórium nostrum in nómine Dómini.
℟. Qui fecit cælum et terram.

℣. Unsere Hilfe ist im Namen des Herrn.
℟. Der Himmel und Erde erschaffen hat.

℣. Dóminus vobíscum.
℟. Et cum spíritu tuo.

℣. Der Herr sei mit euch.
℟. Und mit deinem Geiste.

Orémus.

Te Deum Patrem omnipoténtem supplíciter exorámus pro hac domo, et habitatóribus eius, ac rebus: ut eam bene ✠ dícere, et sancti ✠ ficáre, ac bonis ómnibus ampliáre dignéris: tríbue eis, Domine, de rore cæli abundántiam, et de pinguédine terræ vitæ substántiam, et desidéria voti eórum ad efféctum tuæ miseratiónis perdúcas.

Lasset uns beten.

Dich, Gott, den allmächtigen Vater, bitten wir demütig für dieses Haus, seine Bewohner und deren Habe: Segne und heilige es und erfülle es mit allen Gütern. Gib ihnen, Herr, Überfluss vom Tau des Himmels, und von den Früchten der Erde alles, was sie zum Leben brauchen. Erfülle die Wünsche ihres Herzens durch Deine Erbarmung.

Ad introitum ergo nostrum bene ✠ dícere, et sancti ✠ ficáre dignéris hanc domum, sicut benedícere dignátus es domum Abraham, Isaac et Iacob: et intra paríetes domus istíus Angeli tuæ lucis inhábitent, eámque, et eius habitatóres custódiant. Per Christum Dóminum nostrum. ℟. Amen.

Bei unserem Eintritt mögest Du segnen und heiligen dieses Haus, wie Du einst das Haus Abrahams, Isaaks und Jakobs gesegnet hast. Lass Engel des Lichtes in seinen Mauern wohnen und das Haus und seine Bewohner behüten. Durch Christus, unsern Herrn. ℟. Amen.

Der Priester besprengt die Wohnung mit Weihwasser.

Segnung und Auflegung der Wundertätigen Medaille

Die lateinischen Texte stimmen mit dem Rituale Romanum überein.
Die deutsche Übersetzung
ist zum privaten Gebrauch der Gläubigen gedacht.

Der Priester trägt über dem Talar ein Chorhemd und eine weiße Stola.

℣. Adiutórium nostrum in nómine Dómini.
℟. Qui fecit cælum et terram.

℣. Unsere Hilfe ist im Namen des Herrn.
℟. Der Himmel und Erde erschaffen hat.

℣. Dóminus vobíscum.
℟. Et cum spíritu tuo.

℣. Der Herr sei mit euch.
℟. Und mit deinem Geiste.

Orémus.

Omnípotens et miséricors Deus, qui per multíplices immaculátæ Maríæ Vírginis apparitiónes in terris mirabília iúgiter pro animárum salúte operári dignátus es: super hoc numísmatis signum, tuam bene ✠ dictiónem benígnus infúnde; ut pie hoc recoléntes ac devóte gestántes et illíus patrocínium séntiant et tuam misericórdiam consequántur. Per Christum, Dóminum nostrum. ℟. Amen.

Lasset uns beten.

Allmächtiger, ewiger Gott, der Du durch vielfache Erscheinungen der unbefleckten Jungfrau Maria auf Erden immer wieder Wunder zum Heil der Seelen gewirkt hast, gieße über diese Medaille gnädig Deinen Segen aus, auf dass die Gläubigen, die sie fromm verehren und andächtig tragen, den Schutz der allerseligsten Jungfrau erfahren und Deine Barmherzigkeit erlangen. Durch Christus, unsern Herrn. ℟. Amen.

Danach besprengt er die Medaille mit Weihwasser und legt sie dem Betreffenden auf, indem er spricht:

Accipe sanctum Numísma, gesta fidéliter, et digna veneratióne proséquere: ut piíssima et immaculáta cælórum Dómina te prótegat atque deféndat; et pietátis suæ prodígia rénovans, quæ a Deo supplíciter postuláveris, tibi misericórditer ímpetret, ut vivens ac móriens in matérno eius ampléxu felíciter requiéscas. ℟. Amen.

Empfange die heilige Medaille, trage sie gläubig und behandle sie mit gebührender Ehrfurcht, damit die selige und unbefleckte Herrin des Himmels dich schütze und verteidige, und indem sie die Wunder ihrer Güte erneuert, alles was du demütig von Gott erbittest, barmherzig für dich erlange, auf dass du im Leben wie im Sterben glücklich ruhest in ihren mütterlichen Armen.
℟. Amen.

℣. Kýrie, eléison.
℟. Christe, eléison.
Kýrie, eléison.

℣. Herr, erbarme Dich.
℟. Christus, erbarme Dich.
Herr, erbarme Dich.

℣. Pater noster

℣. Vater unser

Man betet still weiter bis:

Et ne nos indúcas in tentatiónem.
℟. Sed líbera nos a malo.

Und führe uns nicht in Versuchung.
℟. Sondern erlöse uns von dem Bösen.

℣. Regína sine labe origináli concépta.
℟. Ora pro nobis.

℣. Königin, ohne Makel der Erbsünde empfangen.
℟. Bitte für uns.

℣. Dómine, exáudi oratiónem meam.

℣. Herr, erhöre mein Gebet.

℟. Et clamor meus ad te véniat.

℣. Dóminus vobíscum.
℟. Et cum spíritu tuo.

Orémus.

Dómine Iesu Christe, qui beatíssimam Vírginem Maríam matrem tuam ab orígine immaculátam innúmeris miráculis claréscere voluísti: concéde; ut eiúsdem patrocínium semper implorántes, gáudia consequámur ætérna: Qui vivis et regnas in sǽcula sæculórum.
℟. Amen.

℟. Und lass mein Rufen zu Dir kommen.

℣. Der Herr sei mit euch.
℟. Und mit deinem Geiste.

Lasset uns beten.

Herr Jesus Christus, der Du Deine Mutter, die allerseligste Jungfrau Maria, die vom Urspung an unbefleckt ist, durch unzählige Wunder verherrlichen wolltest, gib, dass wir durch beständige Anrufung ihres Schutzes die ewigen Freuden erlangen. Der Du lebst und herrschest in alle Ewigkeit. ℟. Amen.

Segnung und Auflegung des braunen Skapuliers

Formula brevior

Die lateinischen Texte stimmen mit dem Rituale Romanum überein.
Die deutsche Übersetzung
ist zum privaten Gebrauch der Gläubigen gedacht.

Der Priester trägt über dem Talar ein Chorhemd und eine weiße Stola.

℣. Osténde nobis, Dómine, misericórdiam tuam.	℣. Zeige, Herr, uns Deine Huld.
℟. Et salutáre tuum da nobis.	℟. Und schenke uns Dein Heil.
℣. Dómine, exáudi oratiónem meam.	℣. Herr, erhöre mein Gebet.
℟. Et clamor meus ad te véniat.	℟. Und lass mein Rufen zu Dir kommen.
℣. Dóminus vobíscum.	℣. Der Herr sei mit euch.
℟. Et cum spíritu tuo.	℟. Und mit deinem Geiste.
Orémus.	Lasset uns beten.
Dómine Iesu Christe, humáni géneris Salvátor, hunc hábitum, quem propter tuum tuǽque Genetrícis Vírginis Maríæ de Monte Carmélo amórem servi tui (ancíllæ tuæ) devóte sunt delatúri (-æ) déxtera tua sancti ✠ fica, et eádem Genetríce tua intercedénte, ab hoste malígno defénsi (-æ) in tua grátia usque ad	Herr Jesus Christus, Erlöser des Menschengeschlechtes, heilige dieses Gewand, das Deine Diener aus Liebe zu Dir und Deiner jungfräulichen Mutter Maria vom Berge Karmel andächtig tragen wollen, mit Deiner Rechten, auf dass sie, durch die Fürsprache Deiner Mutter, vor dem bösen Feind geschützt, in

mortem persevérent: Qui vivis et regnas in sǽcula sæculórum. ℟. Amen	Deiner Gnade bis zum Tod verharren. Der Du lebst und herrschest in alle Ewigkeit. ℟. Amen.

Er besprengt die Skapuliere mit Weihwasser und legt sie jedem Einzelnen auf, indem er spricht:

Accipe hunc hábitum benedíctum precans sanctíssimam Vírginem, ut eius méritis illum pérferas sine mácula, et te ab ómni adversitáte deféndat, atque ad vitam perdúcat ætérnam. ℟. Amen.	Empfange dieses gesegnete Kleid und bitte die allerseligste Jungfrau, dass du es durch ihre Verdienste unbefleckt tragest und dass sie dich vor jeder Widrigkeit beschütze und dich zum ewigen Leben führe. ℟. Amen.

Nachdem alle das Skapulier erhalten haben, spricht er:

Ego, ex potestáte mihi concéssa, recípio te (vos) ad participatiónem ómnium bonórum spirituálium, quæ, cooperánte misericórdia Iesu Christi, a Religiósis de Monte Carmélo peragúntur. In nómine Patris, et Fílii, ✠ et Spíritus Sancti. ℟. Amen.	Kraft der mir verliehenen Vollmacht nehme ich dich (euch) auf zur Teilnahme an allen geistlichen Gütern, die mit Hilfe der Barmherzigkeit Jesu Christi von den Mitgliedern des Karmeliterordens erworben werden. Im Namen des Vaters und des Sohnes und des Heiligen Geistes. ℟. Amen.
Bene ✠ dícat te (vos) Cónditor cæli et terræ, Deus omnípotens, qui te (vos) cooptáre dignátus est in	Es segne dich (euch) der Schöpfer des Himmels und der Erde, der allmächtige Gott, der dich (euch)

Confraternitátem beátæ Maríæ Vírginis de Monte Carmélo: quam exorámus, ut in hora óbitus tui (vestri) cónterat caput serpéntis antíqui, atque palmam et corónam sempitérnæ hereditátis tandem consequáris (consequámini). Per Christum Dóminum nostrum. ℟. Amen.

in seiner Gnade zur Bruderschaft der Allerseligsten Jungfrau Maria vom Berge Karmel berufen hat. Wir bitten sie, sie möge in der Stunde deines (eures) Todes den Kopf der alten Schlange zertreten, damit du (ihr) endlich die Palme und die Krone des ewigen Erbes erlange(s)t. Durch Christus, unsern Herrn. ℟. Amen.

Er besprengt die Personen mit Weihwasser.

Segnung der Benediktusmedaille

Die lateinischen Texte stimmen mit dem Rituale Romanum überein.
Die deutsche Übersetzung
ist zum privaten Gebrauch der Gläubigen gedacht.

Der Priester trägt über dem Talar ein Chorhemd und eine violette Stola.

℣. Adiutórium nostrum in nómine Dómini.
℟. Qui fecit cælum et terram.

℣. Unsere Hilfe ist im Namen des Herrn.
℟. Der Himmel und Erde erschaffen hat.

Exorcízo vos, numísmata, per Deum ✠ Patrem omnipoténtem, qui fecit cælum et terram, mare et ómnia, quæ in eis sunt. Omnis virtus adversárii, omnis exércitus diáboli, et omnis incúrsus, omne phantásma sátanæ, eradicáre et effugáre ab his numismátibus: ut fiant ómnibus, qui eis usúri sunt, salus mentis et córporis: in nómine Pa ✠ tris omnipoténtis, et Iesu ✠ Christi Fílii eius, Dómini nostri, et Spíritus ✠ Sancti Paráclití, et in caritáte eiúsdem Dómini nostri Iesu Christi, qui ventúrus est iudicáre vivos et mórtuos, et sæculum per ignem. ℟. Amen.

Ich beschwöre euch, Medaillen, durch Gott, den allmächtigen Vater, der Himmel und Erde, das Meer und alles, was darinnen ist, erschaffen hat. Jede Gewalt des Widersachers, jede Heerschar des Teufels, jeder Anschlag und jedes Trugbild des Satans werde beseitigt und weiche von diesen Medaillen, auf dass sie allen, die sich ihrer bedienen, zum Heil seien für Seele und Leib: im Namen des allmächtigen Vaters und Jesu Christi, seines Sohnes, unseres Herrn, und des Heiligen Geistes, des Beistands, und in der Liebe unseres Herrn Jesus Christus, der da kommen wird zu richten die Lebenden und die Toten und die Welt durch Feuer. ℟. *Amen.*

℣. Dómine, exáudi oratiónem meam.
℟. Et clamor meus ad te véniat.

℣. Herr, erhöre mein Gebet.
℟. Und lass mein Rufen zu Dir kommen.

℣. Dóminus vobíscum.
℟. Et cum spíritu tuo.

℣. Der Herr sei mit euch.
℟. Und mit deinem Geiste.

Orémus.

Deus omnípotens, bonórum ómnium largítor, súpplices te rogámus, ut per intercessiónem sancti Benedícti his sacris numismátibus tuam bene ✠ dictiónem infúndas, ut omnes qui ea gestáverint ac bonis opéribus inténti fúerint, sanitátem mentis et córporis, et grátiam sanctificatiónis, atque indulgéntias concéssas cónsequi mereántur, omnésque diáboli insídias et fraudes, per auxílium misericórdiæ tuæ, stúdeant devitáre et in conspéctu tuo sancti et immaculáti váleant apparére. Per Christus Dóminum nostrum. ℟. Amen.

Lasset uns beten.

Allmächtiger Gott, Spender alles Guten, wir bitten Dich inständig, dass Du auf die Fürsprache des hl. Benedikt über diese Medaillen Deinen Segen ausgießest, auf dass alle, die sie tragen und auf gute Werke bedacht sind, Gesundheit des Geistes und des Leibes, die Gnade der Heiligung und die verliehenen Ablässe zu erlangen verdienen, dass sie ferner allen Nachstellungen und allem Trug des Teufels durch Deine barmherzige Hilfe zu entrinnen vermögen und einst heilig und unbefleckt vor Dein Angesicht treten. Durch Christus, unsern Herrn. ℟. Amen.

Der Priester besprengt sie mit Weihwasser.

Segnung eines Kreuzes

Die lateinischen Texte stimmen mit dem Rituale Romanum überein.
Die deutsche Übersetzung ist zum privaten Gebrauch der Gläubigen gedacht.

℣. Adiutórium nostrum in nómine Dómini.
℟. Qui fecit cælum et terram.

℣. Dóminus vobíscum.
℟. Et cum spíritu tuo.

Orémus.

Rogámus te, Dómine, sancte Pater, omnípotens ætérne Deus: ut dignéris benedí ✠ cere hoc signum Crucis, ut sit remédium salutáre géneri humáno; sit solíditas fídei, proféctus bonórum óperum, redémptio animárum; sit solámen, et protéctio, ac tutéla contra sæva iácula inimicórum. Per Christum, Dóminum nostrum. ℟. Amen.

Orémus.

Béne ✠ dic, Dómine Iesu Christe, hanc Crucem, quia per Crucem sanctam tuam eripuísti mundum a potestáte dæ-

℣. Unsere Hilfe ist im Namen des Herrn.
℟. Der Himmel und Erde erschaffen hat.

℣. Der Herr sei mit euch.
℟. Und mit deinem Geiste.

Lasset uns beten.

Wir bitten Dich, Herr, heiliger Vater, allmächtiger ewiger Gott, dass Du dieses Kreuz segnen wollest, damit es den Menschen ein Mittel des Heiles sei. Es gereiche ihnen zur Festigung des Glaubens, zum Fortschritt in guten Werken, zur Erlösung ihrer Seelen und zum Trost und auch zum Schirm und Schutz gegen die Nachstellungen der Feinde. Durch Christus, unsern Herrn. ℟. Amen.

Lasset uns beten.

Segne, Herr Jesus Christus, dieses Kreuz, denn durch Dein heiliges Kreuz hast Du die Welt von der Macht der bösen Geister

monum, et superásti passióne tua suggestórem peccáti, qui gaudébat in prævaricatióne primi hóminis per ligni vétiti sumptiónem.

erlöst, und durch Dein Leiden hast Du den Verführer zur Sünde überwunden, der sich gefreut hat am Vergehen des ersten Menschen, da dieser vom verbotenen Baum genoss.

Nun besprengt der Priester das Kreuz mit Weihwasser.

Sanctificétur hoc signum Crucis in nómine Pa ✠ tris, et Fí ✠ lii, et Spíritus ✠ Sancti; ut orántes, inclinantésque se propter Dóminum ante istam Crucem, invéniant córporis et ánimæ sanitátem. Per eúndem Christum, Dóminum nostrum. ℟. Amen.

Geheiligt werde dieses Zeichen des Kreuzes im Namen des Vaters und des Sohnes und des Heiligen Geistes, auf dass jeder, der vor diesem Kreuze betet und sich um des Herrn willen davor verneigt, Heil erfahre für Leib und Seele. Durch denselben Christus, unseren Herrn. ℟. Amen.

Danach beugt der Priester vor dem Kreuz anbetend das Knie und küsst es.

Segnung von Kerzen

Die lateinischen Texte stimmen mit dem Rituale Romanum überein.
Die deutsche Übersetzung ist zum privaten Gebrauch der Gläubigen gedacht.

℣. Adiutórium nostrum in nómine Dómini.
℟. Qui fecit cælum et terram.

℣. Dóminus vobíscum.
℟. Et cum spíritu tuo.

Orémus.

Dómine Iesu Christe, Fili Dei vivi, béne ✠ dic candélas istas supplicatiónibus nostris: infúnde eis, Dómine, per virtútem sanctæ Cru ✠ cis, benedictiónem cæléstem, qui eas ad repelléndas ténebras humáno géneri tribuísti; talémque benedictiónem signáculo sanctæ Cru ✠ cis accípiant, ut quibuscúmque locis accénsæ, sive pósitæ fúerint, discédant príncipes tenebrárum, et contremíscant, et fúgiant pávidi cum ómnibus minístris suis ab habitatiónibus illis, nec præsúmant ámplius inquietáre, aut molestáre serviéntes tibi omnipoténti Deo: Qui vivis et regnas in sǽcula sæculórum. ℟. Amen.

℣. Unsere Hilfe ist im Namen des Herrn.
℟. Der Himmel und Erde erschaffen hat.

℣. Der Herr sei mit euch.
℟. Und mit deinem Geiste.

Lasset uns beten.

Herr Jesus Christus, Sohn des lebendigen Gottes, auf unser Flehen hin segne diese Kerzen; gieße ihnen, Herr, durch die Kraft des heiligen Kreuzes himmlischen Segen ein, der Du sie den Menschen geschenkt hast, um die Finsternis zu verscheuchen. Mögen sie durch das Zeichen des Kreuzes eine solche Segensfülle empfangen, dass, wo immer sie angezündet oder aufgestellt werden, die Fürsten der Finsternis weichen und erbeben und voll Angst mit ihrem ganzen Anhang aus diesen Wohnungen fliehen. Sie sollen es nie mehr wagen, jene zu beunruhigen und zu belästigen, die Dir, dem allmächtigen Gott, dienen. Der Du lebst und herrschest in alle Ewigkeit. ℟. Amen.

Segnung von Bildern und Statuen

Die lateinischen Texte stimmen mit dem Rituale Romanum überein.
Die deutsche Übersetzung ist zum privaten Gebrauch der Gläubigen gedacht.

℣. Adiutórium nostrum in nómine Dómini.
℟. Qui fecit cælum et terram.

℣. Dóminus vobíscum.
℟. Et cum spíritu tuo.

Orémus.

Omnípotens sempitérne Deus, qui Sanctórum tuórum imágines (sive effígies) sculpi aut pingi non réprobas, ut quóties illas óculis córporis intuémur, tóties eórum actus et sanctitátem ad imitándum memóriæ óculis meditémur: hanc, quǽsumus, imáginem (seu sculptúram) in honórem et memóriam unigéniti Fílii tui Dómini nostri Iesu Christi (vel beatissímæ Vírginis Maríæ, Matris Dómini nostri Iesu Christi; vel beáti N. Apóstoli tui, vel Mártyris, vel Pontíficis, vel Confessóris; vel beátæ N. Vírginis, vel Mártyris)

℣. Unsere Hilfe ist im Namen des Herrn.
℟. Der Himmel und Erde erschaffen hat.

℣. Der Herr sei mit euch.
℟. Und mit deinem Geiste.

Lasset uns beten.

Allmächtiger, ewiger Gott, Du missbilligst es nicht, Deine Heiligen in Statuen oder Gemälden darzustellen, damit wir, sooft wir deren Bilder mit leiblichen Augen ansehen, mit den Augen des Geistes ihre Taten und ihre Heiligkeit betrachten, um sie nachzuahmen. Segne und heilige dieses Bild (diese Statue) zu Ehren und zum Gedächtnis Deines eingeborenen Sohnes, unseres Herrn Jesus Christus (oder der allerseligsten Jungfrau Maria, der Mutter unseres Herrn Jesus Christus, oder Deines heiligen Apostels, oder Martyrers, oder Bi-

adaptátam bene ✠ dícere, et sanctifi ✠ cáre dignéris: et præsta; ut quicúmque coram illa unigénitum Fílium tuum; (vel beatíssimam Vírginem, vel gloriósum N. Apóstolum, vel Mártyrem, vel Pontíficem, vel Confessórem; vel gloriósam N. Vírginem, vel Mártyrem) supplíciter cólere et honoráre studúerit, illíus méritis et obténtu a te grátiam in præsénti, et ætérnam glóriam obtíneat in futúrum. Per (eúndem) Christum, Dóminum nostrum. ℟. Amen.

schofs, oder Bekenners N., oder Deiner heiligen Jungfrau oder Martyrin N.) und gewähre, dass jeder, der davor in Demut Deinen eingeborenen Sohn (oder die allerseligste Jungfrau Maria, oder den glorreichen Apostel, oder Martyrer, oder Bischof, oder Bekenner N., oder die glorreiche Jungfrau oder Martyrin N.) zu ehren und zu verehren sucht, durch seine (ihre) Verdienste und Fürsprache von Dir Gnade für das jetzige Leben und einst die ewige Herrlichkeit erlange. Durch (denselben) Christus, unseren Herrn. ℟. Amen.

Der Priester besprengt sie mit Weihwasser.

Segnung von Rosenkränzen

Formula brevior

Die lateinischen Texte stimmen mit dem Rituale Romanum überein.
Die deutsche Übersetzung ist zum privaten Gebrauch der Gläubigen gedacht.

℣. Adiutórium nostrum in nómine Dómini.
℟. Qui fecit cælum et terram.

℣. Dóminus vobíscum.
℟. Et cum spíritu tuo.

Orémus.

Ad laudem et glóriam Deíparæ Vírginis Maríæ, in memóriam mysteriórum vitæ, mortis et resurrectiónis eiúsdem Dómini nostri Iesu Christi, bene ✠ dicátur et sancti ✠ ficétur hæc sacaratíssimi Rosárii coróna: in nómine Patris, et Fílii, ✠ et Spíritus Sancti. ℟. Amen.

℣. Unsere Hilfe ist im Namen des Herrn.
℟. Der Himmel und Erde erschaffen hat.

℣. Der Herr sei mit euch.
℟. Und mit deinem Geiste.

Lasset uns beten.

Zum Lob und zur Ehre der Jungfrau und Gottesmutter Maria, zum Gedächtnis der Geheimnisse des Lebens, des Sterbens und der Auferstehung unseres Herrn Jesus Christus, sei dieser Rosenkranz gesegnet und geheiligt: Im Namen des Vaters und des Sohnes und des Heiligen Geistes. ℟. Amen.

Der Priester besprengt sie mit Weihwasser.

Segnung von Medizin

Die lateinischen Texte stimmen mit dem Rituale Romanum überein.
Die deutsche Übersetzung ist zum privaten Gebrauch der Gläubigen gedacht.

℣. Adiutórium nostrum in nómine Dómini.
℟. Qui fecit cælum et terram.

℣. Dóminus vobíscum.
℟. Et cum spíritu tuo.

Orémus.

Deus, qui mirabíliter hóminem creásti et mirabílius reformásti, qui váriis infirmitátibus, quibus detinétur humána mortálitas, multíplici remédio succúrrere dignátus es: propítius esto invocatiónibus nostris, et sanctam tuam de cælis bene ✠ dictiónem super hanc medicínam infúnde, ut illi, qui eam súmpserint, sanitátem mentis et córporis percípere mereántur. Per Christum Dóminum nostrum. ℟. Amen.

℣. Unsere Hilfe ist im Namen des Herrn.
℟. Der Himmel und Erde erschaffen hat.

℣. Der Herr sei mit euch.
℟. Und mit deinem Geiste.

Lasset uns beten.

Gott, der Du den Menschen wunderbar erschaffen und ihn noch wunderbarer erneuert hast, der Du den verschiedenen Krankheiten, denen die sterbliche Natur des Menschen unterworfen ist, mit vielerlei Heilmitteln beistehen wolltest; erhöre gnädig unsere Gebete und gieße Deinen Segen vom Himmel her über diese Medizin, damit alle, die sie einnehmen, Gesundheit für Seele und Leib erlangen. Durch Christus, unsern Herrn. ℟. Amen.

Der Priester besprengt sie mit Weihwasser.

Segnung eines Fahrzeugs

Die lateinischen Texte stimmen mit dem Rituale Romanum überein.
Die deutsche Übersetzung ist zum privaten Gebrauch der Gläubigen gedacht.

℣. Adiutórium nostrum in nómine Dómini.
℟. Qui fecit cælum et terram.

℣. Dóminus vobíscum.
℟. Et cum spíritu tuo.

Orémus.

Propitiáre, Dómine Deus, supplicatiónibus nostris, et béne ✠ dic currum istum déxtera tua sancta: adiúnge ad ipsum sanctos Angelos tuos, ut omnes, qui in eo vehéntur, líberent et custódiant semper a perículis univérsis: et quemádmodum viro Æthíopi super currum suum sedénti et sacra elóquia legénti, per Levítam tuum Philíppum fidem et grátiam contulísti; ita fámulis tuis viam salútis osténde, qui tua grátia adiúti bonísque opéribus iúgiter inténti, post omnes viæ et vitæ huius varietátes, ætérna gáudia cónsequi mereántur. Per Christum, Dóminum nostrum. ℟. Amen.

℣. Unsere Hilfe ist im Namen des Herrn.
℟. Der Himmel und Erde erschaffen hat.

℣. Der Herr sei mit euch.
℟. Und mit deinem Geiste.

Lasset uns beten.

Sei gnädig, Herr und Gott, unseren Bitten und segne dieses Fahrzeug mit Deiner heiligen Rechten; gib ihm Deine heiligen Engel zur Seite, damit sie alle, die darin fahren, immerdar schützen und schirmen vor allen Gefahren, und wie Du dem Äthiopier, der einst, auf seinem Wagen sitzend, die heiligen Schriften las, durch Deinen Diakon Philippus Glauben und Gnade schenktest, so zeige Deinen Dienern den Weg des Heiles, damit sie, von Deiner Gnade gestützt und allzeit auf gute Werke bedacht, nach allen Wechselfällen des Weges und des Lebens die ewigen Freuden erlangen. Durch Christus, unsern Herrn. ℟. Amen

Der Priester besprengt das Fahrzeug mit Weihwasser.

Allgemeine Segnung

‚ad omnia'

Die lateinischen Texte stimmen mit dem Rituale Romanum überein.
Die deutsche Übersetzung ist zum privaten Gebrauch der Gläubigen gedacht.

℣. Adiutórium nostrum in nómine Dómini.
℟. Qui fecit cælum et terram.

℣. Dóminus vobíscum.
℟. Et cum spíritu tuo.

Orémus.

Deus, cuius verbo sanctificántur ómnia, bene ✠ dictiónem tuam effúnde super creatúram istam (creatúras istas): et præsta; ut, quisquis ea (eis) secúndum legem et voluntátem tuam cum gratiárum actióne usus fúerit, per invocatiónem sanctíssimi nóminis tui, córporis sanitátem, et ánimæ tutélam, te auctóre, percípiat. Per Christum, Dóminum nostrum. ℟. Amen.

℣. Unsere Hilfe ist im Namen des Herrn.
℟. Der Himmel und Erde erschaffen hat.

℣. Der Herr sei mit euch.
℟. Und mit deinem Geiste.

Lasset uns beten.

Gott, durch dessen Wort alles geheiligt wird, gieße Deinen Segen aus über diese Kreatur (-en) und gib, dass jeder, der sich ihrer nach Deinem Willen dankbaren Sinnes bedient, durch die Anrufung Deines heiligsten Namens von Dir Gesundheit des Leibes und Schutz für die Seele erlange. Durch Christus, unsern Herrn. ℟. Amen.

Der Priester besprengt die Gegenstände mit Weihwasser.

Gebetsanhang

Grundgebete

Vater unser

Pater noster, qui es in cælis: sanctificétur nomen tuum; advéniat regnum tuum; fiat volúntas tua, sicut in cælo, et in terra. Panem nóstrum cotidiánum da nobis hódie; et dimítte nobis débita nostra, sicut et nos dimíttimus debitóribus nostris; et ne nos indúcas in tentatiónem; sed líbera nos a malo. Amen.

Vater unser im Himmel, geheiligt werde Dein Name, Dein Reich komme, Dein Wille geschehe, wie im Himmel so auf Erden. Unser tägliches Brot gib uns heute, und vergib uns unsere Schuld, wie auch wir vergeben unseren Schuldigern, und führe uns nicht in Versuchung, sondern erlöse uns von dem Bösen. Amen.

Gegrüsset seist du, Maria

Ave, María, grátia plena, Dóminus tecum; benedícta tu in muliéribus, et benedíctus fructus ventris tui, Iesus. Sancta María, Mater Dei, ora pro nobis peccatóribus, nunc et in hora mortis nostræ. Amen.

Gegrüßet seist du, Maria, voll der Gnade, der Herr ist mit dir. Du bist gebenedeit unter den Frauen, und gebenedeit ist die Frucht deines Leibes, Jesus. Heilige Maria, Mutter Gottes, bitte für uns Sünder, jetzt und in der Stunde unseres Todes. Amen.

Ehre sei dem Vater

Glória Patri et Fílio et Spirítui Sancto. Sicut erat in princípio, et nunc et semper, et in sǽcula sæculórum. Amen.

Ehre sei dem Vater und dem Sohn und dem Heiligen Geist. Wie es war im Anfang, so auch jetzt und allezeit und in Ewigkeit. Amen.

Apostolisches Glaubensbekenntnis

Credo in Deum, Patrem omnipoténtem, Creatórem cæli et terræ. Et in Iesum Christum, Fílium eius únicum, Dóminum nostrum: qui concéptus est de Spíritu Sancto, natus ex María Vírgine, passus sub Póntio Piláto, crucifíxus, mórtuus, et sepúltus: descéndit ad ínferos; tértia die resurréxit a mórtuis; ascéndit ad cælos; sedet ad déxteram Dei Patris omnipoténtis: inde ventúrus est iudicáre vivos et mórtuos. Credo in Spíritum Sanctum, sanctam Ecclésiam cathólicam, Sanctórum communiónem, remissiónem peccatórum, carnis resurrectiónem, vitam ætérnam. Amen.

Ich glaube an Gott, den Vater, den Allmächtigen, den Schöpfer des Himmels und der Erde, und an Jesus Christus, seinen eingeborenen Sohn, unseren Herrn, empfangen durch den Heiligen Geist, geboren von der Jungfrau Maria, gelitten unter Pontius Pilatus, gekreuzigt, gestorben und begraben, hinabgestiegen in das Reich des Todes, am dritten Tage auferstanden von den Toten, aufgefahren in den Himmel; er sitzet zur Rechten Gottes, des allmächtigen Vaters; von dort wird er kommen, zu richten die Lebenden und die Toten. Ich glaube an den Heiligen Geist, die heilige katholische Kirche, Gemeinschaft der Heiligen, Vergebung der Sünden, Auferstehung des Fleisches* und das ewige Leben. Amen.

---

* Gemäß Anweisung der Instruktion ‚Liturgiam authenticam' der Kongregation für den Gottesdienst und die Sakramentenordnung vom 28. März 2001, Nr. 65; vgl. KKK 990 und KKK Kompendium 202 ff.

Sakramentaler Segen

Tantum ergo Sacraméntum venerémur cérnui: Et antíquum documéntum novo cedat rítui: Præstet fides suppleméntum sénsuum deféctui.

Genitóri, Genitóque laus et iubilátio, salus, honor, virtus quoque, sit et benedíctio: Procedénti ab utróque compar sit laudátio. Amen.

℣. Panem de cælo præstitísti eis (T. p. allelúia).
℟. Omne delectaméntum in se habéntem (T. p. allelúia).

Orémus.

Deus, qui nobis sub sacraménto mirábili passiónis tuæ memóriam reliquísti: † tríbue, quǽsumus; ita nos Córporis et Sánguinis tui sacra mystéria venerári, * ut redemptiónis tuæ fructum in nobis iúgiter sentiámus. Qui vivis et regnas in sǽcula sæculórum. ℟. Amen.

Lasst uns tiefgebeugt verehren ein so großes Sakrament. Dieser Bund wird ewig währen und der alte hat ein End. Unser Glaube soll uns lehren, was das Auge nicht erkennt.

Gott dem Vater und dem Sohne sei Lob, Preis und Herrlichkeit, mit dem Geist auf höchstem Throne eine Macht und Wesenheit. Singt in lautem Jubeltone göttlicher Dreieinigkeit.

℣. Brot vom Himmel hast Du ihnen gegeben (T. p. alleluja).
℟. Das alle Erquickung in sich birgt (T. p. alleluja).

Lasset uns beten.

Gott, der Du uns in diesem wunderbaren Sakrament das Gedächtnis Deines Leidens hinterlassen hast, lass uns, so bitten wir, die heiligen Geheimnisse Deines Leibes und Blutes so verehren, dass wir die Frucht Deiner Erlösung immerdar in uns erfahren. Der Du lebst und herrschest in alle Ewigkeit.
℟. Amen.

Lobgebet

Benedíctus Deus!	Gott sei gepriesen!
Benedíctum Nomen Sanctum eius!	Gepriesen sei sein heiliger Name!
Benedíctus Iesus Christus, verus Deus et verus homo!	Gepriesen sei Jesus Christus, wahrer Gott und wahrer Mensch!
Benedíctum nomen Iesu!	Gepriesen sei der Name Jesu!
Benedíctum Cor eius sacratíssimum!	Gepriesen sei sein heiligstes Herz!
Benedíctus Sanguis eius pretiosíssimus!	Gepriesen sei sein kostbares Blut!
Benedíctus Iesus in Sanctíssimo altáris Sacraménto!	Gepriesen sei Jesus im allerheiligsten Sakrament des Altares!
Benedíctus Spíritus Sanctus Paráclitus!	Gepriesen sei der Heilige Geist, der Tröster!
Benedícta excélsa Mater Dei, María Sanctíssima!	Gepriesen sei die erhabene Gottesmutter, die allerseligste Jungfrau Maria!
Benedícta sancta eius, et immaculáta Concéptio!	Gepriesen sei ihre heilige und unbefleckte Empfängnis!
Benedícta eius gloriósa Assúmptio!	Gepriesen sei ihre glorreiche Aufnahme in den Himmel!
Benedíctum nomen Maríæ, Vírginis et Matris!	Gepriesen sei der Name der Jungfrau und Mutter Maria!
Benedíctus Sanctus Ioseph, eius castíssimus sponsus!	Gepriesen sei der heilige Joseph, ihr keuschester Bräutigam!
Benedíctus Deus in Angelis suis et in Sanctis suis!	Gepriesen sei Gott in seinen Engeln und in seinen Heiligen!

Reuegebete

Siehe, o guter und lieber Jesus, vor Deinem Angesicht werfe ich mich nieder und bitte Dich, aus tiefer Seele flehend: Präge meinem Herzen ein den lebendigen Geist des Glaubens, der Hoffnung und der Liebe, eine wahre Reue über meine Sünden und den festen Willen, mich zu bessern. Mit innigem Mitleid und tiefem Schmerz schaue ich auf Deine fünf Wunden und erwäge dabei, was der Prophet David von Dir, o guter Jesus, geweissagt hat: „Sie haben meine Hände und meine Füße durchbohrt; sie haben alle meine Gebeine gezählt." Amen.

Mein Herr und mein Gott,
nimm alles von mir, was mich hindert zu Dir!
Mein Herr und mein Gott,
gib alles mir, was mich fördert zu Dir!
Mein Herr und mein Gott,
nimm mich mir
und gib mich ganz zu eigen Dir! Amen. hl. Bruder Klaus

Gott, allmächtiger Vater, Du bist der Herr über mein Leben. Nichts ist vor Dir verborgen, und jedes Herz liegt offen vor Dir. Vor Deinem Angesicht will ich mein Leben prüfen. Läutere durch die Eingießung des Heiligen Geistes die Gedanken meines Herzens, auf dass ich die Gnade erlange, Dich vollkommen zu lieben und gebührend zu loben. Amen.

Jesus, mein Herr und Heiland, Du kennst all meine Gedanken, meine Worte und meine Werke. Lass mich werden wie Du! Bilde mein Herz nach Deinem Herzen! Lenke meinen Willen zum Guten! Amen.

Heiliger Geist erleuchte mich, Deine Gnade stärke mich! Hilf mir, dass ich meine Sünden recht erkenne, sie aufrichtig beichte und mich wahrhaft bessere! Amen.

Gott, Du stößt niemanden zurück, sondern lässt Dich in liebevollem Erbarmen auch vom größten Sünder durch Buße versöhnen; blicke gnädig auf mein demütiges Flehen und erleuchte mein Herz, damit ich meine Fehler erkenne, sie recht bekenne und so Deine Gnade erlange. Amen.

Guter Jesus, nach Deiner großen Barmherzigkeit erbarme Dich meiner! Mildreicher Jesus, durch das kostbare Blut, das Du für die Sünder vergossen hast, bitte ich Dich: Wasche mich rein von allen meinen Sünden und sieh in Gnaden auf mich armen, unwürdigen Menschen! Ich rufe Deinen heiligen Namen an. So rette mich denn, lieber Jesus, um Deines heiligen Namens willen! Amen.

O mein Gott, meine Sünden bereue ich von ganzem Herzen, weil ich von Dir Strafe verdient habe. Ganz besonders aber tun sie mir leid, weil ich Dich, meinen besten Vater und gütigsten Erlöser, beleidigt habe. Mit Deiner Gnade nehme ich mir fest vor, nicht mehr zu sündigen und die nächste Gelegenheit zur Sünde zu meiden. Amen.

Mein Gott, von ganzem Herzen verzeihe ich allen, die mich in meinem Leben beleidigt haben oder mir feindlich gesinnt waren. Von ganzem Herzen will ich alle um Verzeihung bitten, die ich je gekränkt oder denen ich wehgetan habe. Amen.

Dich liebt, o Gott, mein ganzes Herz,
drum ist mir dies der größte Schmerz,
dass ich erzürnt Dich, höchstes Gut;
ach, wasch mein Herz in Jesu Blut!

Dass ich gesündigt, ist mir leid;
zu bessern mich, bin ich bereit.
Verzeih, o Gott, mein Herr, verzeih,
und wahre Buße mir verleih!

O Gott, schließ mir Dein Herz nicht zu!
Bei Dir allein ist wahre Ruh.
Lass nie mich von der Gnade Dein,
von Deiner Lieb' geschieden sein!

Nimm hin mein Herz, Herr Jesu Christ;
Dein Herz für mich durchstochen ist;
ich bitt durchs Blut des Herzens Dein,
mach mein und aller Herzen rein! Amen.

Friedrich von Spee 1638

Herr Jesus Christus, mein Heiland und Erlöser, Du hast dem reuigen Petrus, Maria Magdalena, ja sogar dem Schächer am Kreuz verziehen. Verzeih auch mir! Ich bereue meine Sünden aus Liebe zu Dir. Amen.

Gebet vor der Krankensalbung

Göttlicher Erlöser, Du hast Dich während Deines Erdenlebens der Kranken liebevoll angenommen und viele geheilt. Du hast zu ihrem Trost und ihrer Stärkung das Sakrament der heiligen Salbung eingesetzt. Mit vollem Vertrauen auf Deine Güte will ich es jetzt empfangen. Damit es in mir wirken kann, bereue ich nochmals alle Sünden, die ich während meines Lebens begangen habe. Verzeihe sie mir und lass Dein heiliges Sakrament mir zum Heil werden! Gib mir Gnade und Kraft, die Beschwerden und Schmerzen der Krankheit geduldig zu ertragen und in allem Deinen Willen zu erfüllen. Amen.

Gebet nach der Krankensalbung

Von Herzen danke ich Dir, lieber Jesus, dass Du durch die heilige Salbung meine Seele gestärkt und geheiligt hast. Ich will mich nun ganz Deiner Vorsehung überlassen. Du warst immer gut zu mir, Du wirst auch jetzt alles gut machen. Dein heiliger Wille geschehe! Amen.

Gebete vor der heiligen Kommunion

Ich möchte Dich empfangen, Herr, mit jener Reinheit, Demut und Andacht, mit der Deine heiligste Mutter Dich empfing, und mit dem Geist und der Inbrunst der Heiligen. Amen.

Mein Gott, ich glaube alles, was die heilige katholische Kirche mich zu glauben lehrt. In diesem Glauben will ich leben und sterben. Jesus, ich glaube, dass Du hier unter der Gestalt des Brotes gegenwärtig bist. Ich hoffe auf Deine große Barmherzigkeit. Ich liebe Dich von ganzem Herzen, und aus Liebe zu Dir bereue ich alle meine Sünden. Amen.

Jesus, Jesus komm zu mir,
o, wie sehn ich mich nach Dir.
Meiner Seele bester Freund,
wann werd ich mit Dir vereint?

Keine Freud' ist in der Welt,
die mein Herz zufrieden stellt,
Deine Liebe, Herr, allein
kann mein ganzes Herz erfreu'n.

Zwar bin ich, o Herr, nicht rein,
dass Du kehrest bei mir ein,
doch ein Wort aus Deinem Mund
und die Seele wird gesund.

Darum sehn' ich mich nach Dir,
eile, Jesus, komm zu mir!
Nimm mein ganzes Herz für Dich
und besitz es ewiglich. Amen.

Allmächtiger ewiger Gott, siehe ich komme zum Sakrament Deines eingeborenen Sohnes, unseres Herrn Jesus Christus. Ich komme wie ein Kranker zum Arzt des Lebens, wie ein Unreiner zum Quell der Barmherzigkeit, wie ein Blinder zum Licht der ewigen Klarheit, wie ein Armer und Bedürftiger zum Herrn des Himmels und der Erde. Ich bitte Dich also im Vertrauen auf Deine überreiche Güte: Heile gnädig meine Krankheit, wasche ab meine Unreinheit, erleuchte meine Blindheit, bereichere meine Armut und bekleide meine Nacktheit, damit ich das Brot der Engel, den König der Könige und den Herrn der Herrscher mit so großer Ehrfurcht und Demut, mit so tiefer Zerknirschung und Andacht, mit so reinem und gläubigem Herzen, mit solcher Gesinnung und Meinung genieße, wie es dem Heil meiner Seele nützlich ist. Ich bitte, verleihe mir, dass ich nicht nur äußerlich das Sakrament des Leibes und Blutes des Herrn empfange, sondern auch innerlich dessen Wesen und Kraft. O mildreichster Gott, lass mich den Leib Deines eingeborenen Sohnes, unseres Herrn Jesus Christus, den er aus Maria der Jungfrau angenommen hat, so empfangen, dass ich verdiene, seinem mystischen Leibe einverleibt und dessen Gliedern beigezählt zu werden. O liebreichster Vater, lass mich Deinen geliebten Sohn, den ich jetzt auf diesem Lebensweg verhüllt empfangen will, dereinst mit unverhülltem Angesicht ewig schauen, der als Gott mit Dir in der Einheit des Heiligen Geistes lebt und herrscht von Ewigkeit zu Ewigkeit. Amen.

hl. Thomas von Aquin

Jesus, Maria, Joseph, Euch schenke ich mein Herz und meine Seele. - Jesus, Maria, Joseph, steht mir bei im letzten Streit. - Jesus, Maria, Joseph, lasst meine Seele mit Euch in Frieden scheiden. Amen.

Herr Jesus Christus, Sohn des lebendigen Gottes, der Du nach dem Willen des Vaters, unter Mitwirkung des Heiligen Geistes, durch Deinen Tod der Welt das Leben geschenkt hast, erlöse mich durch diesen Deinen hochheiligen Leib und Dein Blut von all meinen Sünden und von jeglichem Übel. Gib, dass ich Deinen Geboten immer treu bleibe, und lass nicht zu, dass ich jemals von Dir getrennt werde, der Du mit Gott, dem Vater, und dem Heiligen Geist lebst und herrschst in alle Ewigkeit. Amen.

Der Genuss Deines Leibes, Herr Jesus Christus, den ich Unwürdiger zu empfangen wage, gereiche mir nicht zum Gericht und zur Verdammnis, sondern um Deiner Güte willen sei er mir Schutz und Heilmittel für Seele und Leib, der Du lebst und herrschst mit Gott dem Vater in der Einheit des Heiligen Geistes, Gott, von Ewigkeit zu Ewigkeit. Amen.

Gebete nach der heiligen Kommunion

Seele Christi, heilige mich.
Leib Christi, erlöse mich.
Blut Christi, tränke mich.
Wasser der Seite Christi, wasche mich.
Leiden Christi, stärke mich.
O gütiger Jesus, erhöre mich.
Verbirg in Deine Wunden mich.
Von Dir lass' nimmer scheiden mich.
Vor dem bösen Feind beschütze mich.
In meiner Todesstunde rufe mich.
Zu Dir zu kommen heiße mich,
mit Deinen Heiligen zu loben Dich
in Deinem Reiche ewiglich. Amen.

hl. Ignatius von Loyola

An Dich glaub ich, auf Dich hoff ich,
Gott, von Herzen lieb ich Dich.
Niemand soll mir diesen Glauben,
weder Tod noch Hölle rauben,
und wenn einst mein Herz wird brechen,
will ich noch im Sterben sprechen:
An Dich glaub ich, auf Dich hoff ich,
Gott, von Herzen lieb ich Dich. Amen.

Mein Gott, ich glaube an Dich, ich bete Dich an,
ich hoffe auf Dich, ich liebe Dich.
Ich bitte Dich um Verzeihung für jene,
die nicht an Dich glauben, Dich nicht anbeten,
nicht auf Dich hoffen und Dich nicht lieben. Amen.

Gebet des Engels in Fatima

O wie milde ist Dein Geist, o Herr! Zum Erweis Deiner innigen Liebe gegen Deine Kinder schenkst Du das Himmelsbrot und erfüllst die Hungernden mit Gütern, die stolzen Satten aber lässt Du leer ausgehen.

O heiliges Gastmahl, in welchem Christus genossen, das Andenken seines Leidens erneuert, das Herz mit Gnaden erfüllt und uns das Unterpfand der künftigen Herrlichkeit gegeben wird.

Ich danke Dir, heiliger Herr, allmächtiger Vater, ewiger Gott, dass Du mich Sünder, Deinen unwürdigen Diener, ohne all mein Verdienst, bloß durch Dein herablassendes Erbarmen, mit dem kostbaren Leib und Blut Deines Sohnes, unsres Herrn Jesus Christus, gesättigt hast. Ich bitte Dich, lass diese heilige Kommunion mir nicht eine Schuld sein zur Bestrafung, sondern heilsame Fürbitte zur Verzeihung. Sie sei mir die Rüstung des Glaubens und der Schild des guten Willens. Sie sei mir Reinigung von meinen Fehlern, Ertötung der bösen Lust und Leidenschaft, Mehrung der Liebe und Geduld, der Demut und des Gehorsams und aller Tugenden. Sie sei mir ein fester Schutz gegen die Nachstellungen aller Feinde, der sichtbaren und unsichtbaren, sie sei mir vollkommene Beruhigung jeglicher sinnlichen und geistigen Erregung, innige Vereinigung mit Dir, dem einen und wahren Gott, und glückselige Vollendung meiner letzten Stunde. Ich bitte Dich auch: Führe mich Sünder in Deiner Huld zu jenem unaussprechlichen Gastmahl, wo Du mit Deinem Sohn und dem Heiligen Geist Deinen Heiligen das wahre Licht bist sowie volles Genügen, ewige Freude, vollendetes Glück und vollkommene Seligkeit. Durch ihn, Christus, unsern Herrn. Amen.

hl. Thomas von Aquin

O mein Heiland, großer König,
Du bist bei mir eingekehrt,
freudig trag ich Dich im Herzen,
dem die ganze Welt gehört.

Sieh, nun sollst Du alles haben
was in meinem Herzen ist,
alles leg ich Dir zu Füßen
weil Du ja mein König bist!

Schenke mir nur Deine Gnade
hilf mir durch Dein Fleisch und Blut,
dass ich Deiner würdig werde
lebe heilig, fromm und gut.

Lehr mich glauben, lehr mich lieben,
lehr mich kämpfen für Dein Reich,
dass mein ganzes Erdenleben
Deinem Leben werde gleich! Amen.

Jesus, bleib' in meiner Seele,
halte mich von Sünden frei.
Gib, dass ich nur Gutes wähle
und einst ewig bei Dir sei.
Schütz' mich gnädig in Gefahren,
lass' die Unschuld mich bewahren. Amen.

Denk' Du in mir, o Jesus,
dann denk' ich licht und klar.
Sprich Du aus mir, o Jesus,
dann sprech' ich mild und wahr.
Wirk' Du durch mich, o Jesus,
gerecht ist dann mein Tun,
geheiligt meine Arbeit, geheiligt auch mein Ruh'n.
Erfüll' mein ganzes Wesen, durchdring' mein ganzes Sein,
dass man aus mir kann lesen die große Liebe Dein.
Amen.

Ich liebe Dich, o mein Gott, und mein einziger Wunsch ist es, Dich zu lieben bis zum letzten Seufzer meines Lebens.

Ich liebe Dich, o unendlich liebenswürdiger Gott, und ich möchte lieber aus Liebe sterben, als auch nur einen Augenblick zu leben, ohne Dich zu lieben.

Ich liebe Dich, o mein Gott, und ich sehne mich nur nach dem Himmel, um das Glück zu haben, Dich vollkommen zu lieben.

Ich liebe Dich, o mein Gott, und ich fürchte mich vor der Hölle nur, weil man dort niemals den süßen Trost hat, Dich zu lieben.

Mein Gott, wenn meine Zunge nicht in jedem Augenblick sagen kann, dass ich Dich liebe, dann will ich, dass mein Herz es Dir wiederholt, sooft ich nur atme.

Mein Gott, gib mir die Gnade zu leiden indem ich Dich liebe, und Dich zu lieben indem ich leide, und zu sterben indem ich Dich liebe, und zu fühlen, dass ich Dich liebe.

Mein Gott, im gleichen Maß als ich mich meinem Ende nähere, erweise mir die Gnade, meine Liebe zu vermehren und zu vervollkommnen. Amen.

hl. Pfarrer von Ars

Jesus, Dir leb ich, Jesus, Dir sterb ich,
Jesus, Dein bin ich, im Leben und im Tod!

O sei uns gnädig, sei uns barmherzig,
führ uns, o Jesus, in Deine Seligkeit.

Gib uns den Frieden allen hienieden!
Wahres Lamm Gottes, erbarme unser Dich! Amen.

Herr Jesus Christus, ich huldige Dir als dem König der Welt. Alles, was geschaffen ist, wurde für Dich geschaffen. Verfüge über mich, ganz wie es Dir gefällt! Ich erneuere meine Taufgelübde, ich widersage dem Teufel, seiner Pracht und seinen Werken und verspreche, als guter Christ zu leben. Ganz besonders verpflichte ich mich, nach Kräften mitzuarbeiten, dass die Rechte Gottes und Deiner Kirche zum Siege gelangen. Göttliches Herz Jesu, Dir weihe ich das Wenige, das ich tun kann, damit alle Herzen Dein heiliges Königtum anerkennen und so Dein Friedensreich auf der ganzen Welt fest begründet werde. Amen. Papst Pius XI.

Mariengebete

O meine Gebieterin, o meine Mutter! Dir bringe ich mich ganz dar; und um dir meine Hingabe zu bezeigen, weihe ich dir heute meine Augen, meine Ohren, meinen Mund, mein Herz, mich selber ganz und gar. Weil ich also dir gehöre, o gute Mutter, bewahre mich und beschütze mich als dein Gut und dein Eigentum. Amen.

Gedenke, o gütigste Jungfrau Maria, es ist noch nie gehört worden, dass jemand, der zu dir seine Zuflucht nahm, deine Hilfe anrief und um deine Fürbitte flehte, von dir verlassen worden ist. Von diesem Vertrauen beseelt, nehme ich meine Zuflucht zu dir, o Jungfrau der Jungfrauen, meine Mutter. Zu dir komme ich, vor dir stehe ich als ein sündiger Mensch. O Mutter des Ewigen Wortes, verschmähe nicht meine Worte, sondern höre sie gnädig an und erhöre mich. Amen.

hl. Bernhard von Clairvaux

Sei gegrüßt, o Königin, Mutter der Barmherzigkeit, unser Leben, unsere Süßigkeit und unsere Hoffnung, sei gegrüßt! Zu dir rufen wir elende Kinder Evas; zu dir seufzen wir trauernd und weinend in diesem Tal der Tränen. Wohlan denn, unsere Fürsprecherin, wende deine barmherzigen Augen uns zu und nach diesem Elende zeige uns Jesus, die gebenedeite Frucht deines Leibes. O gütige, o milde, o süße Jungfrau Maria!

Unter deinen Schutz und Schirm fliehen wir, o heilige Gottesgebärerin! Verschmähe nicht unser Gebet in unseren Nöten, sondern erlöse uns jederzeit von allen Gefahren! O du glorwürdige und gebenedeite Jungfrau, unsere Frau, unsere Mittlerin, unsere Fürsprecherin, versöhne uns mit deinem Sohne, empfiehl uns deinem Sohne, stelle uns vor deinem Sohne!

Hilf, Maria, es ist Zeit, hilf, Mutter der Barmherzigkeit. Du bist mächtig, uns aus Nöten und Gefahren zu erretten, denn wo Menschenhilf gebricht, mangelt doch die deine nicht. Nein, du kannst das heiße Flehen deiner Kinder nicht verschmähen. Zeige, dass du Mutter bist, wo die Not am größten ist. Hilf, Maria, es ist Zeit, hilf, Mutter der Barmherzigkeit. Amen.

Jungfrau, Mutter Gottes mein,
lass mich ganz dein Eigen sein.
Dein im Leben, dein im Tod,
dein in Unglück, Angst und Not,
dein in Kreuz und bittrem Leid,
dein für Zeit und Ewigkeit.
Jungfrau, Mutter Gottes mein,
lass mich ganz dein Eigen sein.

Mutter, auf dich hoff und baue ich,
Mutter, zu dir ruf und seufze ich.
Mutter, du Gütigste, steh mir bei
Mutter, du Mächtigste, Schutz mir leih.

O Mutter, so komm, hilf beten mir!
O Mutter, so komm, hilf streiten mir!
O Mutter, so komm, hilf leiden mir!
O Mutter, so komm, und bleib bei mir!

Du kannst mir ja helfen, o Mächtigste!
Du willst mir ja helfen, o Gütigste!
Du musst mir nun helfen, o Treueste!
Du wirst mir auch helfen, Barmherzigste!

O Mutter der Gnade, der Christen Hort,
du Zuflucht der Sünder, des Heiles Port,
du Hoffnung der Erde, des Himmels Zier,
du Trost der Betrübten, ihr Schutzpanier.

Wer hat je umsonst deine Hilf angefleht?
Wann hast du vergessen ein kindlich Gebet?
Drum ruf ich beharrlich in Kreuz und in Leid:
Maria hilft immer, sie hilft jederzeit.

Ich ruf voll Vertrauen in Leiden und Tod:
Maria hilft immer, in jeglicher Not.
So glaub ich und lebe und sterbe darauf,
Maria hilft mir in den Himmel hinauf.

Jungfrau, Mutter Gottes mein,
lass mich ganz dein Eigen sein.
Dein im Leben, dein im Tod,
dein in Unglück, Angst und Not,
dein in Kreuz und bittrem Leid,
dein für Zeit und Ewigkeit.
Jungfrau, Mutter Gottes mein,
lass mich ganz dein Eigen sein.

Amen.

Hingabe und Aufopferung

Herr, wie Du willst, so will ich geh'n
und wie Du willst soll mir gescheh'n,
hilf Deinen Willen nur versteh'n!
Herr, wann Du willst, dann ist es Zeit
und wann Du willst, bin ich bereit,
heut' und in alle Ewigkeit.
Herr, was Du willst, das nehm' ich hin
und was Du willst, ist mir Gewinn,
genug, dass ich Dein Eigen bin.
Herr, weil Du's willst, drum ist es gut
und weil Du's willst, drum hab ich Mut,
mein Herz in Deinen Händen ruht. Amen.

Lieblingsgebet des sel. P. Rupert Mayer

Nimm hin, o Herr, meine ganze Freiheit, mein Gedächtnis, meinen Verstand und meinen ganzen Willen, all mein Hab und Gut. Du hast es mir geschenkt, Dir, Herr, gebe ich es wieder zurück. Alles ist Dein; verfüge darüber nach Deinem Willen. Gib mir Deine Liebe und Gnade, das ist mir genug. Leben und Sterben lege ich ganz in Deine Hände. Amen.

hl. Ignatius von Loyola

O Jesus, ewiger Hoherpriester, der Du aus Liebe zu uns die Menschheit durch Dein Leiden und Deinen Kreuzestod erlöst hast, nimm durch die gebenedeiten Hände Deiner Mutter mein Leiden gütigst an. Mit Deinem Kreuz opfere ich Dir das meine in Liebe auf. Befruchte das Apostolat Deiner Priester, damit Dein Reich des Lichtes, der Liebe und des Friedens zu uns komme! Amen.

O mein Herr und Heiland, stärke mich in der Stunde meines Todes durch die starken Waffen Deiner heiligen Sakramente und durch den erfrischenden Duft Deiner Tröstungen. Gib, dass die Worte der Lossprechung über mich gesprochen werden, das heilige Öl mich bezeichne und besiegle und Dein eigener hochheiliger Leib meine Nahrung und Dein Blut mir Trank sei! Deine Mutter Maria stehe mir bei, mein Engel spreche Worte des Friedens zu mir, und meine heiligen Patrone mögen mir zulächeln, dass ich mit ihnen und durch sie die Gnade der Beharrlichkeit erlange und sterbe, wie ich zu leben wünsche, in Deinem Glauben, in Deiner Kirche, in Deinem Dienst und in Deiner Liebe. Amen.

sel. Kardinal Newman

Mein Herr und mein Gott! Ich will leben und sterben im Glauben an die eine, heilige, katholische und apostolische Kirche. Ich hoffe zu sterben, wohlvorbereitet und gestärkt durch den Empfang der heiligen Sakramente und in der Gemeinschaft der Heiligen. Ich hoffe zu sterben in der Kirche, die unser Herr auf den heiligen Petrus gegründet hat, auf dass sie dauere bis zu seiner Wiederkunft. Leib und Seele befehle ich der heiligsten Dreifaltigkeit, den Verdiensten und der Gnade unseres Herrn Jesus Christus, des menschgewordenen Gottessohnes, auch der liebreichen Fürsprache unserer getreuen Mutter, des heiligen Joseph, meines lieben Schutzengels und aller Heiligen. Amen.

sel. Kardinal Newman

Mein Gott, gib mir die Gnade der Geduld im Leiden und der Ergebung in Deinen heiligen Willen. Ich opfere Dir diese Krankheit auf zur Sühne für meine Sünden und vereinige mich mit dem bitteren Leiden und Sterben meines Herrn. Amen.

Herr, mein Gott, schon jetzt nehme ich den Tod, wie er auch nach Deinem Willen mich treffen mag, mit all seinen Ängsten, Peinen und Schmerzen aus Deiner Hand ergeben und willig an.

hl. Papst Pius X.

O Heiliger Geist, beseele mich;
o Gottes Lieb, verzehre mich;
den Weg der Wahrheit führe mich;
Maria, Mutter, schau auf mich;
mit deinem Jesus segne mich;
vor aller Täuschung und Gefahr;
vor allem Übel mich bewahr.
Amen.

sel. Mirjam von Abelin

Atme in mir, Du Heiliger Geist,
dass ich Heiliges denke.
Treibe mich, Du Heiliger Geist,
dass ich Heiliges tue.
Locke mich, Du Heiliger Geist,
dass ich Heiliges liebe.
Stärke mich, Du Heiliger Geist,
dass ich Heiliges hüte.
Hüte mich, Du Heiliger Geist,
dass ich das Heilige nimmer verliere.
Amen.

hl. Augustinus

Liebster Jesus, führ' mich hin, wo ich Dir am liebsten bin!

Jesus, ich grüße Dich, Du aber segne mich!

Alles Gott zu Ehren! Alles Gott zulieb!

Jesus, für Dich!

Zu dir, heiliger Joseph, nehmen wir in der Trübsal unsre Zuflucht. Wir haben deine heilige Braut um ihre Hilfe angerufen, nun bitten wir auch dich vertrauensvoll um deinen väterlichen Schutz. Um der Liebe willen, die dich mit der unbefleckten Jungfrau und Gottesmutter verbunden hat, um der väterlichen Liebe willen, mit der du das Jesuskind umfangen hast, bitten wir dich flehentlich: Schau gütig herab auf die Kirche, die Jesus Christus durch sein Blut sich erworben hat, und komm unsren Nöten durch deine Macht zu Hilfe. Nimm, o fürsorglicher Beschützer der heiligen Familie, die auserwählten Kinder Jesu Christi unter deine Obhut. Liebreicher Vater, halte fern von uns jede Ansteckung durch Irrtum und Verderbnis. Du starker Beschützer, steh' uns vom Himmel aus gnädig bei in unsrem Kampf mit der Macht der Finsternis. Wie du einst den Knaben Jesus aus der höchsten Lebensgefahr gerettet hast, so verteidige jetzt die heilige Kirche Gottes wider alle Nachstellungen ihrer Feinde und gegen jede Widerwärtigkeit! Jeden aus uns nimm unter deinen ständigen Schutz, dass wir nach deinem Beispiel und mit deiner Hilfe heilig leben, fromm sterben und die ewige Seligkeit im Himmel erlangen. Amen

Papst Leo XIII.

Lieder

1. Fest soll mein Taufbund immer stehn, ich will die Kirche hören. Sie soll mich allzeit gläubig sehn und folgsam ihren Lehren. Dank sei dem Herrn, der mich aus Gnad in seine Kirch berufen hat; nie will ich von ihr weichen!
2. An Gott den Vater glaube ich, den Schöpfer aller Dinge, und an den Sohn, Herrn Jesus Christ, dass er uns Rettung bringe. Ich glaube an den Heil'gen Geist, der uns in Wahrheit unterweist und seine Kirche lenket.
3. So will ich mutig aufrecht stehn, will wahren meinen Glauben. Und müsst ich durch Verfolgung gehn, nie lass ich ihn mir rauben. Der Glaube bleibt mein höchstes Gut, für ihn gäb Leben ich und Blut; im Glauben werd ich siegen.

T: Verspoell 1810, 3. Str.: Trierer Gesangbuch 1955

1. Maria zu lieben, ist allzeit mein Sinn, in Freuden und Leiden ihr Diener ich bin. Mein Herz, o Maria, brennt ewig zu dir in Liebe und Freude, o himmlische Zier.
2. Maria, du milde, du süße Jungfrau! Nimm auf meine Liebe, so wie ich vertrau! Du bist ja die Mutter; dein Kind will ich sein, im Leben und Sterben dir einzig allein!
3. Gib, dass ich von Herzen dich liebe und preis; gib, dass ich viel Zeichen der Liebe erweis. Von dir mich nichts scheidet, nicht Unglück noch Leid; dich lieb ich auf ewig, dich lieb ich allzeit.
4. Du Mutter der Gnaden, o reich uns die Hand auf all unsern Wegen durchs irdische Land. Hilf uns, deinen Kindern, in Not und Gefahr; mach allen, die suchen, den Sohn offenbar.

T: Paderborn 1745

1. Segne du, Maria, segne mich, dein Kind, dass ich hier den Frieden, dort den Himmel find! Segne all mein Denken, segne all mein Tun, lass in deinem Segen Tag und Nacht mich ruhn!
2. Segne du, Maria, alle, die mir lieb, deinen Muttersegen ihnen täglich gib! Deine Mutterhände breit auf alle aus; segne alle Herzen, segne jedes Haus!
3. Segne du, Maria, unsre letzte Stund! Süße Trosteswortе flüst're dann dein Mund! Deine Hand, die milde, drück das Aug uns zu, sei im Tod und Leben unser Segen du!

T: Kordula Wöhler 1870

1. Wunderschön prächtige, hohe und mächtige, liebreich holdselige, himmlische Frau, der ich mich ewiglich weihe herzinniglich, Leib dir und Seele zu eigen vertrau! Gut, Blut und Leben will ich dir geben; alles, was immer ich hab, was ich bin, geb ich mit Freuden Maria dir hin!
2. Sonnen umglänzen dich, Sterne bekränzen dich, Leuchte und Trost auf der nächtlichen Fahrt! Vor der verderblichen Makel der Sterblichen hat dich die Allmacht des Vaters bewahrt; selige Pforte warst du dem Worte, als es vom Throne der ewigen Macht Gnade und Rettung den Menschen gebracht.
3. Du bist die Helferin, du bist die Retterin, Fürstin des Himmels und Mutter des Herrn, Spiegel der Reinigkeit, Stärke der Christenheit, Arche des Bundes, hell leuchtender Stern. Liebreich dich wende, Frieden uns sende, Mutter, ach wende dein Auge uns zu, lehr uns in Demut zu wandeln wie du.

T: seit 1772, 1. Str. nach Laurentius von Schnüffis 1692

Formulæ brevissimæ

Die lateinischen Texte stimmen mit dem Rituale Romanum überein.

Formula baptismi

Si non habeatur aqua baptismalis, et periculum impendeat, Sacerdos utatur aqua simplici, ter vel etiam semel infundens aquam super caput baptizandi in modum curicis, dicens: N., Ego te baptízo in nómine Pa ✠ tris, et Fí ✠ lii, et Spíritus ✠ Sancti.

Quodsi dubitet, an vivat adhuc, dicat: Si vivis, ego te baptízo in nómine Pa ✠ tris, et Fí ✠ lii, et Spíritus ✠ Sancti.

Formula confirmationis

Signo te signo Crucis ✠ et confirmo te Chrísmate salútis. In nómine Patris ✠ et Fílii ✠ et Spíritus ✠ Sancti.Amen.

Formula administrandi viatici

Accipe, frater (vel soror), Viáticum Córporis Dómini nostri Iesu Christi, qui te custódiat ab hoste malígno, et perdúcat in vitam ætérnam. Amen.

Formula absolutionis sacramentalis

Ego te absólvo ab ómnibus censúris et peccátis, in nómine Patris ✠ et Fílii et Spíritus Sancti. Amen.

Formula extremæ unctionis

Per istam sanctam Unctió ✠ nem indúlgeat tibi Dóminus quidquid deliquísti. Amen.

Quodsi dubitet, an vivat adhuc, dicat: Si vivis, per istam sanctam Unctió ✠ nem indúlgeat tibi Dóminus quidquid deliquísti. Amen.

Formula benedictionis apostolicæ in articulo mortis

Ego, facultáte mihi ab Apostólica Sede tribúta, indulgéntiam plenáriam et remissiónem ómnium peccatórum tibi concédo. In nómine Patris, et Fílii, ✠ et Spíritus Sancti. ℟. Amen.

Per sacrosáncta humánæ reparatiónis mystéria remíttat tibi omnípotens Deus omnes præséntis et futúræ vitæ pœnas, paradísi portas apériat et ad gáudia sempitérna perdúcat. ℟. Amen.

Benedícat te omnípotens Deus, Pater, et Fílius, ✠ et Spíritus Sanctus. ℟. Amen.

Sonstige Schriften

Um die folgenden Schriften auf unkomplizierte Weise weit zu verbreiten, bieten wir sie gratis an. Zugleich sind wir sehr dankbar für jede Spende zur Deckung der Druck- und Versandkosten sowie zur Förderung unserer vielfältigen Apostolate. Die Priesterbruderschaft St. Petrus lebt von Spenden und sagt für jede Gabe ein herzliches Vergelt's Gott!

- Kleiner Katechismus - *Der katholischen Glaube im Überblick*
- Die Letzten Dinge - *Was uns erwartet und worauf wir hoffen*
- Beichthilfe für Erwachsene - *Eine Wohltat für die Seele*
- Beichtbüchlein für Kinder- *Barmherzigkeit erfahren*
- Sakrament des Altares - *Ideal für Erstkommunikanten*
- Was ist Keuschheit? - *Gewissensbildung für jedermann*
- Heilige Berufung - *Verstehen, was ein Priester ist*
- Zum Altare Gottes will ich treten - *Messerklärung*
- Ordo Missæ - *Handlich, mit geistlichen Liedern und Choralnoten*
- oremus - *Ein katholisches Gebetbuch, gut lesbar, mit großer Schrift*
- Lernbüchlein für Ministranten - *Ministrieren leicht gemacht*
- Komplet für alle Tage - *Das kirchliche Nachtgebet*
- Ein Geschenk des Himmels - *Weihnachtsbüchlein*
- Heiliges Land - *Die Heimat Jesu entdecken (mit schönen Fotos)*
- Heiliges Rom - *Auf den Spuren der Apostelfürsten (reich bebildert)*

Unsere Kontaktdaten finden Sie auf Seite 2.